Tad James, Wyatt Woodsmall
TIME LINE
NLP-Konzepte zur Grundstruktur der Persönlichkeit

W0046762

Ausführliche Informationen zu weiteren Büchern aus den Bereichen Mediation und Kommunikation sowie zu jedem unserer lieferbaren und geplanten Bücher finden Sie im Internet unter www.junfermann.de – mit ausführlichem Infotainment-Angebot zum JUNFERMANN-Programm ... mit Newsletter und Original-Seiten-Blick ...

Besuchen Sie auch unsere e-Publishing-Plattform www.active-books.de – mittlerweile über 300 Titel im Angebot, mit zahlreichen kostenlosen e-Books zum Kennenlernen dieser innovativen Publikationsmöglichkeit.

Übrigens: Unsere e-Books können Sie leicht auf Ihre Festplatte herunterladen!

Eine Auswahl von e-Books bei www.active-books.de:

Besser-Siegmund, Cora: „Coach Yourself" (kostenlos)
Rückerl, Thomas: „Entwickeln Sie eine motivierende Zukunfts-Vision" (kostenlos)
Kraus, Mario: „Mediation und NLP" (€ 3,50)
Leyh, Arvid: „Weiße Flecken zwischen grauen Zellen" (€ 5,50)
Stahl, Thies: „NLP Kompakt" (€ 5,00)
Besser-Siegmund, Cora: „Die sanfte Schmerztherapie" (€ 10,00)

Tad James, Wyatt Woodsmall

TIME LINE

NLP-Konzepte zur Grundstruktur der Persönlichkeit

Aus dem Amerikanischen von Jutta Bosse-Reuben

BEATE BARTU
377 Summit Avenue
Mill Valley, CA 94941

Junfermann Verlag · Paderborn
2006

© Junfermannsche Verlagsbuchhandlung, Paderborn 1991
5. Auflage 2002
6. Auflage 2006
Copyright © 1988 by META PUBLICATIONS, Inc.
P.O. Box 565, Cupertino, CA 95014, U.S.A.
4. Auflage 1998

TIME LINE THERAPY
by Tad James & Wyatt Woodsmall
Original English Language Edition

Übersetzung aus dem Amerikanischen: Jutta Bosse-Reuben

Alle Rechte vorbehalten.
Das Werk einschließlich aller seiner Teile ist urheberrechtlich geschützt. Jede Verwendung außerhalb der engen Grenzen des Urheberrechtsgesetzes ist ohne Zustimmung des Verlages unzulässig und
strafbar. Dies gilt insbesondere für Vervielfältigungen, Übersetzungen, Mikroverfilmungen und die
Einspeicherung und Verarbeitung in elektronischen Systemen.

Satz: JUNFERMANN Druck & Service, Paderborn

Bibliografische Information der Deutschen Bibliothek
Die Deutsche Bibliothek verzeichnet diese Publikation in der Deutschen Nationalbibliografie;
detaillierte bibliografische Daten sind im Internet über http://dnb.ddb.de abrufbar.

ISBN-10: 3-87387-031-2
ISBN-13: 978-3-87387-031-4

Inhalt

Für Milton Erickson,
der dies schon lange vor uns wußte.

Für Richard Bandler,
der uns zeigte, wo es sich befand.

Für Ardie James und Eileen James,
für ihre Hilfe bei der Bearbeitung und für ihre Unterstützung.

Warnung: Die Techniken, die in diesem Buch beschrieben werden, sind außerordentlich wirkungsvoll und sind dazu angetan, die Persönlichkeit eines Menschen innerhalb kürzester Zeit grundlegend und vollständig zu verändern. Um Ihre eigene Sicherheit und die Ihres Klienten zu gewährleisten, ist es deshalb wichtig, daß jegliche therapeutische Anwendung dieser Techniken durch eine in Time-Line-Therapie ausgebildete Person erfolgt. Auskunft über Ausbildungsmöglichkeiten in Time-Line-Therapie erteilt: Advanced Neuro Dynamics Inc., 615 Piikoi Street, Suite 1802, Honolulu, HI 96814, U.S.A.

I. Einführung

Wir befinden uns am Anfang einer neuen Epoche des Verstehens. Im Verlauf der Arbeit mit vielen Klienten wurde uns klar, daß wir Elemente entdeckt hatten, die die Persönlichkeit eines Menschen ausmachen. Bei der Überprüfung und Anwendung dieses Modells zur persönlichen Veränderung stellten wir fest, daß wir scheinbar an Wunder grenzende Veränderungen in den tiefsten Schichten der menschlichen Persönlichkeit hervorrufen konnten.

Modelle sind ein interessantes Hilfsmittel. Sie beschreiben oder simulieren, wie etwas auf einem bestimmten Gebiet funktioniert. Ein Modell ist im wesentlichen ein Entwurf oder eine Landkarte. Wie auch die Landkarte ist ein Modell nicht unbedingt „wahr". Es stellt lediglich ein Abbild der Wirklichkeit dar.

Wir suchen bei der Ausarbeitung dieses Modells also nicht unbedingt nach der Wahrheit; wir versuchen nur, die Funktionsweise der menschlichen Persönlichkeit zu beschreiben. Gleich einer Landkarte handelt es sich nur um eine Beschreibung; und der Wert jeder Landkarte oder jedes Entwurfes liegt in dem Ergebnis, das Sie durch seine Anwendung erreichen.

Bei unserem Modell scheint es sich um eine bedeutende Entdeckung zu handeln. Nach dieser Entdeckung haben Psychologen von Freud über Jung bis Isabel Briggs Myers geforscht. Dieses Modell birgt das Potential in sich, menschliches Verstehen für alle Zukunft zu verändern, denn wir verstehen nun die grundlegenden Elemente, aus denen die Persönlichkeit eines Menschen besteht und sind zudem in der Lage, sie zu verändern.

Das Modell, das wir die „Basis der Persönlichkeit" nennen, fußt auf einem früheren Modell, welches beschreibt, wie wir mit uns selbst und anderen kommunizieren. Dieses Modell, das im wesentlichen aus der kognitiven Psychologie stammt, wurde von Richard Bandler und John Grinder entwickelt. Es nennt sich Neurolinguistisches Programmieren (NLP) und erklärt, wie wir die Information verarbeiten, die wir aus der Außenwelt aufnehmen.

11

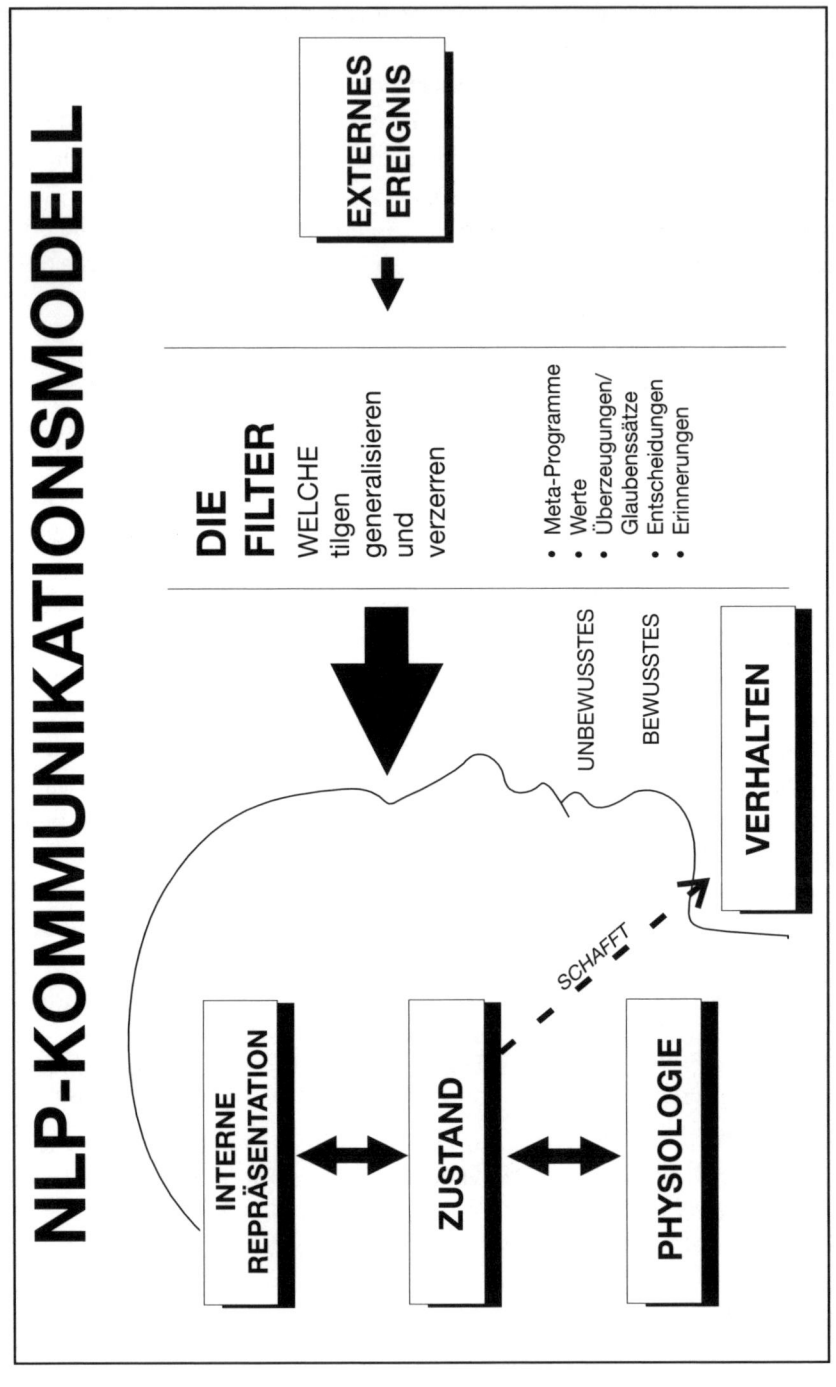

12

Beim NLP-Modell beginnt der Prozeß mit einem äußeren Ereignis, das wir mit unseren Sinnen erfahren. Wir nehmen das Ereignis wahr, indem wir die Information erfahren, die durch unsere Sinneskanäle hereinkommt. Die Sinneskanäle sind:

▶ das Visuelle, es schließt das ein, was wir sehen oder wie jemand uns ansieht;
▶ das Auditive umfaßt Geräusche, Worte, die wir hören und die Art und Weise, wie Menschen uns diese Worte sagen;
▶ das Kinästhetische oder von außen hervorgerufene Körpergefühle. Sie umfassen die Berührung durch eine Person oder einen Gegenstand, Druck- oder Oberflächenempfindungen;
▶ das Olfaktorische – das bedeutet Geruch; und
▶ das Gustatorische – das bedeutet Geschmack.

Nachdem das äußere Ereignis durch unsere Sinneskanäle aufgenommen worden ist, und noch bevor wir eine „Innere Abbildung" (I.A.) dieses Ereignisses geschaffen haben, filtern wir es. Wir lassen dieses Ereignis durch unsere inneren Weiterverarbeitungsfilter passieren. Mit unseren inneren Weiterverarbeitungsfiltern tilgen, verzerren und verallgemeinern wir die Information, die wir durch unsere fünf Sinne erhalten.

Tilgen

Tilgen tritt ein, wenn wir für bestimmte Aspekte unseres Erlebens selektiv aufmerksam sind und für andere nicht. Tilgen bedeutet, daß wir eine bestimmte sensorische Information übersehen oder vermeiden. Ohne den Mechanismus des Tilgens wären wir mit mehr Information konfrontiert, als unser Bewußtsein verarbeiten kann.

Verzerrung

Zur Verzerrung kommt es, wenn wir durch Fehlrepräsentation der Realität Veränderungen in unserem Erleben der sensorischen Informationen hervorrufen. In der östlichen Philosophie gibt es eine bekannte Geschichte über das Phänomen der Verzerrung. Es ist die Geschichte vom Seil und der Schlange. Ein Mann geht eine Straße entlang und sieht etwas, das er für eine Schlange hält und schreit: „SCHLANGE!" Bei näherem Hinsehen stellt er jedoch erleichtert fest, daß es sich bloß um ein Stück Seil handelt.

Verzerrung hilft uns auch dabei, uns zu motivieren. Motivation tritt ein, wenn wir die Information verzerren, die wir aufnehmen und die bereits durch eines unserer Filtersysteme verändert worden ist. Verzerrung hilft auch beim Planen. Wir verzerren, um planen zu können, wenn wir phantasierte Zukunftsentwürfe konstruieren.

Verallgemeinerung

Bei dem dritten Prozeß, der Verallgemeinerung, ziehen wir allgemeine Schlüsse aus einer, zwei oder mehr Erfahrungen. Im günstigsten Fall ist Verallgemeinerung eine der Methoden, mit denen wir lernen, wobei wir die Information nehmen, die uns zur Verfügung steht und weitreichende Schlüsse aus einer oder mehreren Erfahrungen ziehen. Im ungünstigsten Fall benutzen wir Verallgemeinerung, um aus einem einzigen Ereignis eine lebenslange Erfahrung zu machen.

Normalerweise kann das Bewußtsein nur sieben plus oder minus zwei Informationseinheiten gleichzeitig verarbeiten. Natürlich können viele Menschen noch nicht einmal mit dieser Anzahl umgehen. Und ich kenne Leute, denen „eins, plus oder minus zwei" Schwierigkeiten bereitet – das sind die Leute, die nicht gleichzeitig gehen und Kaugummi kauen können. Wie ist das bei Ihnen? Versuchen Sie dies: Können Sie mehr als sieben Markennamen einer bestimmten Produktkategorie benennen, zum Beispiel Zigaretten? Die meisten Leute können zwei Namen nennen, vielleicht auch drei aus einer Kategorie von geringem Interesse und normalerweise nicht mehr als neun aus einer Kategorie, die von großem Interesse für sie ist. Dafür gibt es einen Grund. Wenn wir nicht ständig aktiv Information tilgen würden, wären wir dauernd immensen Mengen von Information ausgesetzt. Vielleicht haben Sie sogar Psychologen schon sagen hören, daß wir verrückt würden, wenn wir uns ständig aller sensorischen Informationen bewußt wären, die auf uns einströmen. Deshalb filtern wir Information.

Die Frage lautet also: „Wenn zwei Leute denselben Reiz erhalten – warum zeigen sie nicht dieselbe Reaktion?" Die Antwort heißt: weil wir die von außen kommende Information auf unterschiedliche Weise tilgen, verzerren und verallgemeinern.[*]

Wir tilgen, verzerren und verallgemeinern die Information, die wir durch unsere Sinne empfangen, indem wir bestimmte innere Verarbeitungsfilter benutzen.

---

[*] Hinweise zur Erkennung von Methoden der Tilgung, Verzerrung und Verallgemeinerung finden Sie in: *Richard Bandler/John Grinder*, Metasprache und Psychotherapie – Die Struktur der Magie I, Junfermann, Paderborn 2001 (10. Auflage).

Diese Filter sind: Meta-Programme, Werte, Überzeugungen, Einstellungen, Entscheidungen und Erinnerungen.

Meta-Programme

Meta-Programme sind die am weitesten unbewußten inneren Verarbeitungsfilter, und es handelt sich bei ihnen um inhaltsfreie Filter. Das heißt, daß Meta-Programme selbst keinen Inhalt haben, aber den Inhalt unserer Erfahrungen filtern. Meta-Programme sind Auslösch- und Verzerrungsfilter, die von unseren Verallgemeinerungen entweder etwas wegnehmen oder hinzufügen. Meta-Programme sind nur eine der Methoden, mit denen wir unsere Identität bewahren, indem wir die Verallgemeinerungen, die wir ständig machen, entweder aufrechterhalten oder beseitigen. Da die Kenntnis der Meta-Programme einer Person tatsächlich helfen kann, ihre jeweiligen Zustände recht genau vorherzusagen, können sie benutzt werden, um Verhalten – ihre Handlungen – vorherzusagen. Darüber hinaus können wir für einen bestimmten Zweck die Art und Weise verändern, wie eine Person Information filtert. Es ist NICHT der Zweck von Meta-Programmen, Leute in bestimmte Schubladen zu stecken (wogegen wir uns wehren), oder zu entscheiden, was richtig oder falsch ist. Diese Programme stellen lediglich einen Weg dar, wie eine Person Information verarbeitet.

Werte

Die etwas weniger unbewußten Filter sind unsere Werte. Werte sind die erste Ebene von Filtern, die selbst einen Inhalt haben; es sind im wesentlichen Bewertungsfilter. Durch sie entscheiden wir, ob unsere Handlungen gut oder schlecht oder richtig oder falsch sind. Mit Hilfe von Werten entscheiden wir, wie wir unsere Handlungen empfinden, und sie stellen eine Hauptmotivationskraft hinter unseren Aktionen dar. Werte sind in Form einer Hierarchie angeordnet, in der die wichtigsten sich charakteristischerweise an der Spitze und die weniger wichtigen darunter befinden. Jeder von uns hat verschiedene Modelle der Welt (innere Abbildungen dessen, wie die Welt ist), und unsere Werte sind mit unseren Modellen der Welt wechselseitig verbunden. Wenn wir mit uns selbst oder einer anderen Person kommunizieren, kommt es wahrscheinlich dann zum Konflikt, wenn unser Modell der Welt im Widerspruch zu unseren eigenen Werten oder zu denen der anderen Person steht. Richard Bandler sagt: „Werte sind jene Ideen und

Vorstellungen, zu deren Erreichen oder Vermeidung wir bereit sind, Zeit, Energie und Fähigkeiten zu investieren."

Werte sind das, auf das Leute sich typischerweise hinbewegen oder von dem sie sich wegbewegen (siehe Meta-Programme). Sie sind das, was uns im Leben anzieht oder abstößt. Sie sind Verallgemeinerungen über tiefsitzende bewußte oder unbewußte Glaubenssysteme, die uns vorgeben, was wichtig ist und was wir als gut oder als schlecht bewerten. Werte können sich je nach Kontext verändern. Das heißt, Sie haben wahrscheinlich bestimmte Wertvorstellungen darüber, was Sie in einer persönlichen Beziehung und in einer Geschäftsbeziehung wollen, und die beiden stimmen wahrscheinlich nicht überein. Ihre Wertvorstellungen darüber, was Sie sich von der einen und der anderen Beziehung wünschen, können recht unterschiedlich sein. (Wenn sie sich nicht unterscheiden, haben Sie möglicherweise mit beiden Schwierigkeiten.) Da Werte kontextbezogen sind, können sie auch zustandsbezogen sein, obwohl sie eindeutig weniger zustandsbezogen sind als Glaubenssätze.

Glaubenssätze
....

Die nächste Ebene der Filter stellen die Glaubenssätze dar. Glaubenssätze sind Überzeugungen oder Annahmen darüber, daß bestimmte Dinge wahr oder real sind. Sie stellen ferner Verallgemeinerungen über den Zustand der Welt dar. Bei der Methode des „Modellierens" (bei der es sich um eine NLP-Methode zur Schaffung von Exzellenzzuständen handelt; s. Anhang) besteht ein wichtiges Element darin, die Glaubenssätze einer bestimmten von uns modellierten Person herauszuarbeiten, welche das betreffende Verhalten beeinflussen. Richard Bandler sagt: „Glaubenssätze sind jene Dinge, an denen wir nicht vorbeikommen." Glaubenssätze stellen die Vorannahmen dar, die wir über bestimmte Dinge haben, und sie ermöglichen oder vorenthalten uns persönliche Stärke. Auf dieser Ebene stellen die Glaubenssätze im wesentlichen die Ein-/Ausschalter für unsere Fähigkeit dar, in der Welt etwas zustandezubringen; denn wenn man nicht glaubt, daß man zu etwas fähig ist, wird man wahrscheinlich gar nicht die Gelegenheit bekommen, es auszuprobieren. Bei der Arbeit mit den Glaubenssätzen eines Menschen ist es wichtig, herauszufinden, welcher seiner Glaubenssätze es ihm ermöglicht, zu tun, was er tut. Wir wollen ferner die einschränkenden Glaubenssätze entdecken, jene, die ihnen nicht erlauben, das zu tun, was sie gerne tun möchten.

Einstellungen

Einstellungen sind Ansammlungen von Werten und Glaubenssätzen, die sich auf ein bestimmtes Thema beziehen. Wir sind uns unserer Einstellungen meist weitgehend bewußt und sagen zu anderen oft: „Das ist eben meine Einstellung." Veränderung auf der Ebene von Einstellungen ist oft erheblich schwerer zu erreichen als auf der Ebene von Werten. (Haben Sie jemals versucht, die Einstellung eines anderen zu verändern?) Es ist aufgrund der unterschiedlichen Abstraktionsebene viel einfacher, Werte zu verändern als Einstellungen.

Erinnerungen

Der fünfte Filter ist unsere Ansammlung von Erinnerungen. Erinnerungen beeinflussen unsere Wahrnehmungen und unsere Persönlichkeit tiefgreifend. Sie stellen dar, wer wir sind. Manche Psychologen glauben sogar, daß mit zunehmendem Alter unsere gegenwärtigen Reaktionen tatsächlich Reaktionen auf „Gestalten" (Ansammlungen von Erinnerungen, die in bestimmter Weise um ein bestimmtes Thema herumgruppiert sind) früherer Erinnerungen darstellen, und daß die Gegenwart in unserem Verhalten eine sehr geringe Rolle spielt.

Entscheidungen

Den sechsten Filter, der auch mit Erinnerungen verwandt ist, stellen Entscheidungen dar, die wir in der Vergangenheit getroffen haben. Beschlüsse darüber, wer wir sind, insbesondere einschränkende, können unser gesamtes Leben beeinflussen. Entscheidungen können Überzeugungen, Werte, Einstellungen und sogar Lebensthemen hervorbringen; sie können aber auch nur zeitlebens unsere Wahrnehmungen beeinflussen. Das Problem bei vielen Entscheidungen ist, daß sie entweder unbewußt oder in einem sehr jungen Alter getroffen wurden und vergessen wurden. Oder wir entscheiden zu einem bestimmten Zeitpunkt etwas und vergessen, unsere Entscheidungen zu überdenken, wenn wir uns entwickeln und unsere Wertvorstellungen sich verändern. Solche nicht neu überdachten Entscheidungen (insbesondere die einschränkenden) beeinflussen unser Leben oft in einer Art und Weise, die wir ursprünglich nicht beabsichtigt hatten.

Entscheidungen und Erinnerungen können überall im Bereich des Bewußten und des Unbewußten angesiedelt sein. Individuelle Entscheidungen und Erinnerungen können mehr oder weniger bewußt sein als bestimmte Werte, Glaubenssätze und Einstellungen.

Diese sechs Filter also bestimmen, welche Informationen aufgenommen werden, wenn wir eine „Interne Repräsentation" (I.R.) irgendeines Ereignisses anlegen. Es ist unsere I.R., die bewirkt, daß wir uns in einem bestimmten „Zustand" befinden, und die eine bestimmte Physiologie hervorruft. „Zustand" bezieht sich auf den inneren emotionalen Zustand einer Person – d.h., einen glücklichen Zustand, einen traurigen Zustand, einen motivierten Zustand usw. Unsere I.R. schließt unsere inneren Bilder, Geräusche und Dialoge und unsere Gefühle ein (ob wir zum Beispiel motiviert, herausgefordert, erfreut, aufgeregt usw. sind). Der Zustand, in dem wir uns befinden, bestimmt unser Verhalten. Die I.R. des Ereignisses verbindet sich also mit der Physiologie und ruft einen Zustand hervor. Ein bestimmter Zustand ist das Ergebnis der Verbindung einer inneren Abbildung mit einer Physiologie. Und jegliches Verhalten ist zustandsbezogen.

Diese Filter bestimmen also in gewisser Weise unsere Handlungen; denn was zurückgehalten oder getilgt wird, hat große Auswirkungen auf die I.R. Wie ist es möglich, daß zwei Menschen demselben Ereignis beiwohnen, und der eine findet es ganz toll, der andere schrecklich? Das kommt daher, daß die I.R. derart abhängig von den Filtern ist.

Bedenken Sie, daß in diesem Modell die Landkarte (die I.R.) nicht das Land ist. Unsere jeweilige Erfahrung ist etwas, das wir buchstäblich in unserem Kopf „erfinden". Wir erfahren die Wirklichkeit indirekt, da wir ständig tilgen, verzerren und verallgemeinern. Im Grunde genommen erleben wir unsere Abbildung des Erlebens des Landes und nicht das Land selber.

In einer 1970[*] an der Universität von Pennsylvania durchgeführten Studie über Kommunikation stellten die Untersucher fest, daß sieben Prozent dessen, was wir kommunizieren, aus Worten hervorgeht, die wir sagen bzw. dem Inhalt dessen, was wir sagen. Achtunddreißig Prozent unserer Kommunikation mit anderen resultiert aus unserem verbalen Verhalten, welches Ton der Stimme, Timbre, Sprechgeschwindigkeit und Stimmvolumen einschließt. Fünfundfünfzig Prozent unserer Kommunikation mit anderen ist ein Ergebnis unseres nonverbalen Verhaltens, d.h. unserer Körperhaltung, Atmung, Hautfärbung und Bewegung. Die Übereinstimmung zwischen unserem verbalen und nonverbalen Verhalten gibt das Ausmaß der Kongruenz an.[**]

---

[*] *R. Birdwhistle*, Kinetics and Communication, University of Pennsylvania 1970.
[**] Vollständige Beschreibung in: *Richard Bandler, John Grinder*, Kommunikation und Veränderung – Die Struktur der Magie II, Junfermann, Paderborn 2001 (8. Auflage).

Die Time-Line

Wer sind wir – außer einer Ansammlung von Erinnerungen? Jahrelang waren sich Psychologen einig, daß unsere früheren Erfahrungen bestimmen, wer wir sind und wie wir uns verhalten. (Obwohl die Untersuchung von Erinnerungen in letzter Zeit bei den Psychologen in Ungnade gefallen ist, weil sie nicht wissen, was sie mit den Erinnerungen anfangen sollen oder wie sie sie beeinflussen sollen.) Mit zunehmendem Alter werden Erinnerungen aufgezeichnet und gespeichert, und mit der Zeit haben sie mehr und mehr Einfluß. Unsere Time-Line ist die Erinnerungskodierung unseres Gehirns. Sie stellt die Art und Weise dar, wie Menschen ihre Erinnerungen kodieren und speichern. Wie sonst wüßten Sie den Unterschied zwischen einer früheren Erinnerung und einem Zukunftstraum? Die Entdeckung der Time-Line versetzt uns auch zum erstenmal in die Lage, eine größere Anzahl von Erinnerungen einer Person in kurzer Zeit zu verändern. Die Veränderung einer erheblichen Anzahl persönlicher Erinnerungen wird offensichtlich eine Auswirkung auf die Persönlichkeit eines Menschen haben.

Darüber hinaus wird unser Verhalten von Entscheidungen geleitet, die wir in der Vergangenheit getroffen haben. Bewußt oder unbewußt – diese Entscheidungen beeinflussen unser gegenwärtiges Verhalten. Unsere Entscheidungen werden in der Time-Line gespeichert, und über die Time-Line erhalten wir Zugang zu ihnen.

Meta-Programme

Bei den Meta-Programmen handelt es sich um die am tiefsten liegenden, inhaltsfreien Programme, welche unsere Wahrnehmung filtern. Meta-Programme dienen dem Zweck der Tilgung und der Verzerrung, und sie halten unsere Verallgemeinerungen aufrecht oder aber stellen sie in Frage. Vier grundlegende Filter der Wahrnehmung stellen unsere grundlegendsten Meta-Programme dar. Sie ähneln den Jung'schen Persönlichkeitstypen, wie sie im Buch „Psychologische Typen" beschrieben sind.[*]

Die vier einfachen Filter zusammen bilden dann ungefähr zwanzig komplexe Filter. Sie haben sich das wahrscheinlich noch nie überlegt, aber die Frage: „Ist das Glas halb voll oder halb leer?" resultiert aus der Anwendung eines solchen Filters. Meta-Programm-Filter arbeiten in einer Weise, die unabhängig von und bar jeden

---

[*] *Jung, C.G.*, Psychologische Typen, Ges. Werke VI, Walter, Olten 1978.

Inhalts ist. Das heißt, sie filtern Wahrnehmung auf eine Weise, die ohne Rücksicht auf Inhalt erfolgt.

Werte und Glaubenssysteme

Die Art, wie Menschen ihre am meisten hochgehaltenen Werte, Überzeugungen und Einstellungen kodieren, hat einen tiefgreifenden Einfluß auf ihre Persönlichkeit. Mit Hilfe von Hintergrundinformation darüber, wie Werte, Glaubenssysteme und Einstellungen gebildet werden, wie sie im Gehirn kodiert werden, und wie Menschen gut und böse oder richtig und falsch einordnen, können wir auch vorhersagen, wie ihre inneren Zustände als Reaktion auf bestimmte Situationen sein werden, und wir können deshalb auch ihr Verhalten vorhersagen. Mit diesem Wissen ist es auch möglich, ihre Werte zu verändern. Werte sind in erster Linie verantwortlich für unsere Motivation und bestimmen, wie wir unsere Zeit verbringen. Werte schaffen die vorherrschenden Gefühle, die unsere Motivation und daher auch unsere Handlungen bestimmen. Mit Hilfe von Werten wählen Menschen ihre Handlungsweisen aus und beurteilen sie.

Schließlich sind in einem Individuum Teile vorhanden (untergeordnete Persönlichkeiten oder Wertsysteme, wenn Sie so wollen), die die innere Funktionsweise der Persönlichkeit aufrechterhalten und alle Elemente miteinander verbinden. Wir sind der Meinung, daß Konflikte der inneren Teile untereinander für viele persönliche Probleme verantwortlich sind, von einfachen Inkongruenzen bis zu schwereren Gesundheits- und Persönlichkeitsstörungen.

Dies sind die Elemente, aus denen sich die Persönlichkeit eines normalen, gesunden Menschen (und sogar die eines nicht normalen) zusammensetzt. In „Die Grundlage der Persönlichkeit" behandeln wir diese Elemente ebenso wie die Methoden, mit denen dauerhafte und lang anhaltende Veränderungen bei einem Menschen erreicht werden können.

Die diesem Buch zugrundeliegenden Ideen wurden ursprünglich von Dr. Richard Bandler entwickelt, dem wir für seine genialen Einfälle und Einsichten zu Dank verpflichtet sind. Da ein großer Teil dieses Buches aus Mitschriften unserer Fortbildungsseminare entstanden ist, liest sich der Text eher wie das gesprochene als das geschriebene Wort. Wir haben beim Abfassen dieses Buches lange über diese Frage nachgedacht und haben schließlich beschlossen, daß eine Neufassung des gesamten Manuskriptes die Weitergabe dieser wertvollen Informationen an Personen, die sie wirklich anwenden können, verzögern würde. Mit diesem Vorbehalt also bieten wir Ihnen unser Modell an: Time-Line, die Grundlage der Persönlichkeit.

II. Time-Line-Therapie

1. Einführung in Time-Line

Time-Line ist das erste Element in der „Grundlage der Persönlichkeit". Es stellt ein Schlüsselelement zum Verständnis der Persönlichkeit dar. Unsere Erinnerungen, unsere Entscheidungen, unsere guten wie auch die schlechten Erfahrungen werden hier im Verlauf der Zeit gesammelt und bestimmen, wie unser Verhältnis zur Welt ist. Die Art, wie wir Erinnerungen speichern, beeinflußt die Weise, wie wir unser Leben erleben und wie wir Zeit erleben.

Nun, Zeit ist etwas, das mich fasziniert. Ich war einmal vor langer Zeit der Inhaber einer Firma für „Time-Management-Seminare". Ich war fasziniert von den Konzepten über Zielsetzung und Umgang mit Zeit und davon, wie die Zeit für manche Leute und gegen andere zu arbeiten scheint. Ich machte mir Gedanken darüber, was es mit dem Konzept von Zeit eigentlich auf sich hat. In einem Lexikon las ich, Zeit sei eine „... unbestimmte, unbegrenzte Dauer, innerhalb derer Dinge als in der Vergangenheit, Gegenwart und Zukunft geschehen betrachtet werden." Das schien nicht hilfreich zu sein. Es gab mir eine Definition, aber keine Begründung.

Mir fiel auf, daß manche Leute soviel Zeit hatten, wie sie benötigten, andere hingegen nicht. Mir fiel auf, daß bei manchen Leuten alles gut geregelt erschien, bei anderen aber nicht. Ich bemerkte, daß manche Leute die von ihnen gesetzten Ziele erreichen, andere hingegen nicht. Die Angelegenheit mit der Zeit faszinierte mich mehr und mehr. Ich lernte dann etwas über Meta-Programme, was zu der Entdeckung führte, daß ich eine Time-Line hatte! Und siehe da – andere Leute auch! Welch interessante Idee! Menschen haben TATSÄCHLICH in ihrem Inneren eine Methode, Vergangenheit, Gegenwart und Zukunft so zu kodieren, daß sie wissen, welches die Vergangenheit, die Gegenwart und die Zukunft ist. Sie wissen das doch auch, oder? Wie sonst wüßten Sie, daß Sie Ihre Steuern schon bezahlt haben und sie nicht noch einmal bezahlen müssen? Es wäre furchtbar, wenn man das nicht wüßte! Und übrigens, ich bin sicher, daß das Finanzamt einen Weg finden würde, die Steuern noch einmal zu erheben, wenn Sie sich nicht sicher wären!! Glücklicherweise wissen Sie doch den Unterschied zwischen Vergangenheit, Gegenwart und Zukunft.

Ihre Time-Line

Wenn Sie einmal innehalten und über diese Frage nachdenken, entdecken Sie vielleicht, daß Sie Ihre Vergangenheit auf eine bestimmte Weise so arrangiert haben, daß Sie den Unterschied zwischen Vergangenheit und Zukunft erkennen können. Wie sonst wüßten Sie, welches Ereignis vergangen und welches in der Zukunft liegt? Woher wüßten Sie, ob Sie eine Erinnerung aus der Vergangenheit oder aus der Zukunft betrachten? Aber Sie wissen es tatsächlich, nicht wahr? Wie Sie zu dieser Gewißheit gelangen, hängt davon ab, wie Sie Ihre Erinnerungen aus der Vergangenheit und der Zukunft kodieren – wie Sie die Information in Ihrem Gehirn speichern. Nahezu jeder Mensch speichert Zeit auf lineare Art und Weise; der Unterschied liegt darin, wie man es speichert. Edward T. Hall sagt, daß diese simple Fähigkeit, zu wissen, welches ein wirkliches Ereignis (außerhalb) und welches eine Erinnerung ist oder ein phantasiertes Ereignis, eine Voraussetzung für unser Überleben darstellt.

Kommunikationsmuster

Viele der von uns im NLP oder unbewußt von einem ausgezeichneten Kommunikator benutzten Sprachmuster beruhen auf dem Wissen (bewußt oder unbewußt) darüber, wie Menschen Zeit innerhalb ihres Gehirns organisieren. Mir ist auch aufgefallen, daß Leute, die wissen, wie andere Zeit speichern, zeitbezogene grammatikalische Verschiebungen viel geschickter anwenden können, um bei Klienten in Therapie- und Geschäftssituationen Veränderungen und Verschiebungen hervorzurufen. Vielleicht ist Ihnen schon aufgefallen, daß Leute oft im Gespräch eine Beschreibung davon vermitteln, was geistig bei ihnen abläuft. Könnte es sein, daß diese Beschreibung nicht metaphorisch, sondern wörtlich zu nehmen ist? Haben Sie jemals jemanden sagen hören: „Sie werden darauf zurückblicken und darüber lachen"? Oder: „Lassen Sie das hinter sich" oder „Die Zeit ist auf meiner Seite"?

Nun, wir fragten uns: „Was bedeutet dies?" Wir sind inzwischen der Ansicht, daß Menschen, wenn sie über ihre innere Erfahrung von Zeit (einschließlich ihrer Gesten) sprechen, eine wortwörtliche (im Gegensatz zu einer metaphorischen) Beschreibung der inneren Anordnung ihrer Erfahrung vermitteln. Beim Sprechen über Zeit handelt es sich um eine tatsächliche Wiedergabe dessen, was sie im Geiste tun. Die Art des Gebrauchs der Zeit in der Sprache („temporale Sprache") stellt lediglich eine Beschreibung dessen dar, wie sie Zeit speichern.

Wir werden mit der Beschreibung der Time-Line und ihrer Funktionsweise beginnen. Zunächst ein bißchen Theorie. Anschließend geht es darum, wie die Time-Line im Gehirn arbeitet; es folgen einige Übungen und dann die Wiedergabe einer Demonstration von Veränderungsarbeit.

Das Speichern von Zeit

Das innere Speichern von Zeit ist ein faszinierendes Thema. Die Vorstellung davon, wie Zeitspeichern die Persönlichkeit beeinflußt, stammt aus einer Reihe von Quellen einschließlich Edward T. Halls Buch, The Dance of Life.[*] Hall spricht von zwei Arten von Zeit.

Anglo-Europäische Zeit

Die Anglo-Europäische Zeit, wie von Hall beschrieben, scheint aus der industriellen Revolution hervorgegangen zu sein. Sehen Sie, als damals die ersten Fabriken gebaut wurden, mußten die Leute pünktlich sein. Warum? Wenn man um 9 Uhr die Fließbänder anstellt, und die Hälfte der Leute ist nicht da, würden alle Produkte am Ende des Fließbandes herunterfallen. (Und schließlich, wer würde sie in Kisten einpacken?) Fabrikbesitzer erkannten, daß sie ein System benötigten, um die Leute zum pünktlichen Erscheinen in der Fabrik zu bewegen. Das Fließband führte zu einem Konzept von Zeit als einer linearen Struktur, wo ein Ereignis nach dem anderen passiert. So hat also das anglo-europäische Konzept von Zeit seine Wurzeln in der industriellen Revolution und dem Fließband, wo ein Ding nach dem anderen in einer ordentlichen Abfolge oder einer Reihe von Ereignissen passiert und sich von rechts nach links (oder umgekehrt) erstreckt wie ein Fließband.

Wenn wir also nach dem anglo-europäischen Konzept von Zeit zum Beispiel eine Verabredung um 9 Uhr haben, und mein nächster Termin ist um 10 Uhr, dann dauert das Treffen nur eine Stunde. Um 10 Uhr machen wir beide Schluß,

---

[*] *Edward T. Hall,* The Dance of Life, Doubleday, New York 1984.

egal, ob wir alles erledigt haben. Wir beide sind fertig, und ich gehe zu meinem Termin um 10 Uhr. Dies ist ein Beispiel für das anglo-europäische Zeitkonzept.

Arabische Zeit

Arabische, islamische und andere südliche (in warmen Klimazonen gelegene) Länder haben ein völlig anderes Konzept von Zeit – der Islam, Indien und südliche Regionen wie der Südpazifik, die Karibik und sogar der Süden der Vereinigten Staaten haben ein grundsätzlich anderes Verständnis von Zeit.

In ihrem Konzept ist Zeit etwas, das sich im Moment abspielt. Wenn Sie und ich eine Verabredung um 14 Uhr haben, und Sie erscheinen um 14.30 Uhr, dann ist das völlig in Ordnung, weil ich sowieso noch andere Dinge zu tun hatte und eigentlich gar nicht bemerkt habe, daß Sie sich verspätet haben. Wenn wir um 14.30 Uhr anfangen, ist das in Ordnung, und wir machen so lange, bis wir fertig sind. Wenn noch jemand um 15 Uhr erwartet wurde, prima!! Wenn er auftaucht, kann er sich dazu setzen und uns zuschauen, wie wir unsere erste Verabredung beenden.

Die Leute aus der Karibik und aus Mexiko sind für ihr Zeitverständnis berühmt. Wenn Sie sagen: „Wann werden Sie das fertig haben?", antworten sie: „Nun, morgen, mañana." Wenn Sie zum Beispiel in Mexiko sagen: „Wann sind Sie mit der Sache fertig?", dann erwidern die: „Nun, morgen, wir werden es morgen fertig haben." Wenn Sie mit dieser Art von Zeitverständnis zu tun gehabt haben, wissen Sie, daß „morgen" irgendwann zwischen Sonnenuntergang heute abend und in drei Wochen sein kann. Und wenn Sie jemals in Hawaii waren, ist Ihnen wahrscheinlich die Hawaii-Zeit geläufig, die mindestens 30 Minuten später ist als die offizielle Zeit.

Wenn Leute aus der westlichen Hemisphäre zum ersten Mal in Länder wie zum Beispiel den Irak fahren und das erste Treffen mit einem irakischen Geschäftsmann haben, sind sie vielleicht ärgerlich, weil der irakische Geschäftsmann sich mit neun oder zehn Leuten gleichzeitig trifft und mit allen gleichzeitig im Gespräch ist. Der amerikanische Geschäftsmann sagt vielleicht: „Aber ich sollte doch eine persönliche Verabredung haben." Und diese Leute antworten: „Dies IST eine persönliche Verabredung."

Hauptunterschiede in den Konzepten von Zeit

Da im arabischen Zeitverständnis Zeit sich immer auf einmal und jetzt abspielt, gibt es kein richtiges Konzept von Zukunft. Araber sind dafür bekannt, daß sie kein Zeitkonzept haben, das sich über mehr als zwei Wochen erstreckt. Zukunfts-planung ist nämlich nicht möglich, wenn alle Zeit sich im Moment abspielt und es jenseits eines Zeitraums von zwei Wochen nichts gibt.

Dies sind die zwei Arten, wie Menschen Zeit organisieren. Die eine ist anglo-europäisch, wo es lineare, einander folgende, geplante Ereignisse gibt. Die andere ist arabisch, wo Zeit ein Hier-und-jetzt-Ereignis ist. Die Menschen haben also verschiedene Konzepte von Zeit. Im Rahmen der anglo-europäischen Zeitvorstellung erwarten Sie, wenn wir eine Verabredung haben, mich alleine zu treffen. Im Rahmen des arabischen Zeitverständnisses sollten Sie, wenn Sie und ich eine Verabredung haben, nicht erwarten, mich alleine zu treffen, sondern mit drei oder vier anderen Leuten.

In den USA

In den USA gibt es beide Arten des Erlebens. Edward Hall sagt, daß amerikanische Geschäftsleute häufig nach dem anglo-europäischen Modell funktionieren und die amerikanische Hausfrau nach dem arabischen Zeitmodell. Typischerweise geht sie mit allen Familienmitgliedern gleichzeitig um und befindet sich im Jetzt. Der Ehemann sagt: „ Wir gehen um 19 Uhr ins Theater." Um 19.30 legt sie dann gerade das letzte Make-up auf, weil sie noch aufräumt, die Kinder ins Bett bringt und die Küche sauber macht. Sobald dies alles fertig ist (egal, wie lange es dauert, wenn wir fertig sind, sind wir fertig!), können wir gehen.

Interessanterweise ist der Gebrauch des einen oder anderen Modells vollständig abhängig von Ihrem inneren Kodierungssystem. Wir können herausfinden, wie Sie Zeit speichern, indem wir Ihnen eine einfache Frage darüber stellen, wie Sie Ihren Erinnerungsspeicher für solche Ereignisse kodieren, die in Ihrem Inneren Ihre Geschichte und Ihre Zukunft darstellen.

Wie Sie Zeit speichern

Ich möchte, daß Sie jetzt einen Moment innehalten und überlegen, wo sich bei Ihnen die Vergangenheit und wo die Zukunft befindet. Wenn Sie sich das überlegen, bedenken Sie, daß Erinnerungen aus der Vergangenheit aus einer bestimmten Richtung auf Sie zukommen. Sie werden an einem bestimmten Ort gespeichert, so daß Sie den Unterschied zwischen vergangenen und zukünftigen Erlebnissen wissen. Jetzt rufe ich zusätzlich Ereignisse aus Ihren Zukunftserinnerungen auf. Sie werden gleich sehen, warum. Da draußen in der Zukunft gibt es Ereignisse, die sich von den Ereignissen in Ihrer Vergangenheit unterscheiden, und Sie wissen das, weil Sie sie unterschiedlich angeordnet haben. Wenn ich Sie also fragen würde: „Könnten Sie auf die Vergangenheit und auf die Zukunft deuten?", und wenn ich sagen würde: „Können Sie auf die Zukunft zeigen?", wohin würden Sie zeigen? In welche Richtung zeigen Sie, wenn ich frage: „Wo ist die Vergangenheit?" Haben Sie von rechts nach links, von vorn nach hinten, von oben nach unten oder in einer sonstigen Kombination gezeigt?

Wir nennen den anglo-europäischen Zeittyp „Through Time", und er wird dargestellt durch eine Time-Line, die sich von links nach rechts (oder rechts nach links) erstreckt, oder durch jede andere Anordnung, in der sich die gesamte Vergangenheit, Gegenwart und Zukunft vor Ihnen befindet. Den arabischen Zeittyp, den wir „In Time" nennen, wird durch eine Time-Line dargestellt, die sich von vorn nach hinten erstreckt oder in jeder anderen Anordnung von Vergangenheit, Gegenwart und Zukunft, wo sich ein Stück der Time-Line in Ihrem Körper befindet oder hinter der Ebene Ihrer Augen.

Wie man Zeittypen erkennt

Wenn Sie jemanden befragen, um festzustellen, ob er sich in „In Time" oder „Through Time" befindet, können Sie verschiedene Fragen stellen. Wenn Sie es auf die schnelle Art machen wollen, fragen Sie nur: „Wo befindet sich für Sie die Vergangenheit und wo die Zukunft?" Oder: „In welcher Richtung liegt Ihre Vergangenheit, und in welcher Ihre Zukunft?" Ungefähr die Hälfte der Leute wird ohne Schwierigkeiten antworten. Für die meisten Menschen ist es kein Problem, zu entdecken, wie sie Zeit anordnen, und sie sagen: „Meine Zukunft liegt vorne und die Vergangenheit hinten." Oder sie sagen, daß die Zukunft links und die Vergangenheit rechts ist, oder sie geben irgendeine andere Richtung an.

Sie können auch auf Leute treffen, die Ihnen einen bestimmten Ort angeben, zum Beispiel: „San Bernardino." Lachen Sie nicht! Es stimmt. „Wo liegt Ihre Zukunft?" „San Bernardino." OKAY! (Ich sage Ihnen, daß man besser von San Bernardino herkommt als dorthin geht! Ich mach' nur Spaß.) Wenn so etwas passiert, arbeiten Sie mit ihnen, bis sie ein lineares Muster für ihre Erinnerungen formulieren können.

Wenn sie auf Ihre Frage: „Wo ist die Vergangenheit und wo ist die Zukunft für Sie?" keine Richtung angeben können, sagen Sie: „Halten Sie mal inne und rufen Sie eine Erinnerung wach aus dem Alter von ....", und dann suchen Sie ein Alter aus. Ich ziehe Altersstufen so ungefähr zwischen 5 und 7, 10 und 13 und 16 und 18 vor, oder letzte Woche, je nachdem, wie alt die Person ist. Sie sagen also: „Ich möchte, daß Sie innehalten und eine Erinnerung aus der Vergangenheit wachrufen", und dann sagen Sie: „Nun, aus welcher Richtung kam diese Erinnerung auf Sie zu?" Dann sagen Sie: „Und jetzt denken Sie bitte an etwas, das in der Zukunft passieren wird, in sechs Monaten oder einem Jahr... Und jetzt, von wo kam diese Erinnerung auf Sie zu?" Beachten Sie bitte, daß ich beide Male das Wort „jetzt" benutzte. Das sorgt dafür, daß die Person in der Gegenwart orientiert bleibt. Das Wort „jetzt" ist hier wichtig. Es hält sie in der Gegenwart und läßt sie damit feststellen, von wo die Erinnerung auf sie zu kam. Häufig bekommt man eine von zwei möglichen Anworten.

Through Time

Der „Through-Time"-orientierte (anglo-europäische) Mensch hat eine Time-Line, die von links nach rechts oder oben nach unten oder in Form eines „V" angeordnet ist, oder in irgendeiner anderen Anordnung, bei der (und dies ist das ausschlaggebende Kriterium) sich Vergangenheit, Gegenwart und Zukunft sämtlich und zu allen Zeiten vor der Person befinden, ohne daß diese ihren Kopf drehen muß, um sie zu sehen. Wenn die Vergangenheit zum Beispiel auf der linken Seite und innerhalb des peripheren Gesichtsfeldes liegt, und die Zukunft ist auf der rechten Seite, dann ist die Person „Through-Time"-orientiert. Eine „Through-Time"-Person hat Vergangenheit, Gegenwart und Zukunft vor sich, und nicht innerhalb ihres Körpers.

In Time

Eine „In-Time"-Person hingegen hat einige ihrer Erinnerungen aus Vergangenheit oder Zukunft hinter sich, gleichgültig, wie die Time-Line angeordnet ist. Diese Person ist durch einige oder alle Merkmale charakterisiert, die der arabischen Zeit zugeschrieben werden. Wenn Sie den Unterschied zwischen „In Time" und „Through Time" feststellen wollen, achten Sie darauf, ob die Time-Line von oben nach unten, vorne nach hinten oder in irgendeiner anderen Anordnung verläuft; hierbei ist das wichtigste Kriterium, ob sich irgendein Teil der vergangenen, gegenwärtigen oder zukünftigen Erinnerungen hinter der Person befindet, so daß sie ihren Kopf drehen muß, um sie zu sehen, oder ob sich ein Teil der Time-Line innerhalb des Körpers befindet. Wenn irgendein Teil der Time-Line den Körper durchschneidet, befindet sich die Person in „In Time".

2. Through Time und In Time – die beiden Arten

Wenn Sie anfangen, die Time-Lines von Leuten zu untersuchen, werden Sie merken, daß diese ihre Time-Lines in einer beliebigen Zahl von Möglichkeiten angeordnet haben. Eine Person ist vielleicht In Time, oder Through Time, oder auch eine Kombination von beiden. Ich habe sogar erlebt, daß manche Leute ihre Zukunft vor sich haben, die Linie dann auf die Gegenwart zukommt, nahe an die Gegenwart heran und dann von links nach rechts, auf eine unbestimmte Zeitlänge von Vergangenheit zu, und der Rest liegt dann hinter ihnen – also eine Kombination beider Arten. Es gibt auch Anordnungen in Form von Spiralen oder Schleifen und verschiedene Kombinationen. Jede Anordnung hat eine Auswirkung auf die Person und ihre Wahrnehmung von Zeit. Die Anordnung unserer Erinnerungen und unserer Zukunft hat in der Regel voraussagbare Auswirkungen auf unsere Persönlichkeit. Die Hauptunterscheidung, die man am Anfang macht, ist die Frage, ob ein Teil der Time-Line hinter der betreffenden Person liegt. Wenn ja, ist diese Person In Time. Wenn nein, ist sie oder er Through Time.

Through Time

Wer vorzugsweise seine Zeit in Form von Through Time kodiert, wird seine Erinnerungen von links nach rechts oder rechts nach links oder sonst irgendwie kodieren, jedenfalls so, daß die gesamte Zeit sich vor ihm befindet. Die Zeit verläuft kontinuierlich und ununterbrochen. Für so jemanden ist sie vielleicht „lang". Er ist sich der Dauer bewußt. Für Through-Time-Menschen sind die Erinnerungen normalerweise dissoziiert. Das heißt, sie sehen sich selbst in der Erinnerung. Die Anordnung der Erinnerungen selbst verstärkt ferner die Dissoziation; da alle ihre Erinnerungen immer vor ihnen liegen, müssen sie dissoziiert sein. Diese Art von Erinnerungsspeicher nennen wir zeitlich sequentiell – für diese Leute ist Zeit linear, sie hat eine Länge, die lang erscheinen mag. Through-Time-Leute sehen vielleicht zum Beispiel den Wert eines Therapeuten oder Beraters durch die Zeit ausgedrückt, die er mit ihnen verbringt. Sie wollen Leistung für ihr Geld in Form Ihrer Zeit. Wenn Sie eine Stunde mit ihnen verbringen, wollen sie zwei. Für sie sind Zeit und Wert oft gleichbedeutend. „Ich habe mein Geld bezahlt und habe Anspruch auf jede Minute, die mir zusteht. Ich will die gesamte Zeit haben, für die ich bezahlt habe..."

Through-Time-Menschen sind normalerweise pünktlich bzw. wissen, wenn sie sich verspätet haben. Wenn Sie mit einem Through-Time-Menschen eine Verabredung um 14 Uhr haben, und Sie kreuzen um 14.05 Uhr auf, wird dies möglicherweise als Verspätung angesehen! In-Time-Menschen können Verspätung ebenfalls wahrnehmen, und manche von ihnen haben sogar ein schlechtes Gewissen, wenn sie verspätet sind, aber das hängt meist damit zusammen, daß Pünktlichkeit für sie einen hohen Stellenwert hat. Ein Through-Time-Mensch hat seine Zeit in einer linearen Abfolge von Ereignissen angeordnet. Manche dieser Menschen wissen die genaue Zeit sogar bis fast auf die Minute! Meine Frau ist zum Beispiel so, und glauben Sie mir, sie weiß 24 Stunden am Tag, wie spät es ist!

Die Redewendung „Die Zeit ist auf meiner Seite" ist eine Through-Time-Bemerkung. „Through Time" zu sein bringt einige Vorteile. Wenn Ihre ganze Zeit sich ständig vor Ihnen befindet, dient dies als Bezugspunkt. Die Vergangenheit ist zum Beispiel immer als Bezugspunkt vorhanden. Das ist großartig, sofern die vergangenen Erfahrungen positiv waren. Wir haben jedoch mal mit einer Through-Time-Person gearbeitet, die in der Vergangenheit Probleme hatte, weil die Vergangenheit ihr immer ins Gesicht starrte. Diese Person hatte in der Gegenwart Probleme wegen ihrer abwertenden Gefühle vergangenen Problemen gegenüber.

Ein Through-Time-Mensch speichert seine oder ihre Erinnerungen dissoziativ. (Das heißt, er sieht sich selber in der Erinnerung und schaut nicht sozusagen aus seinen eigenen Augen heraus.) Diesen Leuten bereitet es gelegentlich auch Schwierigkeiten, eine spezifische Erinnerung wachzurufen, da sie häufig mehrere Erinnerungen in einer einzigen „Gestalt" zusammengezogen haben. (Eine „Gestalt" ist eine konstruierte Erinnerung, die alle Erinnerungen dieser Art repräsentiert.) Wenn so jemand zum Beispiel gebeten wird, eine spezielle Gelegenheit wachzurufen, bei der er wirklich glücklich war, fällt ihm das vielleicht schwer, weil er alle glücklichen Zeiten zu einer einzigen Erfahrung vereinigt hat.

Aus der Sicht der Wirtschaft wird ein Buchhalter mit Through-Time-Eigenschaften besser bei der Stange bleiben und wird mit seiner Arbeit wahrscheinlich rechtzeitig fertig. In der Buchhaltung ist Pünktlichkeit wichtig! Er wird wahrscheinlich seine Arbeit für jeden Tag des Monats vorausgeplant haben und normalerweise alles rechtzeitig fertighaben. Eine Through-Time-Person kann besser bei der Stange bleiben und besser an der Aufgabe dran, bei der Sache bleiben. Jemand, der Through Time ist, ist jedoch möglicherweise weniger gut in der Lage, seine Aufmerksamkeit zu konzentrieren und „jetzt hier zu sein" als eine In-Time-Person. In einer hektischen Umgebung bekommt ein Through-Time-Mensch vielleicht Schwierigkeiten, sich zu konzentrieren. Aus der Sicht der Geschäftswelt funktioniert diese Person vielleicht schlecht, wenn sie oder er in einer chaotischen Umgebung arbeiten muß.

Aus der Sicht des Through-Time-Menschen ist Arbeitszeit etwas ganz anderes als Spiel (Arbeit soll ernst sein), und er lebt ein eher geordnetes, geregeltes, geplantes Leben. Der Through-Time-Mensch sagt: „Plane deine Arbeit und arbeite nach Plan". So jemand setzt sich bei der Arbeit normalerweise Fristen, nimmt die Fristen ernst und erwartet das von anderen ebenso. Er hat ein großes Bedürfnis danach, Dinge abzuschließen – einen Drang, „die Sache ins Rollen zu bringen". Die Eigenschaften einer Through-Time-Person korrelieren eng mit C.G. Jungs[*] Beschreibung der Vorliebe für „Judging" modes.

In Time

Eine In-Time-Person kodiert ihre Erinnerungen vorzugsweise von vorn nach hinten, oben nach unten oder in Form eines „V" oder einer anderen Anordnung, bei der ein Teil der Vergangenheit, Gegenwart oder Zukunft hinter oder in ihr ist. Dies entspricht dem arabischen Modell, über das wir bereits gesprochen haben. Für In-Time-Menschen ist gewöhnlich ein Teil ihrer Geschichte oder der Zukunftsanteil ihrer Time-Line unzugänglich, es sei denn, sie wenden den Kopf. Daher stammt die Redewendung: „Du wirst darauf zurückblicken und lachen". Oder: „Laß deine Vergangenheit hinter dir". Das sind In-Time-Redewendungen, eine linguistische Beschreibung dessen, was sich in einer In-Time-Person abspielt. Überlegen Sie sich das mal: wenn es für den Through-Time-Menschen ein Ereignis in der Vergangenheit gäbe, über das er nicht glücklich wäre, könnte er nicht „zurückschauen und lachen". Warum? Weil Erinnerungen für Through-Time-Menschen immer direkt vor ihnen liegen. Eine In-Time-Person hingegen, speichert ihre Vergangenheit wahrscheinlich hinten und benutzt wahrscheinlich einen Satz wie: „Laß die Vergangenheit hinter dir."

Wenn In-Time-Personen Erinnerungen wachrufen wollen, gehen sie zu einer bestimmten Erinnerung oder einem Zeitpunkt zurück und befinden sich dann in dieser Erinnerung, assoziiert (sie schauen durch ihre Augen hindurch und fühlen die Gefühle). Sie können genau zu einem bestimmten Punkt In Time zurückgehen. Dann sind sie „einfach da, wo sie sind". Da ihnen Zeitdauer nicht so bewußt ist wie einer Through-Time-Person, können sie im „Jetzt" hängenbleiben und haben vielleicht Schwierigkeiten, ein Treffen oder eine Sitzung zu beenden. Ein

---

[*] *Jung, C.G.*, Psychologische Typen, Ges. Werke VI, Walter, Olten 1978.

30

In-Time-Mensch weiß meist nicht, ob er fünf Minuten verspätet ist. Manche wissen noch nicht einmal, ob eine halbe Stunde vergangen ist. Wenn Sie beispielsweise mit einer In-Time-Person eine Verabredung um 14 Uhr hätten und erst um 14.15 Uhr auftauchten, wären sie nach seinen Maßstäben wahrscheinlich nicht zu spät dran. Die Trennlinie zwischen In-Time- und Through-Time-Verspätung liegt gewöhnlich irgendwo zwischen 5 und 15 Minuten. Wenn Sie bei einer In-Time-Person 15 Minuten zu spät aufkreuzen, werden Sie als halbwegs pünktlich angesehen. Vielleicht hat sie die Verabredung sogar vergessen oder merkt überhaupt nicht, daß Sie nicht da sind. Sie weiß es einfach nicht.

Einer In-Time-Person fällt das „jetzt hier sein" wesentlich leichter. Einem Through-Time-Menschen fällt es schwer, jetzt hier zu sein, weil Vergangenheit, Gegenwart und Zukunft ständig vor ihm präsent sind, während eine In-Time-Person hier ist, im Jetzt. Ganz genau im Jetzt. „Hier im Jetzt sein", das ist ein In-Time-Konzept, denn die meisten In-Time-Leute sind die ganze Zeit im Jetzt. In-Time-Leuten fällt es meistens sehr leicht, ihre Aufmerksamkeit auf etwas zu fokussieren und auch in einer chaotischen Situation völlig konzentriert zu bleiben, ganz im Gegensatz zu ihren Through-Time-Gegenstücken.

In-Time-Menschen erscheinen vielleicht unzuverlässig. Sie benötigen Unbegrenztheit und ziehen es vor, sich ihre Möglichkeiten offenzulassen, so daß sie oft zögern, eine Entscheidung zu treffen, weil dies ihre Möglichkeiten einschränken könnte. Wenn sie sich zum Beispiel in einer Kaufsituation dann doch entscheiden, bereuen sie dies vielleicht, weil sie befürchten, daß sie sich in ihren Möglichkeiten dadurch beschränkt haben könnten. Sie benötigen manchmal je-manden, der sie bei der Stange hält, weil sie sich auf die Dauer schlechter konzentrieren können, zum Beispiel bei einem Langzeitprojekt. Es bereitet ihnen oft Schwierigkeiten, Aufgabengebiete zu ordnen.

In-Time-Leute können jedoch in die Vergangenheit zurückgehen und ohne Schwierigkeiten dort bleiben, weil ihre Erinnerungen assoziiert sind. In-Time-Menschen können meist mit Leichtigkeit zu einer bestimmten Zeit zurückgehen, so daß man sie leichter in einem vollständig assoziierten Zustand ankern kann. Wenn sie eine Verabredung nicht eingehalten haben, sagen sie vielleicht: „Das war ich nicht", oder: „Ich war nicht ich selbst". In einer Therapie haben sie möglicherweise jede Woche ein anderes Problem.

Eine In-Time-Person betrachtet Arbeitszeit und Freizeit oft als ein und dasselbe – und Arbeit bedeutet gewöhnlich Spiel. Eine solche Person führt meist ein weniger geordnetes, eher spontanes, flexibles und nicht eingegrenztes Leben. Der In-Time-Mensch plant nicht, da er alles „so nimmt, wie es kommt" und sich dem Leben anpaßt, während er es lebt. Gewöhnlich vermeiden es solche Leute, sich

Fristen zu setzen. Wenn sie es mit einer Frist zu tun haben, setzen sie sich möglicherweise künstlich zu frühe Termine. (Und machen damit ihre Through-Time-Kollegen verrückt!) Sie zeigen ein starkes Bedürfnis, sich ihre Optionen offenzuhalten und vermeiden es, festgelegt zu werden. Es besteht eine hohe Korrelation zwischen der In-Time-Person und der Präferenz für die Arten des „Wahrnehmens" nach C.G.Jung[*].

Gestalt

Die von uns gespeicherten Erinnerungen sind in einer Gestalt angeordnet, was einfach bedeutet, daß Erinnerungen, die sich um ein bestimmtes Thema ranken, häufig wie eine Perlschnur miteinander verbunden sind. (Siehe auch Diagramm S. 33). Die Gestaltung von Erinnerungen geschieht oft um ein bestimmtes Thema herum. Die Anordnung in Form einer Gestalt führt dazu, daß das Hervorholen dieser Gestalt häufig eine konstruierte Erinnerung zum Vorschein bringt, die eine Synthese aller Erinnerungen zu diesem speziellen Thema darstellt. Deshalb fällt es jemandem oft schwerer, eine ganz bestimmte Erinnerung wieder zugänglich zu machen.

Zum Verständnis der Time-Line-Therapie ist es wichtig zu wissen, daß sowohl In- als auch Through-Time-Leute ihre Erinnerungen in Form einer Gestalt anordnen. Auf Through-Time-Menschen hat dies einen größeren Einfluß, da sich all ihre Erinnerungen vor ihnen befinden und die Gestalt daher offensichtlicher ist. Da Through-Time-Personen normalerweise eine Gestalt anstelle einer bestimmten Erinnerung wachrufen, geben sie auf Ihre Bitte: „Ich möchte, daß Sie zu einer Zeit zurückgehen. Können Sie zu einer bestimmten Zeit zurückgehen und sich erinnern, als einmal ..." zum Beispiel folgende Antwort: „Mensch, ich kann mich an Zeiten erinnern, als ich glücklich oder motiviert war. Ich kann mich an motivierende Zeiten erinnern, aber nicht an eine bestimmte Zeit." Das kommt daher, daß die Through-Time-Person alle ihre Erinnerungen in einer einzigen Gestalt motivierender Ereignisse zusammengefaßt hat. Anders ausgedrückt, machen sie eine Ansammlung von Erinnerungen in Form einer Kette mit dem Namen „Motivation" oder „Glücklichsein" usw. Bei In-Time-Leuten gibt es die Gestalt auch. Der Grund, weshalb sie bei Through-Time-Leuten eher zu Tage tritt, liegt darin, daß sie sich stets vor ihnen befinden.

---

[*] *Jung, C.G.,* Psychologische Typen, Ges. Werke VI, Walter, Olten 1978.

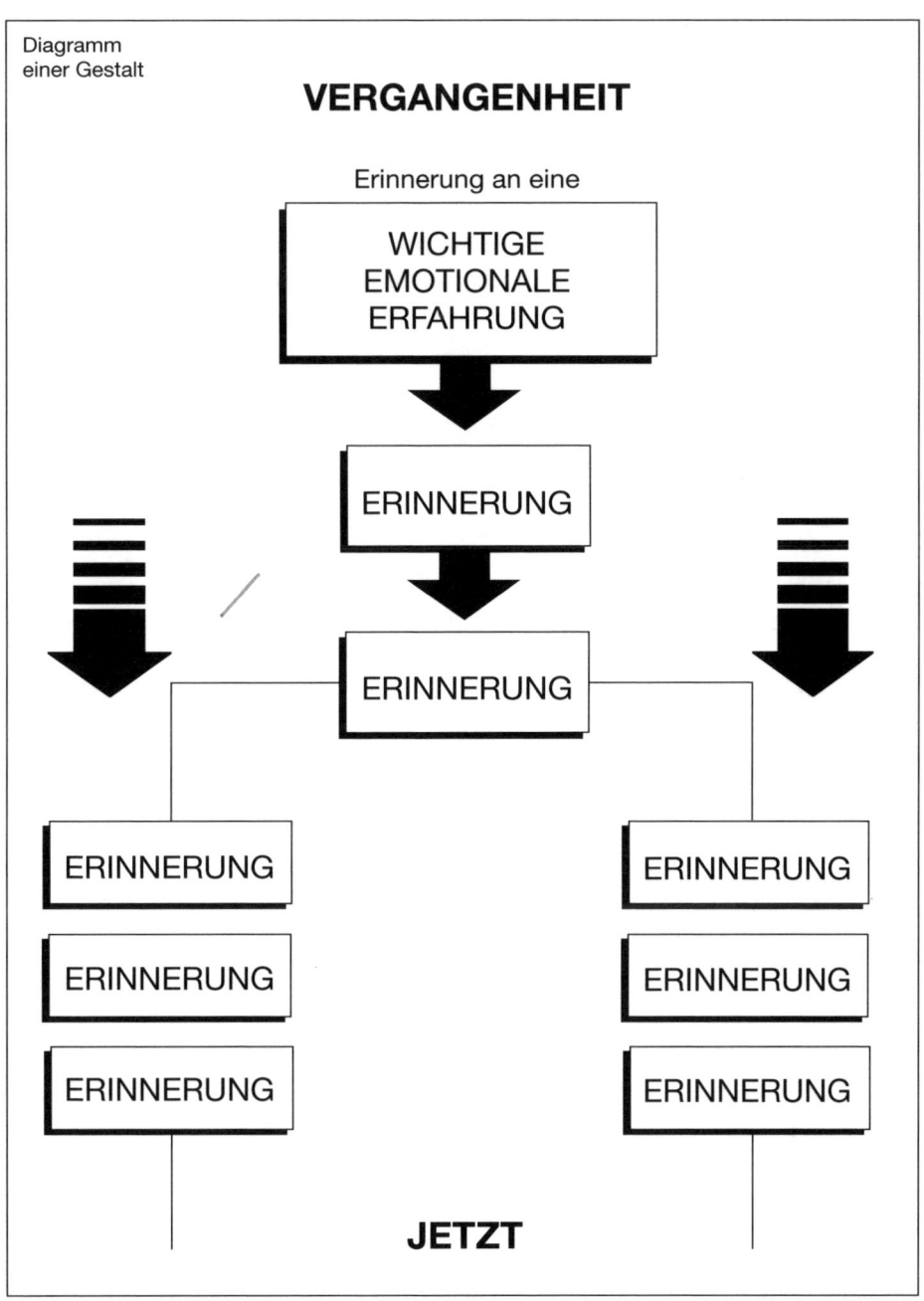

Diagramm
einer Gestalt

VERGANGENHEIT

Erinnerung an eine

WICHTIGE
EMOTIONALE
ERFAHRUNG

ERINNERUNG

ERINNERUNG

ERINNERUNG

ERINNERUNG

ERINNERUNG

ERINNERUNG

ERINNERUNG

ERINNERUNG

JETZT

Wenn die Gestalt verhindert, daß eine Through-Time-Person eine bestimmte Erinnerung wachruft und es der Person schwerfällt, zu einem speziellen Ereignis zurückzugehen, können Sie zu ihr sagen: „Ich möchte Sie bitten, die Seiten Ihrer Erinnerung wie bei einem Buch zurückzublättern. Blättern Sie die Seiten wie bei einem Buch zurück, bis Sie zu einer bestimmten Zeit kommen, als ...". Ebenso können Sie einem In-Time-Menschen sagen, der Schwierigkeiten hat, zu einem bestimmten Ereignis zurückzugehen: „Ich möchte, daß Sie den Film Ihres Lebens zurückdrehen." Sehen Sie, wenn die Erinnerungen von links nach rechts angeordnet sind, paßt die Analogie zu einem Buch sehr gut. Wenn die Erinnerungen von vorn nach hinten angeordnet sind, trifft die Film-Analogie besser zu.

Es ist wichtig bei dieser Sache mit der Zeit, zu lernen, sich die spezielle Art zunutze zu machen, wie Menschen ihre Zeit organisieren, so daß Sie Rapport mit der Person herstellen und Veränderungen hervorrufen können.

Ihre Time-Line

Ich möchte, daß Sie jetzt noch einmal innehalten ... und sich überlegen, wie Sie Ihre Zeit organisieren. Vielleicht nehmen Sie Ihre Erinnerungen aus der Vergangenheit und nehmen die aus der Zukunft. Ich nenne sie Erinnerungen, und Sie werden gleich verstehen, warum. Wenn Sie sich das genau überlegen, haben Sie eine Methode, festzustellen, daß die Vergangenheit Vergangenheit ist und die Zukunft Zukunft. Sie sehen, daß Ihr Gehirn Erinnerungen auf eine bestimmte Art und Weise ordnet. Wir erforschen also tatsächlich die Sprache des Gehirns, insbesondere die Frage, wie Ihr Gehirn die Vergangenheit und die Zukunft anordnet, so daß Sie wissen, bei welcher Erinnerung es sich um die Vergangenheit und bei welcher es sich um ein Ereignis in der Zukunft handelt.

Zunächst denken Sie bitte an etwas, das in der Vergangenheit passiert ist und stellen fest, aus welcher Richtung es kam. Und jetzt denken Sie bitte an etwas, das in der Zukunft geschehen wird, oder von dem Sie annehmen, daß es in Zukunft passieren wird, und stellen fest, aus welcher Richtung das auf Sie zukam. Nun zeigen Sie noch einmal auf die Zukunft und auf die Vergangenheit, damit Sie eine Vorstellung davon haben, wie Ihre Erinnerungen angeordnet sind.

3. Die Entdeckung der Time-Line

Protokoll der Herausarbeitung einer Time-Line:

Tad: „Also, Dan, kannst du dich erinnern, wie du fünf warst?"

Dan: „Ja."

Tad: „Ja. Aus welcher Richtung kam das?"

Dan: „Hier."

Tad: „Gut, ist das hinter dir?"

Dan: „Nein, auf meiner Seite."(Zeigt auf die linke Seite.)

Tad: „Auf deiner Seite. Wenn du in diese Richtung schaust, siehst du dann alle deine Erinnerungen aus der Vergangenheit?"

Dan: (Überrascht) „Oh ja!"

Tad: „Du siehst da drüben auf der linken Seite eine Menge Erinnerungen?"

Dan: „Ja."

Tad: „Gut. Die Vergangenheit ist also auf deiner linken Seite – und wo ist die Zukunft?"

Dan: „Hier drüben rechts."

Tad: „Und siehst du zukünftige Erinnerungen dort drüben?"

Dan: „Ja."

Tad: „Also, ist dir bewußt, daß die Erinnerungen aus der Vergangenheit und die Erinnerungen aus der Zukunft in einer Linie angeordnet sind, die von links nach rechts verläuft?"

Dan: „Ja."

Tad: „Das ist deine Time-Line."

Gruppen-Time-Line (Protokoll)

„Okay, jetzt wollen wir ein bißchen Spaß haben; denn darum geht es uns. Ich bitte Sie darum, daß Sie innehalten und daran denken ... Sie könnten tatsächlich innehalten und über Ihrer Time-Line schweben, so daß es Ihnen möglich ist, die gesamte Abfolge von Vergangenheit, Gegenwart und Zukunft unter sich zu sehen, als ob sie in einer Linie angeordnet wäre. Und während Sie sich das überlegen, bemerken Sie, wie gut es sich anfühlt, über all dem zu schweben. Sie merken es, nicht wahr? Ausgezeichnet!

Jetzt schweben Sie bitte in der Zeit zurück, wobei Sie sich natürlich erinnern, wo Jetzt ist ... und gehen bitte in der Zeit zurück ... und suchen sich eine Erinnerung in der Vergangenheit aus, die Sie sehr glücklich gemacht hat ... und lassen Sie sich dann mitten in diese Erinnerung hinunter und erleben sie noch einmal. Schlüpfen Sie in Ihren Körper, sehen Sie, was Sie sahen, hören Sie, was Sie hörten und spüren Sie noch einmal, wie es sich anfühlt, in dieser glücklichen Erinnerung zu sein. Ist das nicht gut? Aber genug mit diesem Glücklichsein. Legen Sie diese Erinnerung jetzt beiseite, befördern Sie sie für einen Moment genau dort in Ihre Time-Line zurück, wo sie sich befand. Ausgezeichnet!

Ich möchte, daß Sie jetzt wieder über Ihrer Time-Line schweben. Und schauen Sie sich das Kontinuum von Vergangenheit, Gegenwart und Zukunft an. Bewegen Sie sich weit genug nach oben, damit Sie die ganze Angelegenheit jetzt betrachten können. Dieses Mal schweben Sie bitte ganz bis zu Ihrer Zukunft hin. Bewegen Sie sich kurz bis vor das Ende der Zukunft Ihrer Time-Line, drehen Sie sich um und schauen Sie zurück bis zum Jetzt. Sie stehen über Ihrer Time-Line und schauen auf sie herunter, so daß Sie die ganze Strecke von der Zukunft über die Gegenwart bis in die Vergangenheit betrachten.

Stellen Sie bitte fest, ob Vergangenheit, Gegenwart und Zukunft dieselbe Helligkeit haben. Wenn ja, nicken Sie bitte mit dem Kopf. Wenn Vergangenheit, Gegenwart und Zukunft nicht dieselbe Helligkeit haben, schütteln Sie bitte den Kopf. Wenn die Zukunft dunkler als die Vergangenheit ist, nicken Sie bitte als Zeichen für „Ja".

Jetzt wollen wir zurückschweben und eine nicht sehr wichtige Erinnerung aus der Vergangenheit nehmen. Also, manche Leute wollen mich an der Nase herumführen, wenn ich so etwas sage. Sie sagen: ‚Wir nehmen einfach das wichtigste Ereignis', und das ist genau das, was ich bei dieser Übung nicht möchte. Nehmen Sie etwas, das wirklich nicht schwer wiegt – eine Erinnerung, die Ihnen jetzt gleichgültig ist, für den Zweck dieses Experiments, und nehmen Sie diese Erinnerung aus der Time-Line heraus, voll und ganz. Ich meine die ganze Erinnerung. Nehmen Sie sie einfach aus der Time-Line heraus und halten Sie sie vor sich hin und schieben sie weiter weg, als sie jetzt ist, weiter und weiter und weiter. Und machen Sie sie währenddessen dunkler und lassen sie davonsausen, bis sie sich in der Sonne auflöst. Jetzt ist also in Ihrer Time-Line ein Loch, dort, wo sich die Erinnerung befand. Und Sie können nun eine neue Erinnerung erfinden, die bewirkt, daß Sie sehr mit sich zufrieden sind, eine, in der Sie so sind, wie Sie gerne sein würden. Setzen Sie nun bitte diese neue Erinnerung an die Stelle in der Time-Line, wo die andere Erinnerung war. Ausgezeichnet.

Wenn Sie damit fertig sind, nehmen Sie sich bitte soviel Zeit, wie Sie brauchen und schweben dann wieder hinauf über Ihre Time-Line. Und achten Sie dabei darauf, wie gut es sich anfühlt, über all dem zu sein, und schweben Sie dann auf die

Gegenwart zu. Dieses Mal begeben Sie sich dann bitte hinaus in die Zukunft zu einem Ereignis, das Sie gerne geschehen lassen möchten. Finden Sie etwas, von dem Sie wirklich möchten, daß es in der Zukunft geschehen wäre, etwas, das Sie wirklich wollen. Vielleicht prüfen Sie noch einmal, ob Sie sich, wenn Sie auf dieses Ereignis stoßen, wirklich die Finger danach lecken. Richard Bandler sagt immer: ‚Wenn Sie sich nicht die Finger danach lecken, ist es nicht unwiderstehlich genug.‘ Das ist in Ordnung, wir brauchen im Moment noch kein superattraktives Ereignis. Nur ein Erlebnis, das Sie haben wollen. Wir zeigen Ihnen, wie Sie es noch anziehender machen können. Nehmen Sie einfach etwas, das Sie wollen, das Sie gerne haben möchten.

Sie sollten sich übrigens klarmachen, daß sich in Ihrer Time-Line zukünftige Ereignisse ebenso wie vergangene befinden. Was sagt das aus über Ihre Fähigkeit, das zu bekommen, was Sie haben möchten? Was wäre, wenn die zukünftigen Ereignisse schon da wären und es sich lediglich um ein Weiterbewegen von „Jetzt“ entlang der Time-Line handeln würde? Wie wär's damit? Was sagt das aus über Ihre Fähigkeit, die Zukunft so zu programmieren, daß Sie haben können, was immer Sie wollen? Na, wär das nicht aufregend?

Können Sie dieses Ergebnis oder Ereignis, das Sie wirklich haben wollen, ganz nah an sich heranziehen und dann in Ihren Körper hineinschlüpfen, wenn Sie das nicht schon getan haben, und spüren, wie es sich anfühlt, wenn Sie haben, was Sie wollen? Was immer diese Erinnerung aus der Zukunft noch attraktiver macht für Sie – nehmen Sie es, verstärken Sie die Helligkeit und machen Sie es heller. Manche Leute drehen die Helligkeit zurück, damit es anziehender wird. Manche Leute verstärken sie. Tun Sie bitte, was immer Sie benötigen, um es realer zu machen, so, daß Sie es wirklich wollen! Holen Sie es näher heran. Holen Sie es so nahe heran, daß es Ihnen ein wirklich gutes Gefühl vermittelt. Ja, und fokussieren Sie es mehr und machen Sie es klarer und schärfer. Ausgezeichnet. Spüren Sie ein letztes Mal noch, wie es sich anfühlt, zu haben, was immer Sie haben wollen.

Dann nehmen Sie bitte dieses Ereignis und setzen es in Ihre Time-Line. Während Sie es in die Time-Line stecken, treten Sie aus dem Bild heraus, so daß Sie Ihren Körper in dem Bild sehen, und dann stecken Sie das Ereignis in Ihre Time-Line, und dabei fällt Ihnen auf, daß die Arbeit mit diesem einen Ereignis in der Zukunft alle anderen Ereignisse, die zwischen jetzt und dem Ereignis in der Zukunft liegen, beeinflußt hat. Während Sie in der Zukunft stehen und zur Gegenwart zurückschauen, bemerken Sie, daß die Ereignisse zwischen dort und jetzt sich verändert haben, um damit die Anziehungskraft jenes Ereignisses zu unterstützen. Achten Sie darauf, daß dies automatisch geschieht. Ausgezeichnet.

Wenn Sie fertig sind, möchte ich, daß Sie folgendes tun ... Jetzt noch nicht, aber wenn Sie bereit sind, schweben Sie bitte zurück zum Jetzt, schweben direkt ins Jetzt hinein und öffnen Ihre Augen. Sie können jetzt zurückkommen, wann immer Sie fertig sind. Ist Ihnen aufgefallen, daß die Verstärkung der Anziehungskraft jenes Ereignisses die Gestalt der Ereignisse auf dem Weg zurück zum Jetzt verändert hat? Gut. Nun, vielleicht ist es Ihnen aufgefallen, oder auch nicht, daß jegliche Veränderung eines zukünftigen Ereignisses eine Veränderung der Ereignisse in der Gestalt bewirkt." Mehr über das Programmieren der Zukunft in einem späteren Kapitel.

4. Gedächtnis-Management

Sie haben jetzt einige Erfahrung mit Ihrer Time-Line. Sie haben die Erfahrung, wie es ist, ein zukünftiges Ereignis zu nehmen und es attraktiver zu machen. Sie haben ferner erlebt, wie es ist, ein Ereignis aus der Vergangenheit zu nehmen und es wegzuwerfen. Das nennt sich übrigens Gedächtnis-Management. Meinen Sie, Sie könnten Ereignisse aus der Vergangenheit herausnehmen, die Sie unglücklich gemacht haben? Ja. Könnten Sie mit Hilfe dieses Modells eine völlige Veränderung Ihrer persönlichen Geschichte vornehmen? Ja. Wäre das schneller als der Gebrauch der Anker-Technik (siehe Anhang), das Zurückgehen und Verändern des Ereignisses? Ja. Verursacht es bei Leuten größere Paradigma-Verschiebungen und Persönlichkeitsverschiebungen, wenn Sie das wollen? Ja, genau das tut es.

Es funktioniert deshalb, weil wir zurückgehen und durch die Veränderung eines Ereignisses viele Ereignisse verändern. Sie haben die Veränderung der Gestalt bemerkt, als das Ereignis in der Zukunft verändert wurde. Wenn Sie zurückgehen und das bedeutendste Ereignis der Vergangenheit verändern, hat das denselben Effekt.

Das Phobie-Modell

Lassen Sie uns mal sehen, wie man das bei einem Klienten anwenden kann, der mit einer Phobie zu Ihnen kommt. Nehmen wir an, ein Klient kommt zu Ihnen und sagt: „Ich habe eine Phobie." Sie sagen: „Großartig. Können Sie nach oben über Ihre Time-Line schweben?" „Ja." „Gehen Sie zurück in Ihre Vergangenheit und entsinnen Sie sich an den frühesten Zeitpunkt, an dem Sie dieses Ereignis erlebt haben." Lassen Sie jetzt bei diesem Ereignis das Phobie-Modell ablaufen. Was ist das Phobie-Modell?[*] Im Wesentlichen läuft der Prozeß so:

1. Lassen Sie die Erinnerung schwarz-weiß ablaufen, dissoziiert (indem Sie Ihren Körper in dem Bild sehen), auf einer Filmleinwand, lassen Sie sie bis zum Ende ablaufen.
2. Halten Sie das Bild an, weißen Sie es aus (indem Sie die Helligkeit aufdrehen), oder schwärzen Sie es aus (indem Sie die Helligkeit herunterdrehen).

---

[*] Eine vollständige Beschreibung des Phobie-Modells finden Sie in: *Richard Bandler*, Magic in Action, Meta Publication, Cupertino 1984; dt.: Bitte verändern Sie sich ... jetzt, Junfermann, Paderborn 1991.

3.   Lassen Sie dann den Film rückwärts in Farbe bis zum Anfang ablaufen und betrachten Sie dabei das Ganze durch Ihre eigenen Augen hindurch.
4.   Wenden Sie das Swish-Muster[*] an und benutzen Sie dabei als altes Bild die Art und Weise, wie Sie früher in der Phobie-Situation zu handeln pflegten, und als neues Bild die Art, wie Sie in Zukunft handeln möchten.

Das Phobie-Modell wird in dem Buch „Veränderung des subjektiven Erlebens" genauer beschrieben. Ebenso ist es beschrieben in dem Buch „Magic In Action" (dt.: „Bitte verändern Sie sich ... jetzt"). Dort findet man eine vollständige Beschreibung, und man muß es unter allen Umständen gelesen haben.

Wenn man das Phobie-Modell zusammen mit der Time-Line benutzt, wenn man die Haupterinnerung in einer Gestalt verändert, ändert man auch viele andere Erinnerungen. Ich habe das entdeckt, als ich bei der Arbeit mit jemandem, der eine Mäuse-Phobie hatte, die Time-Line als Referenzpunkt benutzte. Was bewirkt es also? Zunächst dissoziiert es den Klienten völlig. Dann verändert es gewöhnlich müheloser die ganze Gestalt.

Die Gestalt

Wenn Sie jemanden oben über seiner Time-Line schweben lassen und das zweifach dissoziierte Phobie-Modell ablaufen lassen, bei dem die Person sich das Ereignis von außerhalb ihres Körpers anschaut, verändert das die gesamte Gestalt. Das heißt, dies verändert die vor und nach dem vergangenen Ereignis liegenden Geschehnisse durch die Umwandlung eines einzigen Ereignisses. Wenn man das Hauptereignis umgestaltet, kommt es zu einer automatischen Veränderung der mit diesem Ereignis verbundenen Geschehnisse innerhalb der Gestalt. Betrachten Sie es bitte als eine Kette, in der ein Hauptereignis eine ganze Kette von Geschehnissen miteinander verbindet.

Manche Programme zur Entwicklung der Persönlichkeit bezeichnen Menschen als „reaktiv", wenn diese zum Beispiel negativ darauf reagieren, daß jemand sie auf eine bestimmte Art anschaut. Dabei geschieht folgendes: sie gehen innerlich blitzartig zu einer Gestalt aus früheren Erinnerungen zurück, welche bisher bewirkt haben, daß sie auf diesen bestimmten Blick negativ reagieren. Eine Kette von zurückliegenden Erinnerungen ist so durch den in der Gegenwart stattfindenden Blick an

---

[*]   Siehe dazu: *Richard Bandler*, Veränderung des subjektiven Erlebens, Junfermann, Paderborn 2000 (6. Auflage).

die Oberfläche gebracht worden. Durch die Anwendung von Time-Line können wir die zurückliegenden Erinnerungen von Leuten verändern oder Distanz zu den Gefühlen hervorrufen und die zukünftigen Reaktionen so verändern, daß diese Menschen Kontrolle über ihre Gegenwart bekommen können. Wenn ich hier jemanden auf eine bestimmte Art anschaue und „Mmm" sage, und er flippt aus, hat er oder sie keine Kontrolle über seine gegenwärtigen Gefühle. Wenn wir die Vergangenheit verändern, werden wir diese Reaktion beseitigen.

Nun, wir können Veränderungen der Gestalt auch suggerieren. Wenn Sie ein Phobie-Modell anwenden oder die „Veränderung der persönlichen Geschichte" durchführen, ist es am wirksamsten, wenn man suggeriert: „Während Sie dieses Ereignis verändern, bemerken Sie vielleicht, wie sich andere Ereignisse, die auf Ihrer Time-Line weiter vorne oder hinten liegen, einfach auch verwandeln oder verschwinden!"

Das Ersetzen ausgelöschter Erinnerungen

Time-Line hat noch einen wichtigen Aspekt: Wenn Sie ein Ereignis aus der Vergangenheit herausnehmen, müssen Sie das Ereignis ersetzen. Vorhin haben wir ein Ereignis aus Ihrer Vergangenheit genommen, das nicht bedeutsam war, UND wir haben es ersetzt. Sie müssen das Ereignis ersetzen, sonst kann es von neuem auftauchen. Mit anderen Worten, wenn sich in Ihrer Time-Line eine leere Nische befindet, kann das Gehirn das Ereignis wiederherstellen.

Dunkle Bezirke

Zur Zeit, und vielleicht liegt das daran, daß das Problem der Kindesmißhandlung mehr und mehr zu einem akzeptierten Gesprächsthema wird, kommen immer mehr Leute zu mir, die größere Lücken in ihrer Vergangenheit aufweisen. Mehrere Leute haben mir gesagt: „Wissen Sie, ich habe Lücken in meiner Vergangenheit." Wenn Sie jemanden über seiner Time-Line schweben lassen und ihm sagen: „Ich möchte, daß Sie sich das Kontinuum von Vergangenheit, Gegenwart und Zukunft anschauen und darauf achten, ob die Helligkeit dieselbe ist", dann hat jemand, der in der Vergangenheit mißhandelt worden ist, Lücken in seiner Time-Line oder dunkle Stellen oder dunkle Bezirke. Dunkle Bezirke, dunkle Stellen oder Lücken sind ein Hinweis auf Trauma, und es bedarf einer Menge Energie, um die Helligkeit über diesen Erinnerungen gering zu halten. Jemand, der seine Vergangenheit im Dunklen halten muß, verbraucht eine Menge Energie. Wenn man die Vergangenheit erhellt, setzt dies die vorher benötigte Energie frei, und dies verschafft der Person gewöhnlich mehr Energie, die sie in das stecken kann, was für die Zukunft gewünscht wird.

Wenn Sie sie bitten, ihre Geschichte heller zu machen oder dieses spezielle Ereignis heller zu machen, können sie das vielleicht gar nicht so einfach tun. Sie sagen also: „Nehmen Sie ein Ereignis, das Ihnen nicht wichtig ist. Machen Sie es dunkler, drehen Sie die Helligkeit zurück. Gelingt Ihnen das?" „Ja." „Jetzt verstärken Sie bitte die Helligkeit. Können Sie das?" „Ja." „Nun, können Sie jetzt auf genau die gleiche Weise die Helligkeit über jenen Ereignissen aus der Vergangenheit verstärken, die dunkel sind?" Wenn sie das immer noch nicht können, liegt das vielleicht daran, daß ein Teil von ihnen diese Ereignisse verborgen hält. Wenn das der Fall ist, sollten Sie mit Vorsicht fortfahren, da Sie möglicherweise dabei sind, große traumatische Ereignisse aus der Vergangenheit aufzudecken.

Bei der früher erwähnten Arbeit mit der Mäuse-Phobie mußten alle Erinnerungen ausgelöscht werden. Solange die Erinnerungen noch vorhanden waren, bestand für die Klientin die Möglichkeit, zurückzugehen und starke Reaktionen auf Mäuse zu zeigen. Wenn ich „Mäuse" sagte, flippte sie aus. Ich nahm also alle Erinnerungen heraus. Ich nahm sie aus ihrer Vergangenheit heraus und ersetzte sie durch andere Erinnerungen, die darstellten, wie sie sich gegenüber Mäusen so verhielt, wie sie es gerne wollte. Im Wesentlichen installierten wir eine neue Strategie während der Periode der Prägung (Imprint). (Siehe Kapitel über Werte.)

Unbewußte Erlaubnis, sich zu erinnern

Wenn es sich zum Beispiel um den Fall eines traumatischen Ereignisses handelt, frage ich meist sowohl das Bewußte als auch das Unbewußte: „Ist es angebracht, das Ereignis zu erinnern?" Sehen Sie, Traumata und Phobien haben die Besonderheit, daß aus ihnen etwas gelernt wurde, und ein Teil der Person hat eine beschützende Rolle, ein anderer Teil muß erinnern.

Gelerntes bewahren

Bevor Sie größere Veränderungen der Vergangenheit vornehmen, würde ich vorschlagen, daß Sie zu der betreffenden Person auch so etwas sagen sollten wie: „Sie wissen ja, daß Sie aus diesem Ereignis etwas gelernt haben, und es ist wichtig, aus der Vergangenheit zu lernen. Bevor wir also diese Erinnerung vollständig verändern, möchte ich Sie bitten, das Gelernte zu bewahren. Sie können das, was Sie aus diesem Ereignis gelernt haben, an der speziellen Stelle aufbewahren, die Sie für all diese Lernerfahrungen reserviert haben." Ich weiß übrigens nicht, ob es einen speziellen Platz dafür gibt, aber wenn es richtig klingt, legen die Leute es da ab. Wenn sie keine solche Stelle haben, können sie eine schaffen. Das werden sie tun – ich verspreche es Ihnen. Bevor Sie tiefgreifende Veränderungen an einer Erinnerung vornehmen, denken Sie daran, die Lernerfahrungen an dem speziellen Platz aufzubewahren, den man für all dieses Gelernte vorgesehen hat. Nachdem Sie das getan haben, können Sie weitermachen und die Erinnerung herausnehmen. In manchen Fällen von Traumata ist es nicht angezeigt oder notwendig, die Erinnerung vollständig zu entfernen.

Sie müssen das bei einem Klienten in jedem Fall klären. Wenn eine Person zum Beispiel vergewaltigt wurde, müssen Sie das, was sie daraus gelernt hat, erhalten, damit Sie sicher sein können, daß sie beim nächsten Mal die Anzeichen richtig erkennt. Dann können Sie entscheiden, ob Sie die Erinnerung entfernen wollen oder nicht. Wir möchten ja nicht, daß sie die gleichen Erfahrungen noch einmal durchleben muß, um das gleiche Wissen zu erwerben, nicht wahr? Nein. Ganz anders in manchen Fällen von Mäuse-Phobie; was gibt es da zu lernen? Sie können sagen: „Bewahren Sie das Gelernte auf, bringen Sie es an diesem speziellen Platz unter", und dann zerstören Sie die Erinnerung. Es hängt davon ab, was angemessener und ökologischer ist. Es ist unbedingt erforderlich, dies auf angemessene Art und Weise mit dem Bewußten und dem Unbewußten des Klienten zu klären.

Eine neue Strategie

Manchmal werden Sie sogar so weit gehen müssen, daß Sie eine neue Strategie, z.B. für den Umgang mit Mäusen, installieren. In diesem besonderen Fall mußte ich der Klientin eine neue Strategie für die Reaktion auf Mäuse vermitteln. Sie hatte keine. Seit dem dritten Lebensjahr hatte sie eine Mäuse-Phobie gehabt. Sie müssen also vielleicht eine neue Strategie aufbauen. Ihre ursprüngliche Strategie funktionierte nicht. Eine neue war also angebracht. Die ursprüngliche Strategie lautete: „Etwas wie eine Maus sehen (visuell-extern) – Panik (kinästhetisch-intern)." Es war eigentlich eine Zwei-Schritt-Strategie, bei der ein äußeres Ereignis (visuell-extern) eine unmittelbare Antwort (kinästhetisch-intern) bei ihr hervorrief. Diese Zwei-Schritt-Strategie nennt man Synästhesie. Die beiden Schritte sind normalerweise so eng miteinander gekoppelt, daß die betreffende Person nicht merkt, was passiert.

Als wir fertig waren, lautete ihre neue Strategie: (1) etwas sehen, das wie eine Maus aussieht, (2) kinästhetische Panik, (3) erkennen, daß es wirklich eine Maus ist, (4) kinästhetische Erleichterung, (5) – „Oh, es ist nur eine Maus." (Und wenn man bedenkt, was es sonst noch alles sein könnte ...) „Oh, es ist nur eine Maus." Ich installierte diese neue Strategie und sah, daß sie funktionierte. Als nächstes ging ich einen Schritt zurück und installierte diese Strategie in ihrer Geschichte. Die Klientin mußte sie nur einmal dort plazieren, weil eine völlig neue Gestalt geschaffen wurde. Es führte zur Entstehung einer neuen Kette, da die ursprüngliche Gestalt, die ich bereits zerstört hatte, offen war. Jetzt hatte sie eine neue Strategie des Vorgehens: „Oh, da ist eine Maus. Das ist nur eine Maus. Hätte was Schlimmeres sein können." In der ersten Woche ging sie zu Nachbarn und hielt eine zahme Maus in der Hand. Vor Beginn der Therapie ging sie noch nicht einmal ins Haus der Nachbarn oder in irgendein anderes Haus, in dem sie Mäuse vermutete. Natürlich erinnerte sie sich nicht an den Inhalt der Therapie.

Auch dies kann bei Time-Line-Therapie passieren, und wir sehen das bei einer Reihe von Nachuntersuchungen, bei denen wir frühere Klienten fragen: „Was machen wir eigentlich", und sie sagen gewöhnlich: „Oh, ich weiß nicht, aber ich fühle mich besser." Oder: „Es scheint jetzt zu funktionieren, und ich bin völlig anders geworden." Das kann passieren, wenn Sie solche großen Veränderungen vornehmen. Es hängt damit zusammen, daß das Schweben über der Time-Line buchstäblich dem „mitten im Nirgends" von Milton Erickson entspricht. (Bis zu seinem Tod 1980 war Milton Erickson der weltbekannteste Hypnotherapeut. Er stand in dem Ruf, jeden hypnotisieren zu können, und das tat er auch.) Erinnern Sie sich – Erickson sagte seinen Klienten oft, sie sollten ihn mitten im Nirgends treffen. ("Meet me in the middle of nowhere.") Er sagte dann: „Ich möchte, daß Sie zu körperlosem Geist werden und im Raum schweben." Seine Klienten machten das! Das ist besonders deshalb so erstaunlich, weil er keine Ahnung hatte, wo „nirgends" sich befand. Bei näherem Überlegen ist es bei der Time-Line das gleiche. Schweben über Ihrer Time-Line ist das gleiche wie Schweben mitten im Nirgends. Nur stärker.

Die Schaffung von Grunderinnerungen und der Aufbau der Persönlichkeit

Wie werden grundlegende Erinnerungen geschaffen? (Siehe auch das Kapitel „Die Schaffung von Werten" für weitere Erklärungen.) Es gibt drei Zeitabschnitte. Der erste ist die Periode der Prägung, in der das Kind wie ein Schwamm ist. Das Kind saugt und prägt sich alle auftretenden Ereignisse ein: Bilder, Geräusche, Gefühle, Geschmack und Gerüche. Die Periode der Prägung erstreckt sich ungefähr von der Geburt bis zum siebten Lebensjahr. Dann folgt die Modellierperiode, in der das Kind seine Eltern und andere von ihm bewunderte Menschen nachahmt. Das geschieht ungefähr vom achten bis dreizehnten Lebensjahr. Dann gibt es die Sozialisationsperiode, wo der Teenager sagt: „He, ich bin ein soziales Wesen, ich gehe jetzt aus meiner Familie heraus und lerne Leute kennen." Nun beginnt der vielschichtige soziale Prozeß, den man „dating" nennt (Anm. d. Übers.: erste Verabredungen mit Personen des anderen Geschlechts), und der sich über die Zeit von 14 bis 21 Jahren erstreckt. In dieser Zeit werden unsere sozialen Wertvorstellungen angelegt. Dies sind die drei größten Zeitabschnitte, deren Ereignisse unsere Wertvorstellungen und unsere Persönlichkeit hervorbringen. Häufig wird der Grundstein für eine Phobie in der Periode der Prägung gelegt. Phobien stammen oft aus der Zeit vor dem siebten Lebensjahr, ob die Klienten sich dessen bewußt sind oder nicht.

Wenn man bei der Behandlung von Menschen Time-Line anwendet, kann man wirklich grundlegende Veränderungen in ihrer Persönlichkeit hervorrufen, indem man ihre Geschichte verändert. Durch die Anwendung dieses speziellen Modells führt eine gezielte Veränderung von Erinnerungen zu einem Wandel der gesamten Gestalt. Das verändert die gesamte Geschichte einer Person innerhalb von Minuten – ein sehr schnelles und wirksames Verfahren zur Veränderungsarbeit.

5. Sprache und Zeit, die Bedeutung der Wörter

Gefühle

Dies führt zum nächsten Thema – Gefühle und die Bedeutung von Wörtern im Zusammenhang mit der Zeit. Die Tatsache, daß Gefühle vollständig abhängig sind von dem jeweiligen Zeitzusammenhang, in dem sie entstehen, ist etwas, über das es sich lohnt, nachzudenken. Schlechtes Gewissen, zum Beispiel, ist ein Gefühl aus der Vergangenheit.

Schlechtes Gewissen und Schamgefühl

Gibt es etwas, dessentwegen Sie ein schlechtes Gewissen haben? Für den Zweck dieser Übung suchen Sie sich bitte ein leichtes Schuldgefühl aus. Lassen Sie mich im Voraus sagen, daß wir folgendes machen werden: wir werden die komplexe Äquivalenz (complexe equivalence – Anm. d. Übers.: wird manchmal auch mit Teiläquivalenz übersetzt) für schlechtes Gewissen, welches dieses Ereignis bei Ihnen hervorruft, auf nonverbale Art zerstören. Anders ausgedrückt, werde ich Ihnen darüber nichts in Worten mitteilen. Ich werde Ihnen nur eine Frage stellen. Ich werde Ihnen überhaupt nichts sagen. Sie wissen schon genug über schlechtes Gewissen.

Suchen Sie also bitte ein Ereignis aus, an dem Sie sich schuldig fühlten. Haben Sie eins? Nehmen Sie etwas, dessentwegen Sie ein schlechtes Gewissen hatten, und wenn Sie so etwas nicht finden können, wie wär's mit etwas, dessen Sie sich schämen? Scham ist ein weiteres, dem schlechten Gewissen ähnliches Gefühl. Also, wenn es nichts gibt, dessen Sie sich schämen oder schuldig fühlen, dann sollten Sie übrigens deswegen ein schlechtes Gewissen haben. Nun, wenn Sie so etwas wie ein bißchen schlechtes Gewissen entdeckt haben, bitte ich Sie, über Ihrer Time-Line zu schweben. Gehen Sie bitte in der Zeit zurück bis eine Minute vor dem Ereignis, das Ihnen ein schlechtes Gewissen macht. Gehen Sie zurück bis eine Minute vor dem Ereignis, dessentwegen Sie sich schuldig fühlen und bedenken Sie diese Frage: **Und wo ist jetzt das schlechte Gewissen?** Wieviele von Ihnen haben sich gerade dabei ertappt, daß sie lachen mußten? Haben Sie immer noch das schlechte Gewissen? Manche werden sagen: „Es liegt genau vor mir." Wenn sie das sagen, fragen Sie: „Liegt es vor Ihnen, oder ist es **jetzt verschwunden**?" Das wird bei fast jedem das schlechte Gewissen in bezug auf ein bestimmtes Ereignis beseitigen. Wenn das schlechte Gewissen noch da ist, gibt es einen Teil, der Reframing benötigt. Fragen Sie den Teil, ob es in Ordnung ist, wenn Sie ihm helfen, seine Absichten leichter zu erreichen, während er Ihnen erlaubt, Ihre Fähigkeiten zu erweitern? Gut. Schauen Sie jetzt bitte an der Time-Line entlang bis zum Jetzt; **jetzt, wo ist das schlechte Gewissen**? Alles weg. Gut. Kommen Sie zum Jetzt zurück. Lassen Sie sich ins Jetzt hinuntersinken und öffnen Sie die Augen.

Wenn bei der Arbeit mit Time-Line das schlechte Gewissen nicht verschwindet, benötigt ein Teil der Person Reframing. Ein Teil denkt, es sei wichtig, ein schlechtes Gewissen zu haben, und wahrscheinlich hat dieser Teil bestimmte positive Absichten für Sie verfolgt. Sie sagen also: „Ich erkenne den Wunsch des Teils an, in all diesen Jahren bestimmte positive Absichten für Sie zu verfolgen. Und ich frage mich, ob Sie bereit wären, neue Wege zum Erreichen derselben Absichten zu erlernen, während Sie neue Wege entdecken, dies zukünftig besser und leichter zu handhaben, und lernen, wie Sie Ihr Leben aufbauen können und dabei immer besser werden, und wenn Sie das jetzt tun könnten, wären Sie dann nicht gewillt, das Schuldgefühl loszulassen, während Sie sich all das Gelernte bewahren?" Und wenn dieser Teil „ja" sagt, dann kann es losgehen.

Schlechtes Gewissen und Scham sind völlig zeitbezogen. Außerhalb von Zeit existieren sie nicht. Schlechtes Gewissen und Scham sind übrigens zwei der schlimmsten Gefühle auf unserem Planeten. Laßt uns sie abschaffen – es sind wertlose Gefühle. Sie sind überhaupt nicht nützlich. Ich will damit sagen, Menschen brauchen kein schlechtes Gewissen zu haben. Schuldgefühl und Scham mögen gelegentlich eine wichtige Rolle dabei spielen, jemanden davon abzuhalten, Dinge zu tun, die er nicht tun sollte. Wenn das der Fall ist, müssen vielleicht neue Werte und andere Verhaltensrichtlinien installiert werden, bevor man das schlechte Gewissen beseitigt. (Bevor Sie das schlechte Gewissen irgendeiner Person beseitigen, müssen Sie natürlich sichergehen, daß Sie nicht Gewissen zerstören, welches sicherstellt, daß diese Person zukünftig richtig handelt. Es wäre zum Beispiel nicht das Beste, bei einem Kriminellen das schlechte Gewissen zu beseitigen, besonders dann nicht, wenn das Gewissen ihn oder sie davon abhält, das Verbrechen noch einmal zu begehen.)

Stellen Sie sich einen Klienten vor, der zu Ihnen kommt und sagt (dies ist mir wirklich passiert): „Ich stehe unter dem Zwang, jederzeit jedem alles recht machen zu müssen." „Warum?" „Weil ich vielleicht ein schlechtes Gewissen haben könnte." „Gut, können Sie sich an ein Ereignis erinnern, das Ihnen ein schlechtes Gewissen macht?" „Ja." „Gut, schweben Sie zurück bis eine Minute vor dem Ereignis." Dies ist sehr wichtig. Die Sprache ist hierbei sehr wichtig. Als nächstes sagen Sie: „Jetzt, wo ist das schlechte Gewissen?" Was bewirkt das? Es sorgt dafür, daß die

Klienten am Jetzt ausgerichtet bleiben. „Jetzt ...“ Sehen Sie, sie schweben zurück, sie befinden sich eine Minute vor dem Ereignis, aber jetzt, wo ist das schlechte Gewissen? Sie werden lachen. Ich garantiere Ihnen, daß sie lachen. Wenn Sie das zum ersten Mal bei jemandem anwenden, macht er: „Ha, ha, ha.“ Wenn Sie das dreimal bei drei verschiedenen Gelegenheiten machen, lachen die Leute wahrscheinlich noch heftiger, und ihr ganzes Schuldgefühl wird verschwunden sein. Auf Wiedersehen, schlechtes Gewissen!

Furcht und Angst

Nun, wie ist es mit Angst? Haben Sie Angst? Oder Furcht? Menschen ohne schlechtes Gewissen haben meist Furcht oder Angst. Angst und Furcht sind einander ähnlich. Furcht hat ein Objekt (etwas, vor dem man sich fürchtet), und Angst dreht sich um eine ungewisse Zukunft. Angst, Furcht und schlechtes Gewissen haben keine Bedeutung außerhalb von Zeit. Wenn Sie dazu bereit sind, möchte ich, daß Sie an ein Ereignis denken, vor dem Sie sich fürchten – sich fürchten oder ängstigen. Wenn Sie eins gefunden haben, schweben Sie bitte wieder nach oben über ihre Time-Line. Gehen Sie dann hinaus in die Zukunft – eine Minute, nachdem das Ereignis, dessentwegen Sie Angst hatten, erfolgreich geendet hat. (Sie müssen natürlich sicherstellen, daß das Ereignis so ausgeht, wie Sie das möchten.) Jetzt drehen Sie sich bitte um und schauen zurück. **Jetzt, wo ist die Angst?** Merken Sie, wie Sie kichern? Furcht oder Angst existieren nicht außerhalb von Zeit.

Oh, nein! Wissen Sie was? Zeit existiert auch nicht! (Das werde ich Ihnen aber nicht erzählen, oder?) Es stimmt. Wenn Furcht und Angst außerhalb von Zeit nicht existieren, was sagt das über Zeit aus? Das werden wir aber noch nicht sagen. Heben Sie sich das für eine spätere Überlegung auf. Aber ich möchte, daß Sie sich das durch den Kopf gehen lassen.

Übrigens, ich versuche meist, sicher zu sein, jetzt noch nicht, aber gewöhnlich versuche ich sicherzustellen, daß Leute aus ihrer Trance herausgekommen sind, wenn ich die Sitzung mit ihnen beende. Und wir sind noch nicht fertig, also ...

Temporale Sprache

Der gezielte Einsatz von Zeit in der Sprache ist auch sehr wirkungsvoll. Wenn man weiß, wie Leute Zeit innerlich speichern, erlaubt es einem, sich ihrer inneren Welt anzupassen und sie dann zu verändern.

Dies ist mir kürzlich passiert. Jemand kam zu mir und sagte: „Ich habe dieses Problem." Ich sagte: „Nun, ich habe aber meinen Terminkalender nicht dabei. Können Sie mir das Problem erklären?" Das tat er, und ich sagte: „Also, kommen Sie morgen zu mir, wenn ich mein Buch bei mir habe, und dann machen wir morgen einen Termin aus." Dann nahm ich einige Zeitverschiebungen vor – benutzte temporale Sprache, um seine Orientierung an der Realität etwas zu lockern und streute die „Sprache von Veränderung" ein. Am nächsten Tag kam er wieder zu mir und sagte: „Wissen Sie, es ist komisch, aber die ganzen Sachen scheinen sich ohne Sie geklärt zu haben. Ich brauche mich deshalb nicht mit Ihnen zu treffen." Und ich sagte: „Oh je, so ein Pech."

Richard Bandler war, soweit ich weiß, der erste, der temporale Sprache ausgiebig anwandte. Die folgende Aussage baut auf seiner Arbeit auf. Was ich dem obengenannten Klienten sagte, hörte sich wahrscheinlich so ähnlich an (mögliche analoge Markierungen sind **fettgedruckt**):

„Gehen Sie nach innen und **versuchen Sie vergeblich**, dasselbe Problem zu haben. Das **war** ein schreckliches Problem, nicht **wahr**?"

„Was Sie möchten, ist **Veränderungen machen**, das wollten Sie doch? ...Wie wäre es, wenn Sie diese **Veränderungen jetzt** gemacht hätten? In Zukunft, wenn Sie zurückschauen und sehen, wie es war, dieses Problem gehabt zu haben ... während Sie **jetzt darüber nachdenken, Sie machen jetzt diese Veränderung** bei sich selbst, und **Sie können hier einen HALT machen ... diese Veränderung gemacht zu haben** und sich selbst **jetzt** zu sehen. Gefällt es Ihnen, wie Sie aussehen, wenn **Sie diese Veränderung machen** könnten, und Sie blicken auf sich selbst zurück, wie Sie **diese Veränderung machen ... jetzt**.!"

6. Die innere Zeitrepräsentation Ihres Klienten

Ich möchte Ihnen vorschlagen, daß Sie die Time-Line Ihres Klienten vollständig erforschen, indem Sie sich vergewissern, wie er innerlich Zeit speichert; denn viele Menschen haben andere Zeitspeicherung als Sie selbst. Es ist also immer wichtig, das zu überprüfen. Um eine optimale Wirkung von Time-Line-Therapie zu gewährleisten, wollen Sie bitte sicherstellen, daß Sie sich der inneren Erfahrung Ihres Klienten anpassen. Time-Line ist außergewöhnlich, weil es sich um eine Trance-Induktion handelt oder wenigstens eine Trance voraussetzt. Wenn Sie mit Time-Line arbeiten, müssen Sie sich nicht mit einer formalen Induktion herumschlagen. Sie müssen nicht sagen: „Entschuldigen Sie, ich würde Sie gerne jetzt in Trance versetzen. Könnten Sie bitte beide Füße auf den Boden stellen und Ihre Hände auf die Oberschenkel legen?" Time-Line erlaubt Ihrem Klienten, in eine Trance zu gelangen, die solche Veränderungen immer leichter macht, nicht wahr?

Schwierigkeiten beim Aufsuchen der Time-Line

Es gibt manchmal ein Problem bei der Anwendung von Time-Line-Therapie mit Leuten, denen der Zugang und das Wissen über die Lokalisation ihrer Vergangenheit, Gegenwart und Zukunft Schwierigkeiten bereiten. Wenn dies passiert, müssen Sie sich mit ihnen etwas mehr Zeit nehmen und sie bitten, eine Erinnerung aus dem Alter von fünf Jahren (oder irgendeine frühere Erinnerung) wachzurufen.

Tad: „Aus welcher Richtung kommt das auf Sie zu?"

Klient: „Ich weiß nicht."

Tad: „Können Sie sich an etwas erinnern, als Sie sechs waren? (Pause) Gut, aus welcher Richtung kommt das auf Sie zu?"

Klient: „Ich weiß nicht."

Tad: „Gut, können Sie beim nächsten Mal bitte darauf achten, aus welcher Richtung es kam?"

Wenn sie immer weiter: „Ich weiß nicht" sagen, können Sie sagen: „Ich weiß, daß es in Ihnen einen Teil gibt, der für die Anordnung sämtlicher Zeit bei Ihnen zuständig ist. Sprechen Sie bitte mit diesem Teil und fragen Sie ihn, ob er bereit ist, uns zu erlauben, (langsamer sprechen) nur für den Zweck dieser Übung zu entdecken, wie Zeit gespeichert wird, damit es Ihnen erleichtert wird, Ihre Absicht zu erreichen. Sie sind bereit, das zu tun, nicht wahr?" Die Antwort lautet gewöhnlich:

50

„Ja". Normalerweise klappt das. Wenn nicht, sorgen Sie für besseren Rapport, und wenn es notwendig ist, können Sie eine formale Tranceinduktion machen und dann Ihre Art von Zeiterinnerung erforschen.

Veränderung der Anordnung von Zeit

Ich habe viel mit einem Klienten gearbeitet, der eine „negative Vergangenheit" hat. Es gab bei ihm ein paar Dinge, auf die er ganz sicher nicht stolz war, um es vorsichtig auszudrücken; er landete im Gefängnis und so weiter. Er hatte eine schlechte Meinung von sich. Die Arbeit mit ihm schien ineffektiv zu sein, so daß ich ihn schließlich einfach veranlaßte, seine Vergangenheit hinter sich abzulegen. Wenn die Vergangenheit hinter ihm lag, war er groß in Form. Eines Tages schnellte seine Vergangenheit zurück in Through Time, und ich fragte: „Wo ist Ihre Vergangenheit? Bringen Sie sie wieder hinter sich." Und sie blieb dort.

Sie können also bei Ihrem Klienten die Richtung seiner Time-Line verändern. Sie brauchen ihn dafür nur über seiner Time-Line schweben zu lassen und ihn zu bitten, den Winkel zu verändern und dann zurückzukommen. Normalerweise bleibt es dann so.

Gelegentlich haben Menschen eine elastische Time-Line. Wenn sie also sagen: „Jedesmal, wenn ich das dorthin bringe, rutscht es irgendwie seitlich heraus oder schnellt in der anderen Richtung davon", dann sagen Sie: „Gut, dann bringen Sie bitte ein elastisches Band am anderen Ende an, welches es diesmal an seinem Platz festhält, wenn Sie in Ihre Time-Line hinunterschweben." Wenn der Betreffende in einer leichten Trance ist, können Sie ihn zu allem auffordern, und er wird es tun. Sie können auch die folgende Metapher anbringen: „Kennen Sie das Geräusch von Tupperware, wenn man es schließt?" Während er „ja" antwortet, sagen Sie: „Genauso wie damit; fest zu!". Oder Sie können sagen: „Kennen Sie das Geräusch, das eine Mercedes-Tür beim Schließen macht?" Während er „ja" antwortet, sagen Sie: „Genauso wie bei dem; fest zu!". Es kommt wirklich nicht darauf an, welche Metapher Sie benutzen; wenn sie mit seiner inneren Erfahrung übereinstimmt, wird sie wirksam sein.

Übereinstimmung mit der Time-Line des Klienten

Viele von Ihnen arrangieren Ihre Time-Lines In Time; viele sind Through Time. Bei manchen sind beide gleichzeitig am Werk. Bei der Arbeit mit Klienten sollten Sie sicherstellen, daß Sie mit deren Modellen übereinstimmen, wenn Sie sie bitten, in die Vergangenheit oder in Richtung ihrer Vergangenheit zurückzugehen. Sie werden die Anordnung des Klienten deshalb kennen wollen, damit sie mit dessen jeweiligen Modellen übereinstimmen, wenn Sie Instruktionen geben oder temporale Sprache benutzen.

Interessante Möglichkeiten

Es gibt viele interessante Möglichkeiten. Bei der Erforschung von Time-Line sind wir in den letzten Jahren auf einige faszinierende interne Modelle gestoßen. Wir fanden mal jemanden, dessen Vergangenheit vor ihm lag. Ob er konservativ war? Ja, und ob! Widersetzte er sich Veränderungen? Darauf können Sie Gift nehmen!

Kürzlich habe ich in Honolulu eine Frau entdeckt, deren Zukunft vor ihr lag, aber in Höhe ihrer Körpermitte. Ihre Periode der Prägung, das Alter von 0 bis 7, war über ihrem Kopf gespeichert! Von 0 bis 7, das lag über ihr. Die übrige Vergangenheit war vor ihr in Höhe der Körpermitte gespeichert. Die Zukunft lag auf beiden Seiten. In meiner Denkweise ist das keine sehr effektive Art, um Vergangenheit, Gegenwart und Zukunft zu arrangieren. Als ich aber herausfand, daß sie wußte, was Vergangenheit und was Zukunft war, beließ ich es dabei. Sie fragte mich, ob ich ihr beibringen würde, ihre Zukunft zu programmieren. Ich ließ sie also in die Zukunft hinausgehen, eine Erinnerung heraussuchen und diese heller machen. (Siehe: Die Programmierung Ihrer Zukunft, S. 76 ff.)

7. Umgang mit Traumata

Submodalitäten von Time-Lines

Es ist äußerst nützlich, wenn jemand eine Time-Line mit gleichbleibender oder ähnlicher Helligkeit, Farbe usw. hat. Die Time-Line sollte z.B. ähnliche Helligkeit von Vergangenheit bis Zukunft haben, wo die Zukunft vielleicht ein bißchen heller ist als die Vergangenheit. Die Vergangenheit sollte nicht schwarz oder wesentlich dunkler als die Zukunft sein. Die Zukunft sollte nicht schwarz oder wesentlich dunkler als die Vergangenheit sein. Wo ein Trauma vorliegt, gibt es in der Time-Line meist Lücken, Löcher und dunkle Stellen. Tatsächlich sind dunkle Stellen ein Hinweis auf ein vergangenes Trauma.

Ich bat eine Frau mit einer Schlangenphobie: „Können Sie über Ihrer Time-Line schweben?" „Ja." „Können Sie die Erinnerung finden?" „Ja." „Bringen Sie das jetzt auf die Leinwand." „Ich kann nicht visualisieren. Ich habe seit meinem vierten Lebensjahr keine inneren Bilder mehr." (Wir sind dabei, das Phobiemodell anzuwenden, und sie kann nicht visualisieren! Oh je!) Ich fragte sie also: „Wie ist die Beziehung zwischen der Helligkeit Ihrer Vergangenheit, Gegenwart und Zukunft?" Sie sagte: „In meiner Vergangenheit gibt es viele dunkle Abschnitte." Ich bat sie: „Machen Sie sie heller." Sie antwortete: „Das will ich nicht. Es gibt dort eine Menge Dinge, die ich nicht sehen will."

Ich fragte deshalb: „Können Sie sie nur für den Zweck dieses Experiments aus Ihrer Time-Line herausnehmen? Können Sie sie beiseitelegen an einem Ort, wo Sie wissen, daß sie da sind, wo sie Sie aber nicht stören, wo Sie sie ablegen können und das in Ordnung ist? Sie können sie später holen, wenn Sie wollen; aber vielleicht wollen Sie gar nicht." Sie sagte: „Das kann ich nicht." Ich bat sie dann: „Nehmen Sie eine unwichtige Erinnerung aus Ihrer Time-Line heraus und legen Sie sie beiseite." Sie erwiderte: „Das kann ich." „Was haben Sie genommen?" „Schnee." „Genauso, wie Sie Schnee aus der Time-Line herausgenommen haben, können alle anderen **jetzt heraussprengen**." Sie sagte: „Toll, Sie haben gerade mein ganzes Ablagesystem völlig durcheinandergebracht. Alle schwarzen Erinnerungen sind hier drüben auf dieser Seite, völlig durcheinander." Ich erwiderte: „Gut, Sie können sie dort lassen." Von da ab hellte sich ihr ganzes Wesen auf. Ich schloß dann die Überlappungstechnik an. Beim Überlappen geht man von einem Repräsentationssystem (dem am meisten bevorzugten zum am wenigsten bevorzugten) zum anderen, um der Person zu mehr Flexibilität innerhalb eines bestimmten Repräsentationssystems zu verhelfen. Da sie nicht visualisieren konnte, sagte ich: „Laufen Sie den Strand entlang, fühlen Sie den kalten, nassen Sand zwischen Ihren Zehen, hören Sie den Gesang der Vögel über sich und schauen Sie dann nach unten – was sehen Sie?" Sie antwortete: „Oh nein, ich sehe Sand. Jetzt habe ich, solange ich mich erinnern kann, zum ersten Mal Bilder in meinem Kopf gesehen." Dann holten wir sie zurück, wandten das Phobie-Modell mit Time-Line an, und sie durchlief das perfekt.

Eine andere Frau rief mich an und sagte: „Ich kann keine Entscheidungen treffen." Ich antwortete: „Schweben Sie über Ihrer Time-Line. Wie ist die Beziehung zwischen Vergangenheit, Gegenwart und Zukunft?" Sie erwiderte, daß ihre Zukunft schwarz sei und Gegenwart und Vergangenheit eine normale Farbe hätten. Ich fragte: „Gut, können Sie die Zukunft heller machen?" Sie sagte: „Das kann ich nicht." „Können Sie bei einem unwichtigen Ereignis die Helligkeit verstärken?" „Nein, das kann ich nicht." Ich fragte: „Können Sie ein Ereignis in der Zukunft finden?" „Ja." „Ist es hell oder schummrig?" Sie erwiderte: „Es ist so mittelhell." Ich sagte: „Gut. Können Sie die Helligkeit herunterdrehen?" Sie antwortete: „Ja." „Können Sie sie hochdrehen, so daß sie normal ist?" Sie sagte: „Ja." „Können Sie jetzt alle Ereignisse heller machen?" Sie antwortete: „Ja, das kann ich." Großartig! Das war die ganze Therapie. Drei Tage später rief sie mich an: „Ich treffe Entscheidungen wie ein Weltmeister. Ich kann's nicht glauben. Ich bin völlig entschlußfreudig. Ich weiß genau, was ich will, und ich bin in der Lage, Entscheidungen leicht und klar zu fällen." Und das alles am Telefon in drei Minuten, durch Verstärkung der Helligkeit ihrer Zukunft. Wenn Ihre Zukunft schwarz wäre, könnten Sie auch nicht gut Entscheidungen treffen. Wer möchte angesichts einer schwarzen Zukunft Entscheidungen fällen?

Die Submodalitäten der Time-Line in bezug auf Vergangenheit, Gegenwart und Zukunft machen einen großen Unterschied, was die gegenwärtige Erfahrung anbetrifft. Schwarze Löcher und schwarze Stellen in der Vergangenheit deuten auf ein Trauma oder irgendeine Art von Mißhandlung oder etwas Ähnliches hin. Wenn es von der persönlichen Ökologie her sinnvoll erscheint, werden Sie sie vielleicht aufhellen wollen. Wenn man die Vergangenheit schwarz halten will, beansprucht das sehr viel Energie. Wenn Sie die Vergangenheit aufhellen, verstärken Sie bei der betreffenden Person auch die Fähigkeit, diese Energie (die sie benutzte, um frühere Ereignisse verborgen zu halten) auf die Zukunft zu lenken, auf das hin, was sie will. Es benötigt Energie, die Helligkeit von diesen Ereignissen fernzuhalten. Wenn Sie die Helligkeit über diesen Geschehnissen verstärken, geben Sie der Person mehr Energie.

Vorsichtsmaßnahmen bei Traumata

Wir wollen einige Warnungen im Hinblick auf die Arbeit mit traumatischen Ereignissen oder Fällen von sexuellem Mißbrauch besprechen, denn wir haben viel mit Fällen von Mißbrauch gearbeitet, und es gibt da einiges, was Sie wissen sollten. Hier sind einige Vorsichtsmaßnahmen. Zunächst sollten Sie bei der Arbeit mit jemandem, der das Opfer einer Vergewaltigung oder sexuellen Mißbrauchs war, sicherstellen, daß Sie sie oder ihn vor der Aufdeckung dessen, was passiert ist, entscheiden lassen, ob er oder sie weitermachen will. Sie können sagen: „Um zurückzugehen und das Phobiemodell hierbei anzuwenden, kann es sein, daß Sie sich an die Ereignisse erinnern müssen." Sie erinnern diese Ereignisse momentan nicht, aber große Stücke ihrer Erinnerung sind verschwunden, und das stört sie. Deshalb haben sie sich in Therapie begeben. Sie sagen: „Was meinen Sie, worum geht es?", und die Leute sagen: „Ich glaube, daß ich mißbraucht wurde." Wenn sie das alles auflösen wollen, müssen sie an diesem Punkt das Phobiemodell durchlaufen, und dafür ist es unabdingbar, daß sie sich erinnern. Wenn es dazu kommt, gibt es vielleicht Unbehagen, denn andere, ebenfalls verdrängte Ereignisse beginnen aufzutauchen und deutlich zu werden. Sie sollten also dem Klienten mitteilen: „Wenn wir diese Therapie machen, gibt es vielleicht unangenehme Momente, vielleicht auch nicht. Ist das in Ordnung? (Natürlich wird es welche geben. Sie sagen aber nur, daß es vielleicht dazu kommt, oder aber auch nicht.) Lassen Sie Ihnen die Wahl, damit sie begreifen, daß sie bei diesem Veränderungsprozeß vielleicht Unangenehmes erleben müssen, wenn das Unbewußte beginnt, die Erinnerungen auszusortieren. Bevor Sie fortfahren, sollten Sie Gewißheit und sowohl bewußtes als auch unbewußtes Einverständnis haben. Time-Line ist sicherlich schonender als andere Formen von Therapie, einschließlich traditioneller Hypnotherapie. Ohne den Time-Line-Prozeß muß jemand vielleicht ein Jahr oder länger das Auftauchen von alten Erinnerungen durchstehen. Wenn wir Time-Line anwenden, können wir das schneller abschließen.

Die Anwendung von Time-Line auf die Therapie von Fällen sexuellen Mißbrauchs bedarf nur einer sehr kurzen Zeit der Gewöhnung. Der Ablauf heißt: die Erinnerung herausnehmen, bei Bedarf die Gestalt entfernen und sie dann ersetzen. Wenn es angebracht ist, können Sie die ganze Episode herausnehmen oder wenigstens des Klienten persönliche Geschichte verändern. So kann der ganze Vorfall recht schnell zurechtgerückt werden, vielleicht ist auch eine kurze Anpassungszeit notwendig. Manche der Erfahrungen sind vielleicht bedrückend, und Sie sollten deshalb sicherstellen, daß Sie Ihrem Klienten eine Wahlmöglichkeit lassen. Dann, wenn das alles aus dem Weg geräumt ist, gehen Sie zurück und begleiten die mißbrauchte Person durch den Ablauf des Phobie-Modells, der sie heilt; Sie können aber auch zurückgehen und die persönliche Geschichte der Person verändern, und dann haben Sie die Sache aufgelöst.

Abtrennen von Gefühlen

Was ich am Anfang auch noch gerne mache, ist das Abtrennen des emotionalen Inhalts der Erinnerungen. Ich sage zum Beispiel: „Wenn Sie an ein bestimmtes Ereignis denken, das Sie besonders unglücklich macht: **es ist in Ordnung**, sich an das **Ereignis** weiterhin zu erinnern, aber vielleicht möchten Sie die Gefühle gerne davon abtrennen. Wenn Sie an dieses spezielle Ereignis denken, achten Sie bitte auf den kleinen Haken unten rechts in der Ecke. **Nehmen Sie bitte die Gefühle von diesem Haken herunter**, machen Sie sie einfach los. Nun **treten Sie bitte aus dem Bild heraus** und vergewissern Sie sich, daß Sie sich selbst in dem Bild sehen. Achten Sie darauf, wie dies das Ereignis verändert." Nachdem Sie das bei einem Ereignis durchgeführt haben, können Sie es mit vielen anderen machen. Wenn die Leute viele negative Ereignisse in ihrer Time-Line haben, können Sie sagen: „Ich möchte, daß Sie bei allen Ereignissen aus der Vergangenheit, über die Sie nicht sehr glücklich sind, die damit verbundenen Gefühle abtrennen, als ob Sie sie vom Haken herunternehmen." Und so geschieht es. Sie trennen die Gefühle ab. Die dann verbliebenen Erinnerungen haben eher den Charakter von Informationen als von negativen Emotionen.

Wir glauben, daß die Vergangenheit eher informativ als negativ gefühlsbeladen sein sollte. Wir haben Lernerfahrungen aus der Vergangenheit. Es ist wichtig, daß wir aus diesen Erlebnissen gelernt haben, und wir haben diese Lernerfahrungen wahrscheinlich an dem speziellen Ort gespeichert, den wir für alles auf diesem Wege Gelernte reserviert haben. Es ist auch wichtig, zu bedenken, daß die Vergangenheit nicht negativ gefühlsbeladen sein muß. Sie sollte informativ sein, und sie sollte positive Gefühle enthalten.

Eine weitere Möglichkeit, negative Gefühle zu tilgen, besteht darin, die betreffende Person vom Jetzt aus gesehen auf die andere Seite des Ereignisses zu bringen. Wenn man die zeitliche Perspektive derart verschiebt, beseitigt das auch das negative Gefühl. (Vergleiche „Schlechtes Gewissen und Schamgefühl", S. 46 ff.)

8. Die Sprache der Zeit

Das führt uns zu Sprache. Wenn Sie erst einmal die Time-Line einer Person kennen, d.h., wenn Sie wissen, wie jemand seine Erinnerungen auf einer Time-Line anordnet, können Sie temporale Sprache ohne Time-Line verwenden. Stimmt's? Sie könnten sagen: „Und während Sie hinaus in die Zukunft gehen, wenn Sie das zum Beispiel jetzt täten und auf die Gegenwart zurückschauen, wenn Sie in die Zukunft hin zu diesem Erlebnis gehen würden, das Ihnen gefiel, das Sie haben wollten, erinnern Sie sich an das Ereignis, das wir vorhin sehr attraktiv gemacht haben?"

„Ich möchte, daß Sie das Ereignis hervorholen, das wir vorhin attraktiv gemacht haben. Halten Sie mal eben inne, holen Sie das Ereignis hervor, bewegen Sie sich zu einer Stelle eine Minute nach dem Ereignis und schauen zurück auf Jetzt. Gefällt es Ihnen, wie Sie aussehen, nachdem Sie diese Veränderungen gemacht haben? Wie wäre es, während Sie auf das Jetzt zurückschauen, wenn Sie diese Veränderungen jetzt gemacht hätten? Die Sie machen wollten, nicht wahr? Ihr Aussehen gefällt Ihnen, nicht wahr? Denn das sind Sie, wie Sie sich am attraktivsten finden, oder? Und das sind die Dinge, die Sie haben möchten. Nun, das tun Sie doch? Gut; ich möchte, daß Sie diese Erinnerung zurück in die Zukunft bringen und sicherstellen, daß sie genauso attraktiv und zum ‚Sich-die-Finger-danach-lecken' ist wie vorher, und dann schweben Sie zurück zum Jetzt."

Nun, was habe ich gemacht? Ich habe in der von mir benutzten Sprache dergestalt die Zeit gewechselt (die Zeiten der Verben in die Vergangenheit, Gegenwart und Zukunft), daß Sie, um dem Gesagten einen Sinn zu geben, die den Sätzen innewohnenden Vorannahmen akzeptieren mußten. Die Sprache setzte Veränderung voraus. Die zeitlichen Wechsel basierten auch auf Ihrer Erfahrung mit der Time-Line.

Wenn Sie die Time-Line einer Person dabei im „Hinterkopf" haben, können Sie sagen: „Gehen Sie hinaus in die Zukunft und schauen Sie auf das Jetzt zurück." Was heißt das? Sie wird es aber auf jeden Fall tun. Wenn die Bedingungen richtig sind, kann sie gar nicht anders. Solche Zeitwechsel werden die Leute ferner in eine leichte Trance versetzen, was für den Veränderungsprozeß hilfreich ist. Es gibt darüber hinaus noch bestimmte andere Zeitformenwechsel der Verben, die man anwenden kann. Es besteht z.B. ein Unterschied zwischen: „Was ist Ihr Problem?" und „Was war Ihr Problem?" Wenn Sie den Unterschied erkennen, bemerken Sie, daß der erste Satz die Gegenwart und der zweite die Vergangenheit annimmt. Sie würden selbstverständlich nicht sagen wollen: „Was für ein Problem werden Sie haben?", es sei denn, Sie verfolgen eine bestimmte Absicht.

Wenn Sie in Ihren Sätzen die Zeitform der Verben wechseln, können Sie auch subtile Veränderungen in der internen Repräsentation Ihres Klienten bewirken. Zeitformenwechsel reichen zwar meist nicht aus, um die gesamte Veränderung zu bewerkstelligen, sie können aber gewöhnlich dazu dienen, einen Abschluß am Ende einer Therapie und eine „Überbrückung in die Zukunft" (future pacing) zu erreichen. Beachten Sie bitte auch, daß der Gebrauch des Wortes „während" (Anm. d. Übers.: Im Englischen hier durch die Endung „-ing" ausgedrückt) die interne Repräsentation verändert. Es besteht ein großer Unterschied zwischen: „Was war das Problem, das Sie hatten?" und „Was war das Problem, das Sie zur Zeit (fortlaufend) haben?" Die erstere Ausdrucksweise ruft wahrscheinlich eine innere Repräsentation hervor, die zeitlich begrenzt ist, wie zum Beispiel ein Dia. Die letztere bewirkt wahrscheinlich eine Repräsentation, die zeitlich fortdauert, wie ein Film, zum Beispiel. Während Sie also zeitbezogene Sprache bei Ihrem Klienten anwenden, können Sie Ihre Sätze so gestalten, daß sie voraussetzen, daß das Problem schon abgeschlossen, kuriert ist. (Siehe auch: „Die Programmierung der Zukunft mittels Time-Line", S. 76 ff.)

Time-Line-Demonstration

Gut. Wir wollen eine schnelle Demo machen. Wer möchte sich zur Verfügung stellen? Wir wollen mal was mit einem Trauma machen. John? Vielen Dank.

Tad: „Sie haben gesagt, daß es in Ihrer Vergangenheit einige Ereignisse gibt, die dunkel sind. Wir wollen eins aussuchen, das mittelschwer ist. Ich meine, wir nehmen eins, das mäßig traumatisch ist, kein großes, für den Anfang wollen wir für unsere Arbeit ein leichtes nehmen. Ich möchte zunächst sichergehen, während wir darüber sprechen, daß Sie ... daß die Arbeit an manchen dieser Ereignisse dazu führt, daß andere Geschehnisse, die versteckt und begraben waren, langsam an die Oberfläche kommen und zutagetreten, und daß Sie sich mit diesen auseinandersetzen müssen. Ich frage mich, ob Sie dazu bereit sind."

John: „Ja."

Tad: „Großartig. Okay. Ich möchte, daß Sie dann über Ihrer Time-Line schweben. Wo ist Ihre Zukunft? Da drüben, okay, gut. Wo ist Ihre Vergangenheit? (Tritt aus Johns Time-Line heraus.) Okay. Ich möchte nicht im Weg stehen. (Pause) Schweben Sie bitte nach oben über Ihre Time-Line und gehen Sie zurück in die Vergangenheit und nehmen ein Ereignis, das, na ja, kein ‚großer Hammer' ist, sondern etwas Annehmbares, das wir verändern wollen und das dunkel ist. (John nickt: „Ja.") Okay, gut."

„Während Sie also außerhalb des Ereignisses stehen und darauf hinabsehen, haben Sie das Gefühl, daß es okay ist, dieses Ereignis zu verändern? Daß es in Ordnung ist, es hochzuholen und irgendwie zu glätten, was immer sich da befinden mag? (John nickt: „Ja.") Okay, gut. Während Sie jetzt also über Ihrer Time-Line schweben, schauen Sie auf sie hinunter. Ich möchte sichergehen, daß Sie genau da oben bleiben, während Sie über Ihrer Time-Line schweben, und da Sie, wie Sie wissen, all dieses Training haben, können Sie das auch, nicht wahr? Verstärken Sie bitte ganz langsam die Helligkeit über dem Ereignis. Bleiben Sie dabei, wo Sie sind."

„Okay. Während Sie jetzt über der Time-Line bleiben, nehmen Sie bitte dieses Ereignis und bringen Sie es auf die Leinwand vor Ihnen. Während Sie über der Time-Line bleiben, lassen Sie bitte eine Leinwand vor sich entstehen und bringen Sie das Ereignis genau darauf. Machen Sie es bitte schwarz-weiß, das Ereignis. Wir werden den Film von dem Ereignis von Anfang an mit großer Geschwindigkeit ablaufen lassen, dissoziiert, so daß Sie sich selbst auf der Leinwand sehen, bis zu dem Punkt des stärksten Gefühls, nur einen Augenblick länger als bis zu dem Punkt des stärksten Gefühls. Wenn Sie an den Punkt gelangt sind, stoppen Sie das Bild bitte, halten es fest und machen es weißer und weißer."

„Drehen Sie jetzt die Helligkeit wieder herunter, assoziieren Sie bitte in das Ereignis hinein, und lassen Sie es rückwärts ablaufen, in Farbe, assoziiert, gehen Sie in das Bild hinein, lassen Sie es rückwärts farbig mit hoher Geschwindigkeit bis zum Anfang zurücklaufen. Peng. Okay. Und jetzt, wenn Sie an dieses Ereignis denken, ist es okay?"

John: „Viel besser. Ich war einfach traurig und weiß nicht, warum."

Tad: „Sie waren einfach traurig. Und jetzt sind die Gefühle viel schwächer? Sie fühlen sich jetzt viel besser mit diesem Erlebnis?"

John: „Ja, nicht völlig."

Tad: „Nicht völlig? Okay. Möchten Sie es nochmal ablaufen lassen?"

John: „Ja."

Tad: „Okay, legen Sie los. (Pause) Und jetzt, weil die Dinge, die Sie gelernt haben ... weil diese Lernerfahrungen für Sie wichtig sind ... und Sie aus dieser Erfahrung etwas gelernt haben ... und Sie das Gelernte bewahren wollen ... während Sie sich aber doch erlauben ... in der Zukunft ... jetzt ... diese Dinge zur Verfügung zu haben, die Sie haben möchten, mit dem Wissen, jene Dinge nicht behalten zu müssen. Sie können sie jetzt loslassen. Oder nicht?"

John: „Ja."

Tad: „ Gut. Und wenn Sie jetzt an das Ereignis denken, ist es dann okay?"

John: „Ja."

Tad: „Völlig okay?"

John: „Ja."

Tad: „Großartig. Dann legen Sie das Ereignis mal wieder in Ihre Time-Line zurück."

John: „Jetzt ist gerade etwas passiert. Ich sehe, daß ein Problem das Zurückgehen in die Vergangenheit auf der Time-Line fast verhindert. Es gerät völlig durcheinander, und ein großer Teil der Time-Line ist dunkel und eingeschnürt, als ob es zu einer S-Kurve gebogen worden wäre, und deshalb ist es schwierig ... Ich sehe helle Stücke, aber ich weiß, daß es auf beiden Seiten dunkle Stücke gibt, wissen Sie, dort, wo es gebogen ist ... und jetzt hat es sich gerade begradigt, also, jetzt hat es sich geklärt."

Tad: „Okay. Gibt es denn in Ihrer Vergangenheit andere Ereignisse, die sich auch so leicht handhaben lassen wie das, die Sie auch gerne geklärt hätten? Und ich weiß, daß Sie das sehr schnell machen können, denn von den Leuten, die ich das jemals habe machen sehen, sind Sie, glaube ich, einer der schnelleren, und ich frage mich, ob Sie all diese Ereignisse auf einmal bearbeiten könnten. Verstärken Sie einfach irgendwie die Helligkeit und lassen Sie sie dann alle auf einmal in Ordnung sein."

„Könnten Sie zum Beispiel alle Ereignisse, die dissoziiert sein müßten, um in Ordnung zu sein, gleichzeitig ablaufen lassen, vielleicht eins, zwei, drei, vier, fünf, je nachdem, wieviele gleichzeitig da sein müßten, so daß alle in Ordnung wären? Nun. Das können Sie, nicht wahr? Wenn Sie also jetzt auf Ihre Time-Line herunterschauen, herrscht da überall die gleiche Helligkeit? Gibt es noch Ereignisse in der Vergangenheit, die ....(Pause)

John: „Keine wirklich dunklen."

Tad: „Keine wirklich dunklen? Sie sind also erheblich heller geworden?"

John: „Ja."

Tad: „Gut. Gut für Sie. Haben Sie auch das Ding mit dem Haken gemacht, also Gefühle abgetrennt?"

John: „Ja."

Tad: „Gut. In Ordnung. Okay. Gut. Und achten Sie darauf, wie sie anfangen, sich von selbst zu verändern, ohne daß Sie etwas tun müssen. Jaah. Achten Sie darauf, wie schnell sie sich alle irgendwie in eine Reihe sortieren. Bemerken Sie, wieviel leichter das Atmen wird. Sie scheinen leichter zu werden, jaah, wenn Ihre ganze Vergangenheit sich aufhellt."

John: „Das ist ein wirklich großer Unterschied. Die Zukunft wird jetzt auch richtig hell."

Tad: „In Ordnung!"

John: „Toll."

Tad: „Sie können es so lassen, wenn Sie wollen. (Pause) Und jetzt, wenn Sie die gesamte Abfolge von Vergangenheit, Gegenwart und Zukunft anschauen, ist das in Ordnung?"

John: „Ja, es ist wirklich gut!"

Tad: „Gut. Ausgezeichnet. Nun, was Ihnen vielleicht in den nächsten Wochen nach und nach auffallen wird, ist, daß die ganze Energie, die Sie gebraucht haben, um die Vergangenheit in dem bisherigen Zustand zu halten, jetzt freigesetzt worden ist und von nun an für Dinge in der Zukunft benutzt werden kann, die Sie sich wünschen. Und das können Sie einsetzen, um angestrebte Dinge attraktiver und noch unwiderstehlicher zu machen bis zu einem Punkt, von dem ab Sie scheinbar ohne Ihr eigenes Zutun beginnen können, Ergebnisse hervorzubringen, die scheinbar an Wunder grenzen, in der Zukunft, jetzt, während Sie darüber nachdenken."

John: „Jaah, das ist wirklich aufregend."

Tad: „Sehr gut. Gut. Okay, können Sie ins Jetzt zurückschweben? Bevor Sie Ihre Time-Line völlig beiseitelegen, möchte ich, daß Sie jetzt bemerken, daß es eine Reihe von Ereignissen von ganz weit aus der Vergangenheit bis in die Zukunft hinein gibt, die sich verändert haben – die Gestalttheorie, wenn Sie so wollen –, und achten Sie darauf, daß die Dinge aus der Vergangenheit, die Sie aufgehellt haben, daß dies tatsächlich die Zukunft verändert hat, so daß die Dinge, die Sie wollten, wirklich einfacher zu haben sind."

John: „Ja."

Tad: „Gut. Na, was werden Sie in der Zukunft machen müssen, nachdem Sie jetzt die Dinge erledigt haben, die Sie erledigen wollten?"

John: „Ich werde nicht viel tun, aber ich muß auch nicht, es wird sowieso funktionieren. Ich werde noch mehr attraktive Sachen da reinpacken."

Tad: „Fast mühelos?"

John: „Ja."

Tad: „Ausgezeichnet. Okay Gut. Kommen Sie zum Jetzt zurück, und wenn Sie soweit sind, können Sie die Augen öffnen."

Tad: „Großartig. Spendieren Sie ihm Beifall. (Pause) Nun, diejenigen, die ihn beobachtet haben, merken Sie sich, wie sein ganzes Wesen sich aufhellte, als wir den ganzen dunklen Kram geklärt hatten, wie er einen tiefen Atemzug nahm, wie das Atmen leichter wurde. Wenn ich Sie jetzt ansehe, sehen Sie viel leichter aus."

John: „Es ist wirklich ein Unterschied."

Tad: „Ausgezeichnet. Gut. Gut für Sie. Fragen Dan?"

Dan: „Als Sie sagten: ‚Er ist der schnellste', haben Sie Sprachmuster benutzt und die schnelle Person entworfen, nicht wahr?"

Tad: „Das haben wir gemacht, oder? Und darum geht's bei Time-Line. Vielleicht entdecken Sie das hier. Dan, Sie entdecken vielleicht, daß Sie schon jetzt unbewußt Dinge lernen, von denen Sie nie ahnten, daß sie so schnell kommen würden. In der Tat trainieren wir bei unseren Trainings das Unbewußte, sowas haben wir doch gemacht, oder?"

John: „Meine Erfahrung ist folgende. Ich spürte den Wechsel bewußt, als ich es nicht bewußt machte, es passierte, es passierte einfach. Und ich merkte schon sehr deutlich, was passierte, ich meine, ich sah die Veränderung der Time-Line, und mir wurde der aufhellende Effekt bewußt, und wie ich mich besser fühlte, erlöst fühlte, und beinahe gleichzeitig, will ich keine Zeit mehr dort hinten verbringen, ich möchte in die Zukunft blicken ..."

Tad: „Weil Sie die Helligkeit nicht mehr ausblenden mußten, konnten Sie einfach loslassen. Und wenn die Helligkeit erscheint, wo ist dann das Attraktive?"

John: „Rechts."

Tad: „Es ist in der Zukunft."

John: „Und dann war ich sehr dazu bereit, zu akzeptieren, was ich im allgemeinen (Pause), aber ich war sehr bereit, zu akzeptieren ... Es war genau richtig, es paßte total zu meiner Erfahrung."

Tad: „Haben Sie das mitgekriegt? Und das ist einfach das Sich-Anpassen an seine Erfahrung. Das ist Ihre Erfahrung. Und wenn Sie die Time-Line einer Person kennen und die Veränderungen vorgenommen haben, wird das völlig in Ordnung sein, und darum geht es bei zeitbezogenen Sprachmustern. Das ist ausgezeichnet. Ich bin froh, daß Sie darauf hingewiesen haben. Weil es für das Bewußte und das Unbewußte Sinn macht. Das Unbewußte sagt: ‚Irre! Wir haben diese ganzen Veränderungen gemacht, jetzt wollen wir den Rest auch noch erledigen, peng. Wir sind fertig.'"

John: „... vieles lief auch sehr schnell ab, so daß es sich anfühlte, als ob ich schnell rennen würde ... Und mir fiel auch auf, daß es beschleunigt wurde, daß Sie es beschleunigten, ich bemerkte das, während es passierte. Und auch dann erschien alles so vollkommen natürlich, daß ich es nicht verhindern oder stoppen mußte. Es stand völlig im Einklang mit den Zielen, die wir verfolgten."

Tad: „Gute Arbeit. In Ordnung, das ist also eine kleine Demonstration der Time-Line-Therapie. In meiner Erfahrung ist Time-Line die powervollste Therapie, die man machen kann. Innerhalb kürzester Zeit können Sie große Veränderungen bewirken."

Was machen wir im NLP? Wir verändern die persönliche Geschichte, was sich vollständig auf Time-Line anwenden läßt. Wir machen Reframing. Wir machen visuellen Squash oder räumliches Reframing (siehe „Die Veränderung der Grundlagen der Persönlichkeit"). Dies alles paßt ohne weiteres in den Time-Line-Rahmen. Wenden Sie es an, und Sie werden bei Menschen große Persönlichkeitsverschiebungen erreichen. Was leicht zu lernen war, wird immer leichter.

Generalisierung

Eine der Hauptfragen im NLP lautet: „Wird es generalisieren?" Wenn ich bei jemanden eine Veränderung hervorrufe, generalisiert sich das? (Anm. d.Übers.: Generalisieren bedeutet hier Ausbreitung auf andere Aspekte der Persönlichkeit oder andere Probleme.) Time-Line-Veränderungen haben die Tendenz, sich besser zu generalisieren als alle anderen Modelle, die ich gesehen habe, weil wir an der Geschichte der Person arbeiten. Sehen Sie, wir sind mehr oder weniger nichts als unsere Ansammlung von Erinnerungen. Wenn wir mit Hilfe von Time-Line die Erinnerungen verändern, können wir die Person verändern.

9. Time-Line-Therapie – eine Demonstration

Gelegentlich, wenn ein Klient zu mir kommt und wir mit Time-Line-Therapie an Material (ein klinischer Ausdruck) arbeiten, das sehr tief liegt, denkt der Klient, daß die Ursache nicht innerhalb seines Lebenszeitraums liegt. Wenn der Klient (bewußt oder unbewußt) denkt, daß die Ursache nicht innerhalb seines Lebenszeitraums liegt, werden die Ergebnisse nicht so gut sein, wenn Sie nicht die Möglichkeit von früheren Leben einbeziehen. Die Notwendigkeit, frühere Leben einzubeziehen, wurde mir klar, als ich Dr. Chuck Spezzano modellierte, einen Psychologen aus Honolulu, dem ich für die folgenden Formulierungen Dank schulde.

Um die Möglichkeit früherer Leben zu berücksichtigen, könnten Sie sagen: „Nun, ich könnte raten, wann das Ereignis, das dieses Problem verursacht hat, stattfand, aber Ihr Unbewußtes weiß das besser als Sie oder ich. Es gab da ein Ereignis, das die Ursache für diesen ... (Zustand oder Verhalten) darstellt ... und wenn Sie wüßten, wann Sie sich entschlossen haben, dieses ... (Verhalten oder Zustand) ... zu haben, wäre das vor, während oder nach Ihrer Geburt?"

Wenn der Klient angibt, das Ereignis läge vor seiner Geburt, können Sie fragen: „War es, während Sie im Mutterleib waren oder vorher?" (Wenn Sie schon Time-Line-Therapie gemacht haben, haben Sie wahrscheinlich schon gemerkt, daß viele Leute sich bis an die Zeit im Mutterleib zurückerinnern können. Sie erinnern aus der Zeit im Mutterleib Ereignisse, die passiert waren und Erfahrungen, die gemacht wurden.) Wenn der Klient sagt: „Im Mutterleib", gehen Sie damit wie mit jeder anderen Erinnerung um.

Wenn der Klient sagt: „Vor der Geburt", gibt es zwei Möglichkeiten. Sie können sagen: „Ist es in einem früheren Leben passiert, oder ist es durch Vererbung weitergegeben worden?" Wenn er sagt: „Früheres Leben", können Sie fragen: „Wenn Sie es wüßten, vor wievielen Generationen war es?" Wenn er sagt: „Durch Vererbung", sagen Sie: „Wenn Sie es wüßten, vor wievielen Generationen war es?" Bevor Sie ihn zu früheren Leben oder vergangenen Generationen zurückschweben lassen, besonders, wenn es das erste Mal ist, lassen Sie ihn „Jetzt" mit einer großen Fahne kennzeichnen und binden Sie einen Faden um seinen Zeh, damit er den Weg zurück finden kann.

Beachten Sie, daß der Gebrauch dieser Art von Sprache nicht die Existenz von Erfahrungen aus früheren Leben impliziert, sondern deren Möglichkeit offenläßt. Wenn die Antwort des Klienten darauf hinweist, daß er an früheres Leben oder Genealogie glaubt, können Sie dies verwerten und sich in das Weltmodell des

Klienten hineinbegeben. Ob Sie selbst an früheres Leben glauben oder nicht, Sie sollten in vielen Fällen in bezug auf die Ansichten Ihrer Klienten diese Möglichkeit einräumen, sonst erreichen Sie vielleicht nicht das erwünschte Resultat.

Durch die Anwendung dieses Modells ist es möglich, zurückzugehen und eine Reihe von vergangenen Ereignissen zu klären (sogar „frühere Leben" oder Leben von Vorfahren), die gegenwärtigen Erfahrungen und Erlebnissen im Weg stehen.

Es folgt ein Beispiel für die Anwendung des Gesagten mit Time-Line, damit Sie Time-Line-Therapie maximal wirkungsvoll gestalten können. Bei dem Folgenden handelt es sich um die Demonstration eines Ablaufs von Time-Line-Therapie, der auf der Frage von Führungsqualitäten aufbaut. In einem Master-Practitioner-Training habe ich die Frage aufgeworfen, ob Sie Ihre wahre Rolle als führende Persönlichkeiten akzeptieren. Wenn Sie dies lesen und sich fragen, ob das Gesagte für Sie zutrifft – das tut's. Wenn ich also diese Arbeit durchführe, könnten auch Sie das Subjekt sein, nicht wahr? Wir sind sowieso alle eins, nicht wahr?

Randy: (Klient kommt auf die Bühne.) „Ich bin nervös."

Tad: „Gut. Veränderung ist oft begleitet von einem Gefühl von Erwartung. (Beide lachen.) In vieler Hinsicht ist das der Nervosität ähnlich, aber nicht vollkommen. Aber es macht tatsächlich Spaß, Wachstum gespannt zu erwarten, auch wenn es nicht immer angenehm ist, nicht wahr? (Zur Gruppe gewandt:) Also, in Ordnung, Sie wollen vielleicht an einen Punkt gelangen, wo Sie eindeutige Wechsel in der Physiologie sehen können. Ich werde Sie darauf aufmerksam machen. (Zum Klienten gewandt:) Ich hoffe, es ist in Ordnung, daß ich nebenher lehre, während ich dies mache."

Randy: „Das ist okay."

Tad: (Zur Gruppe:) „Ich werde dies so handhaben, als handele es sich um Therapie, und Sie sollten wissen, daß Randy und ich in der letzten halben Stunde einige Diskussionen hatten, während ich zu entscheiden versuchte, ob er derjenige ist, der (zu Randy) sich jetzt verändern will. (Zur Gruppe) Wenn ich also einige der Grundtechniken überschlage, wie zum Beispiel die Standard-NLP-„Wohlgeformtheitsbedingungen" und die „Wohlgeformten Zieldefinitionen", dann deshalb, weil ich das schon erledigt habe. Sie sollten aber immer daran denken, daß Sie bei der Anwendung von Time-Line-Therapie alle NLP-Standard-Prozesse benutzen. Wenn ich manches davon hier auslasse, dann deswegen, weil ich es schon erreicht habe. (Zu Randy:) Wenn Sie sagen würden, daß es etwas gäbe, das Sie abgeschlossen haben möchten, bevor Sie diesen Stuhl verlassen, was wäre das?"

Randy: „Die Furcht loszulassen, daß ich erfolgreich sein könnte."

Tad: „Gut. Okay. Das ist wichtig für Sie?"

Randy: „Ja."

Tad: „Okay. Was hält Sie davon ab, erfolgreich zu sein, jetzt im Moment?"

Randy: „Verbindung zur Vergangenheit."

Tad: „Okay. Gab es eine Zeit, wo Sie beschlossen hatten, daß Erfolgreichsein nicht in Ordnung wäre? Erinnern Sie sich an diese Zeit?"

Randy: „Okay."

Tad: „Können Sie nach oben über Ihre Time-Line schweben und zu dieser Zeit zurückgehen, jetzt? (Pause) Nun schweben Sie bitte nur für einen Moment in Ihren Körper zurück und sagen mir, welche Gefühle damals eine Rolle gespielt haben."

Randy: „Betrogensein."

Tad: „Okay. Schweben Sie wieder über Ihrer Time-Line ..."

Randy: „Kann ich nicht ein bißchen darin schwelgen?"

Tad: „He. Sie können darin schwelgen, solang Sie wollen, aber wie lange sind Sie schon dort?"

Randy: „Zu ..."

Tad: „Zu lange."

Randy: „Ja."

Tad: „Ich meine so ..."

Randy: „Genug."

Tad: „Ich meine, Sie können so lange daran festhalten, wie Sie wollen, und bald werden wir es loslassen. Jaaa. Okay. Gehen Sie also zurück bis fünf Minuten vor dem Ereignis, lassen Sie sich herunter bis direkt über Ihrer Time-Line, drehen sich um und schauen in Richtung Jetzt, indem Sie an dem Kontinuum bis zum Jetzt entlangschauen, und ich möchte Sie etwas fragen.(Pause) Jetzt, wo ist der Moment des Betrogenseins? (Pause) Verschwunden?"

Randy: (Schüttelt den Kopf, nein.)

Tad: „Nun, ich weiß, daß es da vielleicht einen Teil in Ihnen gibt, der es für notwendig hält, daran festzuhalten; bevor Sie also alles loslassen, nehmen Sie bitte alles, was Sie aus diesem Betrogensein gelernt haben, alle Lernerfahrungen, die Sie haben, und speichern Sie sie bitte an jenem speziellen Platz, den Sie für solche Lernerfahrungen reserviert haben, dem Platz, der Ihnen wichtig ist, wo Sie diese Dinge aufbewahren können. Denn die Dinge, die Sie gelernt haben, waren wichtig, und es ist in Ordnung, diese Gefühle jetzt loszulassen ... (Pause) das haben Sie doch? (Pause) ... er denkt immer noch, es sei wichtig, daran festzuhalten, und ich möchte den Teil bitten, diese Lernerfahrungen zu bewahren, und stellen Sie sicher, daß er bereit ist, das loszulassen. (Pause) Nun, wie wirkt sich das auf die Entscheidung aus?"

Randy: „Mhm. Hm."

Tad: „Könnten wir sagen, daß es verschwunden ist, und daß Sie jetzt ... (Randy lacht) Könnte man sagen, daß es verschwunden ist, und daß es Ihnen jetzt freisteht, erfolgreich zu sein? Nun, ich weiß, daß Sie sich nicht entschieden haben (Pause), noch nicht. Aber Sie wollten es gerne. Ich weiß, daß Sie sich noch nicht ganz dafür entschieden haben, und wir haben das noch nicht abgeschlossen, nicht wahr?"

Randy: „Nein."

Tad: „Noch nicht. Schweben Sie also bitte noch einmal zurück über Ihre Time-Line, und was oft passiert, wenn wir solche Sachen machen, ist, daß wir verschiedene Schichten, äh, von Dingen durcharbeiten. Ich möchte also, daß Sie, äh, in diesem Moment, herumschauen und sehen, was sonst noch Sie davon abhalten könnte, erfolgreich zu sein, falls da etwas in Ihrer Vergangenheit wäre."

Randy: (Sarkastisch) „Das war aber kein besonders großer Hammer. Möchten Sie noch einen?"

Tad: „Ja."

Randy: „Angst davor, von meinen Eltern gehaßt zu werden."

Tad: „Ah. Ich dachte doch, daß da etwas mit Eltern war. Okay. (Pause) Dann sprechen Sie bitte mal mit dem Teil von Ihnen, der in Ihnen den Vater darstellt und fragen Sie diesen Ihren Teil bitte, ob er überhaupt hassen könnte ... (Pause) Was sagt er? (Pause) Die Angst, nämlich ...'"

Randy: „Er sagt: ‚Nein, natürlich nicht, du bist mein Sohn.'"

Tad: „Und wie alt waren Sie, als Sie beschlossen, daß Sie Angst hätten, Ihr Vater könne Sie hassen?"

Randy: „Ungefähr drei ... (Pause) nein, zwei."

Tad: „Ist Ihnen jetzt klar, daß die Angst, Ihr Vater könne Sie hassen, tatsächlich ein Fehler war?"

Randy: „Nein."

Tad: (Überrascht) „Das ist Ihnen nicht klar?"

Randy: „Mhm."

Tad: „Nun, das muß auch noch nicht sein. (Gelächter) Mhm, und ich glaube, es ist wichtig, bestimmte Wertvorstellungen über die Aufrechterhaltung der Beziehung zu den Eltern zu haben, und daß vielleicht diese irrtümliche Annahme, Ihr Vater hasse Sie, denn er sagt, er könne unmöglich ... äh, könnten Sie bitte nach oben über Ihre Time-Line schweben, jetzt, und zurückgehen ins Alter von zwei Jahren und ganz in Ihren Körper hineinschlüpfen zu dem Zeitpunkt, wo Sie beschlossen, daß Sie jederzeit etwas tun könnten, weshalb Ihr Vater Sie hassen würde, und welche Gefühle waren damals gegenwärtig?"

Randy: „Ich weiß nicht, ob ‚Ich will nicht, daß der Scheißkerl mich verhaut' ein Gefühl ist oder nicht, aber ...“

Tad: „Das ist nahe dran.“ (Pause) „Hat er Sie jemals verhauen?“

Randy: „Ja.“

Tad: „Fragen Sie ihn, den Teil, der in Ihnen Ihr Vater ist, ob er Sie verhauen hat, weil ...“

Randy: „Er war auf seinen Vater sauer.“

Tad: „Aha. Großartig. Bitten Sie den Teil, der Ihr Vater ist, den Teil in ihm, der sein Vater ist, zu fragen, ob er fähig wäre, irgendetwas anderes zu tun, als Ihren Vater zu lieben.“

Randy: (Lange Pause) „Er wollte ihn nie.“

Tad: „Ich möchte, daß Sie den Teil in Ihnen, der der Vater Ihres Vaters ist, darum bitten, auf seiner Time-Line zurückzugehen bis zu der Zeit, als er diesen Beschluß faßte, und welche Gefühle sind da gegenwärtig, als er diese Entscheidung traf?“

Randy: „Das ist ein vertrautes Gefühl. Betrogensein.“

Tad: „Mhm. Sagt das etwas über ...“

Randy: „Überschlagen einer Generation?“

Tad: „Ein Thema in der Familie? (Pause) Ich möchte Sie jetzt fragen: Wie weit zurück geht dieses Thema des Betrogenseins? In Ihrer Verwandschaft. Nehmen Sie auf, was gerade hochkommt. Sie wissen, wie man das macht.“

Randy: „Weit zurück.“

Tad: „Gut. Gehen Sie bitte auf der Time-Line Ihrer Familie bis zu dieser Zeit zurück, und wenn Sie wüßten, vor wievielen Generationen die Frage des Betrogenseins zu einem Problem wurde, wäre das ...“ (Pause)

Randy: „Vierzig.“

Tad: „Gut. Gehen Sie bitte in diese Zeit zurück, zu Ihren Vorfahren von vor vierzig Generationen, wo dieses Betrogensein anfing, und ich bitte Sie, zu schweben und diesen einen Vorfahren dort zu haben, männlich oder weiblich?“

Randy: „Weiblich.“

Tad: „Aha. Können Sie sie sehen?“

Randy: (Nickt „ja“.)

Tad: „Gut gemacht. Bringen Sie sie bitte dazu, zu merken, welche Gefühle da sind, als sie beschloß, daß sie betrogen worden war.“

Randy: „Äh hem.“

Tad: „Jetzt lassen Sie sie bitte fünf Minuten weiter zurückgehen, sich dann umdrehen und in Richtung Jetzt schauen, an den vierzig Generationen lang, über all diese Time-Lines ...“ (Pause)

Randy: (Lächelt)

Tad: „So ist es richtig. Gut gemacht. Nun, gibt's irgendetwas, das sie zu diesem Zeitpunkt braucht? Was würde sie brauchen, falls sie etwas braucht, und ich weiß, daß sie schon erlebt hat, wie das Gefühl des Betrogenseins verschwunden ist, gibt es etwas, das sie braucht, um ganz zu sein, geheilt zu sein?"

Randy: „Liebe und Geborgenheit."

Tad: „Können Sie ihr das geben?"

Randy: „Ja."

Tad: „Können Sie zulassen, daß das aus einer Quelle außerhalb Ihrer selbst kommt, aus einer Quelle, die die Quelle aller Liebe und allen Geborgenseins ist, und daß es von über Ihrem Kopf durch Sie hindurchfließt, durch diese vierzig Generationen, zu ihr hin?"

Randy: „Ja."

Tad: „Und welchen Gesichtsausdruck hat sie jetzt?"

Randy: „Möchten Sie einen Spiegel oder möchten Sie eine Beschreibung?"

Tad: „Ich habe sie schon."

Randy: „Das weiß ich."

Tad: (Lachen) „Jetzt schauen Sie sie bitte über diese vierzig Generationen hinweg an, und sie soll bitte Sie anschauen über diese vierzig Generationen hinweg, und Sie erkennen beide, daß das Thema von Betrogensein als Familienproblem verschwunden ist, (Pause) auch wenn da noch Ereignisse sein sollten. Nun, müssen Sie auf dieser Linie von vierzig Generationen noch irgendeine Heilung vornehmen, die bewirkt, daß die Frage von Betrogensein vollständig ausgeheilt ist, jetzt?" (Pause)

Randy: „Nein."

Tad: „Gut gemacht. Jetzt möchte ich Sie bitten, noch einmal nach oben über Ihre Time-Line zu schweben, und ich bin diesen Teilen dankbar, daß sie mitgemacht haben, und ich erkenne ihre Bereitschaft an, weiterhin in dieser Richtung zu wachsen und sich zu entwickeln, das werden sie doch sicher, und neue Wege zu entdecken, wie sie diese Veränderungen weiterhin machen können ..." (Pause)

Randy: „Sie sagt danke."

Tad: „Ja. Sagen Sie ihr, daß ich ihre Bereitschaft schätze, mit uns zu kommunizieren und vollständig zu sein. Und ich möchte mit dem Teil in Ihnen sprechen, der Ihr Vater ist, über diese Sache mit dem Erfolg, und ich möchte ihn fragen, ob er bereit ist, uns seine ganze uneingeschränkte Unterstützung dafür zu geben, daß Sie erfolgreich sind, jetzt, so wie Sie es möchten, weil er Sie liebt, und weil es das ist, was alle Väter für Ihre Kinder wollen."

Randy: „Mit dem letzteren haben Sie ihn geködert. (Pause) Die letzte Bemerkung hat's gebracht. ‚Weil ALLE ...', und da ist er natürlich mitgegangen."

Tad: „Ja. Und merkt er, daß Ihr Großvater wollte, da wir (flüstert), das ist richtig, die Time-Line verändert haben, daß er nun ein erwünschtes Kind ist, und das verändert alles, denn ALLE Väter wollen nur das beste für ihre Kinder? (Pause) Merkt er das?"

Randy: „Er merkt es, ja. Glaubt es nicht ganz. Er merkt es."

Tad: „Ich möchte, daß Ihr Großvater, jetzt, wo er eine Veränderung in der Familiengeschichte erlebt hat, eine Unterhaltung mit Ihrem Vater hat, auf eine Art, daß Ihr Vater sich (Pause) geliebt fühlen kann. (Pause) So ist es richtig. Gute Arbeit. Können Sie Ihren Großvater den Vater umarmen lassen, in Ihnen drinnen, und könnten Sie ihnen gleichzeitig das zur Verfügung stellen, was sie brauchen, um in Ihnen ganz vollständig zu sein, und lassen Sie das von dieser unerschöpflichen Quelle über Ihnen durch Sie hindurchfließen, so daß Sie auf die bestmögliche Weise geheilt sind, jetzt? Auf eine Weise, die für sie äußerst fruchtbar ist und leicht anzunehmen. Was sagen die beiden? Sind sie überrascht?"

Randy: „Mhm."

Tad: „Und sind sie mit sich stimmig, daß das jetzt in Ordnung ist?

Randy: (Nickt)

Tad: „Gut. Nun, ich möchte jetzt noch einmal mit Ihrem Vater sprechen, wenn ich darf, und ich schätze seine Bereitschaft zu kommunizieren, und ich möchte noch einmal fragen, ob es etwas gibt, das ihn hindert, die völlige uneingeschränkte Unterstützung zu geben, die Väter immer ihren Söhnen geben, auch wenn sie sich dessen nicht ständig bewußt sind, aber wenn sie in sich hineinschauen, ist das wirklich immer da, weil ein Vater so viel für seinen Sohn will. Ich weiß, daß Sie das wollen. Vater will so viel für seinen Sohn, und manchmal ist es schwer, das zu zeigen, weil er ein Mann ist (schnieft), und das ist in Ordnung. Ist es für ihn in Ordnung, geliebt zu werden? Gibt es irgendwas, das er braucht, irgendetwas, das Ihr Großvater braucht, um Ihnen die uneingeschränkte Unterstützung zu geben, damit Sie erfolgreich sein können, jetzt? Wenn da noch etwas wäre, daß sie bräuchten, was wäre das? (Pause) Es wäre ...“

Randy: „Es wäre das Wissen, daß ich sie lieben würde (lacht), nachdem ich erfolgreich bin ...“

Tad: „Nun. (Pause) Es ist eine Befürchtung, nicht wahr? Das könnte sein."

Randy: „Mhm."

Tad: „Und dennoch, könnte irgendein Sohn (Pause) seinen Vater nicht lieben? Seinen Vater nicht lieben. Ich meine, ganz tief drinnen, auch wenn oberflächlich (Gelächter), denn sehen Sie, ich möchte, daß Sie zurückschauen und alle Ereignisse in der Vergangenheit erkennen, wo er wirklich sein Bestes tat mit allem, was er hatte." (Pause)

Randy: „Jaah."

Tad: „Kapiert er das, wenn Sie ihm das mitteilen?"

Randy: „Wenn ich es ein bißchen anders sage als vor ein paar Minuten, ja."

Tad: „So ist es. Wie würden Sie es ihm sagen, damit er es wirklich versteht? Könnten Sie es mit Ihrer Stimme etwas tiefer sagen? Könnten Sie es in einer etwas tieferen Tonlage sagen?"

Randy: „Ja."

Tad: „So daß es von da kommt (deutet auf die Gegend von Randys Herz)?"

Randy: „Ich möchte das gar nicht einmal mehr machen. Macht das Sinn?"

Tad: „Ja. (Pause) So, wann werden Sie bereit sein, das loszulassen, jetzt?"

Randy: „Das hab ich schon."

Tad: „Gut. Das ist wunderbar. Sie machen dies sehr gut. (Lachen) Natürlich haben Sie schon einige Übung und werden weiterhin, nicht wahr, in dieser Richtung wachsen, (Pause) nun, was ich wissen möchte, wenn Sie in Ihrem Inneren Ihren Vater anschauen, Ihren Großvater, diesen Teil von sich von vor 40 Generationen, fällt Ihnen die gemeinsame Orientierung auf, die es da gibt, die da zustandegekommen ist, in den seitherigen Generationen, wenn Sie diese Time-Lines anschauen, eine neue gemeinsame Ausrichtung, die Sie vielleicht vorher nicht bemerkt hatten? Ausrichtung ist eine interessante Sache. Es ist so wie, kennen Sie den Unterschied zwischen diesen Glühlampen (deutet auf eins der normalen Lichter im Raum) und diesen (deutet auf eine der Fernsehlampen)? Und deshalb ist ein Laser soviel heller als ein Glühlampe. Weil alle Lichtwellen eines Lasers vollständig gleich ausgerichtet sind. Bei einer Glühlampe gehen die Lichtwellen in alle Richtungen, aber ein Laser hat Lichtwellen, die vollständig gleichgerichtet sind. Das kommt daher, daß sein Licht völlig ... alle Strahlen sind vollständig in einer Linie. Ist Ihnen das aufgefallen, als Sie an Ihrer Time-Line entlangschauten, diesen vierzig Generationen? Daß da eine neue Ausrichtung auf das Ziel des Erfolgreichseins ist und auf die anderen Dinge, die Ihnen wichtig sind. Wenn Sie jetzt an die Frage des Erfolgreichseins denken, gibt es da irgendetwas, das Sie davon abhält, erfolgreich zu sein? Sehen Sie, Sie könnten auch das loslassen."

Randy: „Das war nur eine Spur. Hab nur mal nachgesehen."

Tad: (Pause) „Das ist es, was war das?"

Randy: (Lacht) „Ich lache bloß, weil ich weiß, was Sie mit mir machen, wenn Sie es machen." (Lachen)

Tad: „Das ist interessant bei dem, was wir machen, und wenn Sie jemanden veranlassen ... wissen Sie, ich ließ jemanden gerade neulich bei mir selbst eine

Time-Line-Therapie machen, das war wirklich gut, weil ich das noch nie hatte machen lassen, und derjenige sagte: ‚Gehen Sie zu einem Punkt fünf Minuten vorher zurück‘, und es verschwand. All die Dinge, an denen ich bisher festgehalten hatte, verschwanden, einfach so, gleichzeitig, Sie wissen, was ich meine, nicht wahr? (Gelächter) Wenn Sie sich das jetzt also überlegen, und wenn Sie in Ihre Zukunft schauen, achten Sie bitte darauf, daß manche der Dinge, manche dieser Dinge, die Sie in der Zukunft haben wollten, Sie wissen schon, daß die tatsächlich dort in Ihrer Time-Line sind (Pause), Dinge, deren Erreichen noch vor ein paar Minuten für Sie mit Anstrengung verbunden war, sie sind jetzt da in Ihrer Time-Line, weil Sie das schon immer wollten, und jetzt können sie sein, nicht wahr, sie sind es doch, oder? Okay. Nun, wenn es noch eine Sache gäbe, wenn da noch eine Sache wäre, die Sie loslassen müßten, um die Führungsrolle anzunehmen, die Sie sowieso eines Tages annehmen werden, nun (Pause), wenn da nur noch eine Sache wäre, die Sie loslassen müßten, was wäre das?“

Randy: „Angst, erschossen zu werden.“

Tad: „Es gab da eine Zeit in Ihrer Vergangenheit ...“

Randy: „Ich sagte: ‚Angst, erschossen zu werden‘.“

Tad: „Ja. Da gab es eine Zeit in Ihrer Vergangenheit, als dies vielleicht ein Thema für Sie war, wenn Ihnen dies schon einmal in Ihrer Vergangenheit passiert wäre, wäre das vor, während oder nach Ihrer Geburt?“

Randy: (Flüstert) „Nicht dieses Mal.“

Tad: „Sind Sie in einem früheren Leben erschossen worden?“

Randy: „Ja.“

Tad: „Wenn Sie es wüßten, wäre es ...“

Randy: „Wieviel Zeit haben wir?“

Tad: „Wieviel Zeit brauchen wir? Wir haben soviel Zeit, wie wir brauchen.“

Randy: „Größere Ereignisse. Vor drei und vier Malen.“

Tad: „Dann möchte ich, daß Sie zurückgehen. Bitte schweben Sie dieses Mal nach oben über Ihre Time-Line, und schweben Sie bitte ganz weit oberhalb, befestigen Sie einen Faden an Ihrer Time-Line und schlingen Sie diesen Faden um Ihren großen Zeh. Am Ende Ihrer Time-Line befestigen Sie bitte eine hübsche bunte Fahne, eine, deren Farbe Sie mögen. Ich möchte, daß Sie so weit oberhalb Ihrer Time-Line schweben, daß Sie anfangen können, die anderen Time-Lines zu sehen, und dann gehen Sie bitte in die Zeit vor drei oder vier Malen zurück oder sogar zu der Zeit, als Sie die Dinge verursachten, die dazu führten, daß Sie damals erschossen wurden; ich möchte, daß Sie zeitlich bis an die Wurzeln dieser Angelegenheit zurückgehen. Haben Sie’s? (Pause) Wenn Sie wüßten, wann es passiert ist, vor wievielen Lebensspannen wäre das? Das wäre?“

Randy: „Die ursprüngliche Ursache, da wurde ich nicht erschossen, ich wurde erstochen."

Tad: „Und vor wievielen Generationen war das?"

Randy: „Ich muß es gerade mal zurückverfolgen, um sicher zu sein. (Pause) Achtzehn."

Tad: „Waren Sie männlich oder weiblich?"

Randy: „Männlich."

Tad: „In diesem Leben haben Sie eindeutig etwas gelernt, und Sie haben unterwegs eine Menge Lernerfahrungen gemacht. Ich möchte, daß Sie sich all diese Lernerfahrungen bewahren. Sie haben manche Dinge gelernt, die außerordentlich wertvoll waren, nicht wahr?"

Randy: (Weinend) „Ja."

Tad: „Was Sie unter anderem gelernt haben, ist, eine ausgeprägte Schärfung Ihrer Sinne zu erreichen, darüber haben wir nämlich gesprochen. Ich möchte, daß Sie eine Vereinbarung mit dem Teil treffen, der für die Aufrechterhaltung Ihrer Wahrnehmungsschärfe auf einem hohem Niveau zu all den Zeiten verantwortlich ist, wo sein Schutz notwendig erscheint. Ich möchte diesen Teil fragen, ob er damit einverstanden wäre, wenn wir ihm einfach erlauben würden, seine Arbeit zu tun und seine Absichten leichter zu erreichen, während wir Ihre Vergangenheit verbessern, damit er Sie dabei unterstützen kann, die Dinge zu bekommen, die Sie in der Zukunft haben wollen. Nun, er wäre dazu bereit, nicht wahr?"

Randy: „Ja."

Tad: „Gut. Ich möchte also, daß Sie jetzt zu der Zeit vor achtzehn Malen zurückgehen bis zu dem Moment, wo Sie erstochen wurden, (Pause) und gehen Sie bitte zu der Ursache dafür zurück, okay? Und dann schauen Sie bitte in Richtung Jetzt zurück, über ... (Lachen) die achtzehn Lebenszyklen, und achten Sie darauf ..."

Randy: „Verdammt, es ist schwer, an etwas festzuhalten, wenn Sie da sind." (Gelächter) (Diskussion über die Beschaffung eines Taschentuchs.)

Tad: „Veränderung ist gemein, nicht?"

Randy: (Lacht) „Es wurde einfach wärmer."

Tad: „Jaaa, genau, nicht wahr? (Gelächter) Das war ein dicker Brocken, nicht wahr?"

Randy: „Ja."

Tad: „Nun, was interessant ist, ich möchte Sie bitten, an den achtzehn aufeinanderfolgenden Lebensspannen entlang zu schauen und darauf zu achten, daß bei all denjenigen von diesen achtzehn, wo Sie tatsächlich schon losgelassen haben, (Lachen) bereits, das haben Sie doch, oder? (Lachen) Gut gemacht. Sie können das gut. (Lachen) Großartig, Sie machen das prima. Also, wo sind wir stehengeblieben. Ah. Gehen Sie jetzt bitte hinaus in die Zukunft, zu einem Punkt in fünf Jahren von jetzt aus, und schauen Sie bitte zurück zum Jetzt. Und achten Sie bitte auf den Moment, wo Sie verändert sind, und auf all die Ereignisse in Ihrer Time-Line, die sich verändert haben vor und nach dem Punkt in fünf Jahren. Und daß die Zukunft tatsächlich jetzt viel eher zu bewältigen ist. Ich zögere, das Wort unendlich zu benutzen, (Pause) aber Sie könnten das. Da Sie viel eher ein Metaphysiker sind als ich. (Gelächter) Ich mache nur NLP. (Pause) Und wenn man beachtet, daß diese Veränderungen schon gemacht worden sind, so daß Erfolg nicht nur möglich ist jetzt, Erfolg ist nicht nur wahrscheinlicher, sondern ich habe das Gefühl, daß er etwas ist, das Sie nicht vermeiden können, daß er Ihnen sehr schnell über den Weg laufen wird. (Lachen) Gut gemacht."

„Jetzt sehen Sie bitte noch ein einziges Mal hin. Und ich weiß, daß es da vielleicht Teile von Ihnen gibt, die heute eine Menge neuer Verhaltensweisen hervorgebracht haben, und ich möchte sicher sein, daß die neuen Verhaltensweisen akzeptabel sind, und daß alle Ihre Teile mit diesen neuen Verhaltensweisen, die wir hervorgebracht haben, übereinstimmen und sie unterstützen. Und ob es Teile gibt, die fragwürdig sind oder einfach nur einige, also, die denken, daß sie einige leichte Zweifel haben. Und ich möchte, daß Sie (Lachen) ..."

Randy: „Ich bin froh, daß dies auf Tonband aufgenommen ist."

Tad: „Ich möchte also sicherstellen, daß wir tatsächlich bei dem, was wir machen, sicher sind, daß alle Teile in Ihnen übereinstimmen, und daß diese, wenn sie ihre Absichten anschauen, und Ihre Absichten dazu, wissen, daß sie letztendlich mit all diesen Veränderungen einverstanden sind, weil sie wissen, daß sie jetzt ihre Absichten viel leichter verwirklichen können wegen der Kongruenz und gemeinsamen Ausrichtung in Ihrem Inneren. (Lachen) Ich möchte also Ihr ..."

Randy: „Das Innere meines Kopfes ist." (Lacht)

Tad: „Es stimmt, daß es ist, und das sollte es auch, nicht wahr? Und es wird auch weiterhin so bleiben, nicht wahr, bis ..."

Randy: „Bis."

Tad: „Bis Sie all das für sich abgeschlossen haben, nicht wahr? Weil diese Dinge oft ... innerlich diese Art von Erfahrungen hervorrufen, und es ist in Ordnung, sie einfach damit fortfahren zu lassen, solange das angebracht ist, um Ihren vollständigen Erfolg sicherzustellen. Nun, Sie wissen, daß das stimmt, nicht wahr? (Lachen) Gut. Jetzt befinden sich also alle Teile in Übereinstimmung, oder?"

Randy: „Aus Gewohnheit mache ich ‚nn‘, und etwas sagt: ‚JA‘."

Tad: (Zu den Zuhörern gerichtet) „Er ist also wirklich damit im Reinen, (zu Randy) und ich möchte sicherstellen, daß der Teil, der meint, das passe nicht, äh, an diesem Punkt versteht, daß es seine Pflicht ist, weiterhin so zu zweifeln, daß es auch weiterhin Ihren Erfolg und Ihre Zufriedenheit total unterstützt auf eine Art, die einen Beitrag leistet; denn, wie Sie wissen, sind Einwände sehr wichtig, da sie uns erlauben, weitere Unterscheidungen zu treffen, und ich weiß, daß das dem Teil in Ihnen wichtig ist, der dafür verantwortlich ist. Ich möchte ihn gern fragen, ob er damit einverstanden wäre – das wäre er doch, oder? – sicherzustellen, daß er dieselbe Absicht weiterhin für Sie verfolgt, während er Ihnen erlaubt, völlig ungehindert in Ihrer Richtung auf Erfolg weiterzugehen. (Pause) Gut gemacht. Wenn Sie also jetzt wieder in die Zukunft schauen ..." (Pause)

Randy: (Nickt „ja".)

Tad: „Gut, das ist gut. Sehr gut. Nun, wenn Sie also den Rest des Tages erleben, wir haben einige Veränderungen gemacht, da geschehen vielleicht in Ihrem Inneren einige Anpassungen. Lassen Sie sie einfach weiter geschehen, und erlauben Sie Ihrem Unbewußten, fortzufahren (spricht schneller), diese Vorgänge und Dinge klarzukriegen, die es klarkriegen muß, damit es diese Veränderungen weiterhin vornehmen kann und Ihnen erlaubt, heute abend vollständig und absolut und total erfolgreich zu sein. Es wird das machen können, während Sie schlafen, und Sie haben vielleicht eine Menge komischer Träume, und es passiert viel in Ihrem Kopf, und das ist in Ordnung. Und beachten Sie, daß der Klärungsprozeß bis zum Ende des heutigen Abends abgeschlossen sein wird, und es wird (spricht langsamer) absolut möglich sein für Sie, (Flüstern) total erfolgreich zu sein, jetzt, nicht wahr?"

Randy: „Vielen Dank."

Tad: „Gut gemacht." (Applaus)

10. Die Programmierung Ihrer Zukunft mittels Time-Line

Im Verlauf der Jahre, in denen ich mich mit den Themen Zeitmana-gement und Zielsetzungen beschäftigter, fiel mir auf, daß manche Leute ihre Ziele erreichen und manche nicht und daß zwischen den Menschen, die ihre Ziele erreichten und denen, die das nicht schafften, ein bedeutender Unterschied bestand. Die Leute, die ihr Ziel erreichten, speicherten unter anderem ihr Ziel innerlich auf andere Weise als die anderen.

Dann, als ich Time-Line in NLP-Seminaren im ganzen Land lehrte, fiel mir immer stärker auf, daß die von mir gelehrten Techniken einen Einfluß auf die Fähigkeit der Leute hatte, das zu bekommen, was sie in der Zukunft haben wollten. Bei einem Master-Practitioner-Training letztes Jahr in Los Angeles verdoppelte tatsächlich die Hälfte der Leute ihr Einkommen. Einer verdreifachte es. Ich erinnere mich, wie ich ihn fragte, wie das geschehen sei. Er erzählte mir, daß er dem Prozeß des Zukunft-Programmierens gefolgt sei, den wir in dem Seminar durchgeführt hatten. Interessanterweise hatte er das vergessen, bis ich in einem Folgeseminar nach den Auswirkungen des Zukunftprogrammierens fragte. An diesem Punkt erzählte er mir, daß das Geschehen sich genauso abgespielt hatte, wie er es in seine Zukunft hineinprogrammiert hatte. Es geht hier um eine Methode, Ihre Zukunft so zu programmieren, daß Sie Ihre Ziele erreichen, daß das, was Sie für die Zukunft wollen, Wirklichkeit wird und von Ihrem Gehirn nicht ignoriert werden kann.

Im ersten Schritt zur Programmierung Ihrer Zukunft entscheiden Sie, was Sie wollen. Sie sollten sich sicher sein, daß es etwas ist, das Sie wirklich wollen. Während Sie darüber nachdenken, überlegen Sie sich diese Fragen und fragen sich: wenn Sie über das nachdenken, was Sie wollen, tun Sie das dann in der Zukunft? Denken Sie darüber nach, als ob es jetzt wäre? Haben Sie sich überhaupt schon einmal die Zeit genommen, Ihre Ziele niederzuschreiben? Haben Sie einen organisierten Plan für Ihre Zukunftswünsche ausgedacht oder aufgeschrieben? Je klarer Ihre Gedanken über Ihre Zukunftswünsche sind, und je spezifischer Sie Ihr Ziel formulieren, desto eher wird es erreichbar. Es besteht nämlich eine direkte Beziehung zwischen der Genauigkeit des Ziels und seiner Erreichbarkeit. Wenn Sie erst einmal Ihr Ziel oder Ihr Ergebnis formuliert haben, bieten die NLP-Zielformulierungstechniken übrigens eine gute Hilfe für die Präzisierung Ihrer Ziele an.[*]

---

[*]   *Lewis, B., Pucelik, F.*, Magic Demystified, Metamorphous Press, Lake Oswego 1982.

76

Vergewissern Sie sich, daß Sie sich als Ihr Ziel oder Ihr Ergebnis nicht etwas vorgenommen haben, was einen „Zustand" darstellt. (Ein „Zustand" ist im wesentlichen ein emotionaler Zustand, wie „Vertrauen" oder „Stolz".) Aus folgendem Grund ist es wichtig, keinen Zustand als Ergebnis zu nehmen: die zeitliche Festlegung für das Erreichen eines Zustands in der Zukunft zögert das Geschehen immer hinaus. Mit unserem NLP-Wissen über Zustände können wir sagen, daß ein Zustand von Selbstvertrauen oder jeder andere Zustand etwas darstellt, daß man jetzt bekommen kann, indem man Ankern oder Swish-Muster anwendet. Wenn Sie also Ihr Ziel formulieren, vergewissern Sie sich, daß es sich nicht um einen Zustand handelt und daß eine zeitliche Festlegung damit verbunden ist.

Hier sind einige Fragen, die Sie sich selber stellen können, um Ihnen bei der Klarstellung Ihres Zieles zu helfen.

Schlüssel für ein erreichbares Ziel

1. **Positiv formuliert:** „Was genau will ich?"
2. **Präzisiere gegenwärtige Situation:** „Wo befinde ich mich jetzt?" (Bei dieser Frage stellen Sie sicher, daß das dazugehörige Bild „assoziiert" ist.)
3. **Präzisieren Sie das Ziel:** „Was werde ich sehen, hören, fühlen usw., wenn ich es erreicht habe?" (Das bedeutet, daß das Ergebnis so betrachtet wird, als sei es jetzt schon erreicht. Machen Sie es unwiderstehlich. Dann bringen Sie es in der Zukunft unter. Bevor Sie es in der Zukunft unterbringen, vergewissern Sie sich, daß das Bild „dissoziiert" ist.)
4. **Beweisverfahren** (Evidence Procedure): „Wie werde ich wissen, daß ich es erreicht habe?"
5. **Ist es 100%ig und auf kongruente Weise erwünscht?:** „Was wird dieses Ergebnis mir bringen oder mir zu tun erlauben?"
6. **Wird es durch mich selbst initiiert und aufrechterhalten?:** „Ist es nur für mich?"
7. **Ist es in einen passenden Kontext eingebettet?:** „Wo, wann, wie und mit wem will ich es?"
8. **Ressourcen:** „Welche Ressourcen habe ich jetzt, und welche benötige ich, um mein Ziel zu erreichen?"
   a. „Habe ich dies jemals schon gemacht/gehabt?"
   b. „Kenne ich irgend jemanden, der sie hat?"
   c. „Ich tue mal so, als ob ich sie jetzt hätte."

9. **Ökologie-Check**: „Für welchen Zweck will ich dies? Was werde ich gewinnen/verlieren, wenn ich es habe?"
   a. „Was wird passieren, wenn ich es habe?"
   b. „Was wird nicht passieren, wenn ich es habe?"
   c. „Was wird passieren, wenn ich es nicht bekomme?"
   d. „Was wird nicht passieren, wenn ich es nicht bekomme?"

Wenn Sie sich diese Fragen stellen, bekommen Sie wahrscheinlich eine ausgezeichnete Vorstellung davon, was Sie wollen. Dabei nehme ich an, daß Sie inzwischen auch ein ziemlich detailliertes Bild von dem haben, was Sie wollen.

Legen Sie das Bild für einen Moment beiseite und schweben Sie nach oben über Ihre Time-Line. Wenn Sie das noch nicht gemacht haben, gehen Sie zurück, lesen Sie das Kapitel über Time-Line-Therapie von Anfang an und kommen hierher zurück, nachdem Sie die Übungen gemacht haben. Während Sie über Ihrer Time-Line schweben, schweben Sie hinaus in die Zukunft bis zu dem Zeitpunkt, der für die Erreichung des Zieles der geeignetste wäre. Gehen Sie zu dem Punkt in der Zukunft, an dem Sie das angestrebte Ziel erreicht haben. Wenn Sie den für das Erreichen des Zieles passendsten Moment gefunden haben, bringen Sie sich über diesem Punkt in der Time-Line in Position.

Jetzt lassen Sie das Bild von dem hochkommen, was Sie wollen, das Bild, das Sie vorhin gemacht haben. Assoziieren Sie in das Bild hinein. Schweben Sie ganz in Ihren Körper hinein und spüren Sie, wie es sich anfühlt, das zu haben, was Sie wollen. Überprüfen Sie Ihre Gefühle und stellen Sie gleichzeitig sicher, daß das Bild hell genug ist, aber nicht zu hell. Achten Sie auf die Gefühle, die Sie haben, und verstärken oder verringern Sie die Helligkeit, bis die Gefühle die größte Stärke erreicht haben. Dann holen Sie das Bild immer näher heran, bis das Bild nah genug ist, so daß die Gefühle am intensivsten sind, aber nicht zu nah. Verstärken Sie den Farbkontrast, bis die Farben wirklich ganz satt sind, aber nicht zu satt. Sie wissen schon, gerade richtig! Vergewissern Sie sich, daß die Bildschärfe ganz klar ist. Klar genug, aber nicht zu klar. Verstellen Sie weitere Dinge, die notwendig sind, damit das Bild äußerst wirklichkeitsnah und begehrenswert wird. Und wenn Sie fertig sind, treten Sie aus dem Bild heraus, so daß Sie sich selbst in dem Bild sehen, wie Sie sich anschauen.

Nun, weiterhin in der Zukunft, fügen Sie das Bild in Ihre Time-Line ein und drehen sich dann um und schauen zurück in Richtung Jetzt. Achten Sie darauf, wie alle Ereignisse zwischen dort und jetzt sich verändern und sich umordnen, um Sie vollständig dabei zu unterstützen, das zu bekommen, was Sie in Zukunft haben wollen. Und das können Sie, nicht wahr?

Kommen Sie zurück zum Jetzt und beachten Sie, während Sie in Richtung Zukunft schauen, daß dies nur der Anfang dessen ist, zu haben, was Sie wollen. Achten Sie darauf, daß das Erreichen dieses Zieles für Sie eine Richtung für erfolgreiche Bewältigung in der Zukunft vorgibt, und daß sich das fortsetzt in die Zukunft hinein, soweit Sie blicken können. Spüren Sie, wie gut es sich anfühlt, das zu haben, was Sie wollen.

Als wir vorhin Fragen zu Ihrem Ziel gestellt haben, ist Ihnen vielleicht aufgefallen, daß Sie für das Erreichen Ihres Ergebnisses bestimmte Ressourcen benötigten. (Für den Zweck dieser Übung wollen wir annehmen, daß Sie entdeckt haben, daß eine notwendige Ressource darin bestand, etwas zu lernen, um Ihr Ergebnis zu erreichen.)

Ich möchte Sie also bitten, zurück in die Vergangenheit zu schweben bis zu einer Zeit, einer glücklichen Zeit, als Sie etwas leicht und spielend lernten. Das Lernen muß nicht mit einer Schulsituation verbunden sein, nur eine Zeit, als Sie etwas leicht lernten, und vielleicht so spielend, daß es Sie selbst überraschte. Vielleicht haben Sie gesagt: „Mensch, ich wußte gar nicht, daß ich das alles wußte" oder etwas ähnliches. Es könnte in jedem beliebigen Zusammenhang sein, wo Sie vielleicht sogar von der Tatsache überrascht waren, wie leicht es war, sich an die Fakten zu erinnern. Vielleicht sprachen Sie mit einem Freund oder mit mehreren Freunden, und Sie waren angenehm überrascht, wieviel Sie zu dem Thema wußten. (Wenn Sie sich nicht an so eine Zeit erinnern können, stellen Sie sich einfach vor, wie es wäre, diese Erfahrung gemacht zu haben. Vielleicht haben Sie es in einem Film gesehen oder hatten einen Freund, der diese Erfahrung schon einmal gemacht hat. Stellen Sie sich vor, wie es wäre, wenn Sie das hätten, oder tun Sie so, als ob Sie jemand wären, der diese Erfahrung schon gemacht hat.)

Gut. Schlüpfen Sie jetzt ganz in Ihren Körper hinein und spüren Sie die Gefühle, ausgezeichnet lernen zu können. Nun wickeln Sie sich bitte in die Gefühle, ausgezeichnet lernen zu können. Nehmen Sie diese Gefühle und lassen Sie sie Ihren Körper durchdringen. Spüren Sie, wie es sich anfühlt, hervorragend lernen zu können. Und noch etwas. Bevor Sie die Gefühle spürten, ausgezeichnet lernen zu können, war Ihr Unbewußtes schon durch einen Prozeß gegangen, der es ihm erlaubte, die gesamte Information, die Sie brauchten, in einer Form zu integrieren und zu organisieren, die das Bewußte ohne weiteres nach seinem Bedarf benutzen konnte. Ob es Ihnen bewußt war oder nicht, Ihr Unbewußtes arbeitete daran, die Information auf brauchbare Weise zugänglich zu machen. Auch wenn Ihnen dieser Prozeß nicht völlig bewußt ist, bringen Sie ihn mit, wenn Sie jetzt wieder nach oben über Ihre Time-Line schweben.

Gut. Schweben Sie nun wieder nach oben über Ihre Time-Line und schweben Sie in Richtung Jetzt, und während Sie sich dem Jetzt nähern und daran vorbeischweben, finden Sie den geeigneten Platz, all das unterzubringen, was Sie wissen müssen, um Ihr Ziel sicherzustellen. Nehmen Sie die Gefühle und fügen Sie sie an den geeignetsten Platz in Ihrer Zukunft ein. Während Sie das tun, achten Sie bitte darauf, daß die Erfahrung, so gut lernen zu können, alle Ereignisse zwischen jenem Ort und dem Jetzt verändert und beeinflußt, und daß Sie sich in Zukunft dieser Strategie, wie man so spielend lernen kann, bedienen können, wann immer Sie das möchten. Sie können diese Fähigkeit haben, wann immer Sie wollen. Wann immer Sie diese Lernfähigkeiten haben möchten, werden Sie Ihnen zur Verfügung stehen. Immer wenn Sie also in Zukunft etwas lernen müssen, oder irgendeine Information benötigen, die in Ihrem Unbewußten gespeichert ist, wird dies automatisch für Sie da sein.

Drehen Sie sich um und schauen Sie in Richtung Jetzt und beachten Sie, daß der Prozeß hier auch eingebaut ist und über die ganze Strecke bis zum Jetzt und sogar noch bis in die Vergangenheit zurückreicht. Auch wenn Ihnen das nicht auffällt, ist das in Ordnung, denn der Prozeß ist jetzt installiert auf dem gesamten Abschnitt von Jetzt bis hinaus in die Zukunft und sogar noch weiter in die Zukunft, über das Ereignis hinaus und in die Zukunft hinein, soweit Sie blicken können. Ihre Fähigkeit war immer schon da, und jetzt können Sie sich Ihrer nach Bedarf bedienen.

Wenn Sie das erledigt haben, drehen Sie um und schweben in Richtung Jetzt, lassen Sie sich zum Jetzt hinunter und öffnen dann Ihre Augen.

So programmieren Sie Ihre Zukunft.

Assoziiert versus dissoziiert

Wenn Sie eine Zukunftserinnerung in die Zukunft einfügen, sollte diese Erinnerung dissoziiert sein. Wenn Sie die Arbeit an etwas abschließen, das Sie unwiderstehlich machen wollen, stellen Sie sicher, daß es dissoziiert ist. (Eine Erinnerung, die assoziiert ist, ist ein Ergebnis oder ein Ziel. Eine Erinnerung, die dissoziiert ist, stellt eine Richtung dar.)

Dissoziierte zukünftige Ereignisse generalisieren meist besser als assoziierte zukünftige Ereignisse – das ist eine Faustregel.

Das Problem beim Erreichen eines Ziels ist, daß die Aufgabe dann erledigt ist. Sie haben es, und was dann? In manchen Fällen, wenn eine zukünftige Erinnerung assoziiert ist, haben Sie das Gefühl, Sie hätten es schon. Es ist weniger anziehend, wenn es assoziiert ist. Der dissoziierte Zustand ist anziehender, weil Sie nicht das Gefühl bekommen, es schon erreicht zu haben. Wenn Sie die Gefühle haben, die sich einstellen, wenn Sie es schon erreicht haben, dann sind Sie assoziiert. Der dissoziierte Zustand macht es unwiderstehlicher und vermittelt ein Gespür für die einzuschlagende Richtung.

Wir wollen für einen Augenblick die Frage der Richtung untersuchen. Ein Ziel ist etwas, dessen Erreichen bedeutet, daß Sie vollständig sind. Und jetzt? Haben Sie jemals schon ein Ziel gehabt, das Sie wirklich erreichen wollten? Sie kamen dort an, und dann sagten Sie: „Tja, und was mache ich jetzt?" Zunächst hatten Sie das Ziel vor Augen, und das gab Ihnen sehr viel Schwung. Nachdem Sie das Ziel erreicht hatten, schien sich alles zu verändern, und der Schwung, mit dem Sie auf das Ziel zugingen, war verschwunden. In diesem Fall erreichten Sie zwar Ihr Ergebnis, aber Sie hatten keine Richtung vorgegeben, die sich über das Ergebnis hinaus erstreckte. Wenn Ihr Ergebnis dissoziiert ist, schafft dies eine Richtung, so daß Sie über das betreffende Ziel oder Ergebnis hinaus in derselben Richtung weitergehen können.

Dieselbe Regel gilt für Swish-Muster – gegenwärtiger Zustand – assoziiert, zukünftiger erwünschter Zustand – dissoziiert. Gegenwärtiger Zustand assoziiert, erwünschter Zustand dissoziiert.

11. Abriß der Time-Line-Therapie

Möglichkeiten der Anwendung von Time-Line

Es gibt verschiedene Möglichkeiten, Time-Line-Therapie für Veränderungsarbeit zu benutzen. Jeder Weg wird große Auswirkungen auf die Persönlichkeit des Betreffenden haben.

1. **Beseitigung von Erinnerungen:** Nehmen Sie die Erinnerung aus der Time-Line heraus und lassen Sie sie in die Sonne hinein explodieren. Dann ersetzen Sie sie durch eine vorteilhafte Erinnerung.

2. **Veränderung von Ereignissen:** Sie können in ein Ereignis hinein gehen und es verändern. Sie sagen: „Jetzt lassen Sie den Film ablaufen, schauen dabei durch Ihre eigenen Augen, handeln so, wie Sie handeln würden, mit all den neuen Ressourcen, die Sie benötigen." Das ist ein Standardmuster für die Veränderung der persönlichen Geschichte. Aber dann lassen Sie den Betreffenden auch die Gestalt verändern, indem Sie sagen: „... und achten Sie darauf, wie die Veränderung dieses Ereignisses auch andere ähnliche Ereignisse verändert, die sich auf der Time-Line vorher und nachher befinden." Die Leute werden das machen und die Veränderungen vornehmen.

3. **Beseitigung von negativen Gefühlen:** Sie können negative Gefühle wie schlechtes Gewissen, Scham, Angst und Furcht auslöschen. Das Vorgehen sieht so aus, daß man jemanden über seiner Time-Line schweben läßt und ihn dann um 15 Minuten weiter auf die andere Seite des Ereignisses gehen läßt, das ihm das schlechte Gefühl gemacht hat. Dann lassen Sie ihn in Richtung Jetzt schauen und sagen: „Und jetzt, wo ist das Gefühl?" Das Gefühl wird verschwinden. Als Alternative können Sie das Gefühl „vom Haken nehmen" (eine Metapher), aus der rechten unteren Ecke (linken unteren Ecke, wenn er Linkshänder ist), und ihn dann aus dem Bild heraustreten lassen – heraustreten, damit er sich selbst im Bild sehen kann. Dies wird bewirken, daß er von seinen Gefühlen dissoziiert ist.

4. **Phobie-Modell:** Was bewirkt das Phobie-Modell? Wenn Sie es oft genug ablaufen lassen, zerstört das Phobie-Modell die Erinnerung. Bei diesem Modell lassen Sie einen Film mit hoher Geschwindigkeit dissoziiert und schwarz-weiß ablaufen bis zu dem Punkt der stärksten Gefühle oder bis zum Schluß, dann halten Sie das Bild an, lassen es völlig weiß werden oder schwärzen es. Dann drehen Sie bei dem weißen Bild die Helligkeit herunter (lassen Sie es wieder um so viel dunkler wer-

den, bis Sie sehen können), assoziieren in es hinein, lassen das Ganze rückwärts in Farbe ablaufen. Das ist das Phobie-Modell. Wenn Sie es oft genug ablaufen lassen, wird es die Erinnerung zerstören. Sie können auch nachhelfen, indem Sie die passenden Suggestionen geben. Das Phobie-Modell habe ich bisher maximal 15 Mal ablaufen lassen müssen. Das geschah bei einer sehr starken Phobie. Als wir das 15 Mal hatten ablaufen lassen, war die Erinnerung zerstört. Beim Phobie-Modell beginnt es damit, daß bei den ersten drei oder vier Malen die Unterschiede sich verwischen. Das bewirkt, daß die Person sehr viel weniger Gefühle in bezug auf die Erinnerung hat. Nach drei oder vier Malen hat sie immer noch die Erinnerung, aber sie wird verwaschener oder weniger genau sein.

5. **Unwiderstehliche Zukunft:** Es gibt bei Time-Line-Therapie Wege, die Zukunft so zu verändern, daß sie attraktiver wird. Ich kenne keine Gründe dafür, eine Erinnerung attraktiver machen zu wollen. Sie können zukünftige Ereignisse so verändern, daß sie attraktiver werden. (Siehe: „Die Programmierung Ihrer Zukunft auf der Time-Line.")

6. **Veränderung der Richtung der Time-Line:** Schließlich können Sie die Art verändern, wie Menschen ihre Zeit organisieren, indem Sie sie von In-Time zu Through-Time verändern oder umgekehrt. Lassen Sie sie einfach über ihrer Time-Line schweben und sagen Sie: „Und jetzt, während Sie zurück hinunter ins Jetzt schweben, drehen Sie einfach Ihre Time-Line um 90 Grad, so daß:
   a. sie sich vollständig vor Ihnen befindet und sich von rechts nach links erstreckt, oder
   b. Ihre Vergangenheit sich hinter Ihnen befindet."

Dies wird jemanden von In-Time nach Through-Time verändern oder umgekehrt.

Schematisches Beispiel für die Anwendung von Gestalten in der Time-Line-Therapie

Time-Line-Therapie ist ein besonders schnelles und effektives Mittel, um Veränderungen hervorzubringen, die mit Erinnerungen (vergangenen und zukünftigen) zu tun haben, einschließlich der Veränderung der persönlichen Geschichte, und sie ist besonders schnell und effektiv bei der Veränderung der Ereigniskette, die eine bestimmte Reihe von unerwünschten Verhaltensweisen oder inneren Zuständen hervorgerufen hat.

1. **Feststellen, ob die Person In-Time oder Through-Time ist.**

2. **Lassen Sie sie über ihrer Time-Line schweben.**

3. **Stellen Sie die Submodalitäten fest und sorgen Sie dafür, daß der Klient erlebt, daß die Submodalitäten für Vergangenheit, Gegenwart und Zukunft dieselben sind.** Wenn sie nicht dieselben sind, verändern Sie die Submodalitäten, damit sie die gleiche Helligkeit und annähernd die gleiche Farbe haben, oder die Zukunft kann geringfügig heller sein als die Vergangenheit.

4. **Lassen Sie sie in die Vergangenheit zurückgehen und die frühest unerwünschte Erfahrung in der Kette aufsuchen, die sie finden können.** (Wenn Sie einen Visual Squash benutzen, wie zum Beispiel Robert Dilts' Integrationsmodell, lassen Sie das den neuen Teil machen.)

5. **Lassen Sie sie das Gelernte bewahren, indem Sie sagen:** „Bevor wir jetzt diese Erinnerungen verändern, bewahren Sie bitte diese Lernerfahrungen an dem besonderen Platz auf, den Sie für solche Lernerfahrungen reserviert haben."

6. **Verändern Sie die Erinnerung, indem Sie das Schuld/Angst-Modell, das Modell „Veränderung der persönlichen Geschichte" oder Phobie-Modell anwenden, oder lassen Sie sie die Erinnerung einfach entfernen.** Wenn Sie das Phobie-Modell anwenden, bitten Sie die Person, das Schema solange ablaufen zu lassen, bis die Erinnerung zerstört ist. Sagen Sie: „Ich möchte, daß Sie das ablaufen lassen, bis Sie die Erinnerung nicht mehr hervorholen können."

7. Wenn Sie irgendwelche Erinnerungen beseitigt haben, **ersetzen Sie** die entfernten Erinnerungen durch solche, die angenehm sind, indem Sie Swish-Muster oder Filme verwenden.

8. **Machen Sie weiter mit Schritt 4-6** und benutzen Sie die früheste zugängliche Erinnerung, bis unerwünschte Erinnerung, Zustand oder Verhalten nicht mehr zugänglich sind.

9. **Lassen Sie sie zurück in ihre Time-Line schweben und ins Jetzt** zurückkommen.

10. **Future-Pace und Test...** (Lassen Sie sie in die Zukunft gehen und zum Jetzt zurückschauen. Ökologischer Test.)

III. Meta-Programme

12. Einführung in Meta-Programme

Meta-Programme stellen die am meisten unbewußten Filter unserer Wahrnehmung dar. Im Gegensatz zu Erinnerungen, die bewußt oder unbewußt sein können, sind Meta-Programme völlig unbewußt. Trotzdem sind sie einflußreiche Determinanten unserer Persönlichkeit. C.G. Jung[*] war der Ansicht, er könne vorhersagen, welchen von sechzehn Persönlichkeitstypen jemand darstellte, nur indem er vier der grundlegendsten Meta-Programme kannte.

Zusammenfassung

Wir haben seit einer Reihe von Jahren Meta-Programme im Bereich des Geschäftslebens benutzt, um Verhalten zu messen und vorherzusagen.

Während dieser Zeit haben wir ein vollständiges System zur Erstellung von Persönlichkeitsprofilen entwickelt, das von allen Rentabilitäts-Beratungsbüros in den ganzen USA benutzt wird. Der Werte- und Metaprogramme-Fragebogen, die „MPVI" (Meta-Programs and Values Inventory)-Analyse stellt ein Modell dar, das Ihnen ermöglicht, die Denkprozesse Ihres Klienten oder Kollegen schnell zu ermitteln und dadurch sein Verhalten oder seine Handlungen vorherzusagen. Der MPVI™ kann mittels eines Interviews ermittelt werden. Mit dem MPVI™ steht Ihnen ein vernünftiges System zur Verfügung, mit dessen Hilfe Sie die Handlungen einer Person vorhersagen können. Der MPVI™ wird in diesem Kapitel ausführlich erklärt; die nächsten beiden Kapitel werden jede Kategorie illustrieren und erklären.

---

[*] *Jung, C.G.,* Psychologische Typen, Ges. Werke VI, Walter, Olten 1978. war der Ansicht

Der MPVI™

Sie werden sich erinnern, daß wir eine innere Repräsentation der Ereignisse in unserem Leben dadurch gestalten, daß wir die durch unsere fünf Sinne aufgenommene Information filtern. Dieser Filterungsvorgang verzerrt, tilgt und verallgemeinert die Information, damit wir nicht die sieben (plus oder minus zwei) Informationseinheiten (chunks) übersteigen, die unserem Bewußtsein zugänglich sind.[*] Die Art, wie wir filtern, ergibt sich aus Meta-Programmen, Werten, Glaubenssystemen, Entscheidungen und Erinnerungen.

Das Kommunikationsmodell

Der MPVI™ ist Teil eines Kommunikationsmodells, das sowohl Kommunikation mit dem Inneren (Selbstgespräch) als auch Kommunikation mit der Außenwelt einschließt. Wir verzerren, tilgen und verallgemeinern Information, weil das Bewußtsein nur einer bestimmten Anzahl von Einzelinformationen gleichzeitig Beachtung schenken kann. Meta-Programme und Werte bestimmen, wie wir die Welt sehen, und sie legen sowohl fest, wie wir die durch unsere Sinne hereinkommende Information verzerren, tilgen und verallgemeinern, als auch, wie wir Zugang zu unseren archivierten Erinnerungen bekommen und worauf wir unsere Aufmerksamkeit richten, wenn wir darauf zurückgreifen. Sie stellen nur einen der Filter dar, die wir benutzen.

Filter

Meta-Programme stellen eins der internen Programme oder Filter dar, die wir unbewußt benutzen, um zu entscheiden, welchen Dingen wir Aufmerksamkeit schenken. (Manchmal werden Meta-Programm-Kategorien auch „Auswahl"-oder „Sort"-Kategorien genannt. „Sort" ist ein Begriff, der in der Arbeit mit Computern gebraucht wird und im wesentlichen beschreibt, wie der Computer bestimmte Informationen organisiert hat.) Mit ihrer Hilfe formulieren wir im Lauf der Zeit Verallgemeinerungen, halten sie aufrecht oder entkräften sie. Durch sie bringen wir Verallgemeinerungen hervor, schaffen uns ein Gefühl von Geschlossenheit und Übereinstimmung und halten das längere Zeit lang aufrecht. Meta-

---

[*] *Jung, C.G.*, Psychologische Typen, Ges. Werke VI, Walter, Olten 1978

Programme verleihen unseren Erfahrungen Qualität, und sie stellen die Muster dar, die unser Interesse und unsere Aufmerksamkeit bestimmen. Sie verleihen unserer Erfahrung Kontinuität und gehören zu den Grundsteinen unserer Persönlichkeit. Sie sind tief in unserem Unbewußten verborgen. Meta-Programme sind Kategorien, die interne Muster beschreiben, und wie alle NLP-Muster verändern sie sich mit der Zeit und abhängig vom jeweiligen Kontext. Unsere Anwendung von Meta-Programmen resultiert aus unserem jeweiligen Gefühlszustand. Das heißt, sie können unterschiedlich angewendet werden, je nach Zustand der betroffenen Person, dem Kontext, in dem sie handelt, und abhängig von dem Grad von Streß, den jemand empfindet. In einem Ressource-Zustand benutzen Leute Meta-Programme anders als in einem ressourcearmen Zustand. Meta-Programme sind außerdem unabhängig von der betreffenden Kultur, obwohl der Anteil von Leuten in einer bestimmten Kategorie von Kultur zu Kultur unterschiedlich sein kann (wie zum Beispiel beim Beziehungs-Filter).

Voraussagen und Einschränkungen

Die Kenntnis der Meta-Programme einer bestimmten Person kann Ihnen helfen, deren Handlungen ziemlich genau vorherzusagen, und wir präsentieren diese Kategorien mit der Einschränkung, daß es nicht „den richtigen Weg" gibt, wie man zu sein hat oder Information filtert. Es ist nicht so, daß der Gebrauch des einen Musters richtig und der des anderen falsch ist. Manche Muster sind in einem bestimmten Kontext nützlicher als andere. Das Modell ist deshalb nützlich. Die Meta-Programme werden hier nicht präsentiert, um Ihnen, dem Leser, zu ermöglichen, Leute in kleine Schubladen zu stecken. Das widerstrebt uns. Benutzen Sie sie, um das Leben anderer Leute einschließlich Ihrem eigenen zu verbessern.

Es ist auch wichtig, im Hinblick auf Verhalten eine grundsätzliche Unterscheidung zu treffen: Menschen sind NICHT ihr Verhalten. Menschen HABEN Verhalten, und wir sind der Meinung, daß sie immer ihr Bestes tun mit den Ressourcen, die ihnen zur Verfügung stehen. Menschen tragen alle Ressourcen in sich, die sie für die Veränderungen benötigen, die sie vornehmen wollen. Was sie brauchen, sind lediglich neue Information oder andere Strategien, die ihnen bei Veränderungen behilflich sind. Bloß weil Sie etwas „durcheinanderbringen", bedeutet nicht, daß Sie „durcheinander" SIND. Wir können das verändern. Mit Hilfe dieses Modells können wir jemanden dabei unterstützen, seine Meta-Programme zu verändern und zu verbessern.

Bedenken Sie auch, daß die höchste Qualität von Information die verhaltensmäßige ist. Das bedeutet, daß Sie, während Sie die Fragen zur Feststellung der Meta-Programme einer Person stellen, gleichzeitig auch das Verhalten Ihres Klienten beobachten. Achten Sie darauf, ob es seiner verbalen Antwort widerspricht. Wenn sich ein Widerspruch findet, verlassen Sie sich auf das non-verbale Verhalten. Nachdem Sie eine vorläufige Bewertung einer Person vorgenommen haben, sollten Sie dies immer wieder überprüfen. Selbst wenn Sie die Meta-Programme einer Person kennen, können Sie weiterhin die Augen offenhalten.

Die komplexen Meta-Programme wurden ursprünglich von Richard Bandler entwickelt und später von Rodger Bailey erweitert.

13. Die einfachen Meta-Programme

Sigmund Freud war in der Geschichte der Psychologie einer derjenigen, die sich mit der Feststellung der Elemente beschäftigten, die die Grundlage der Persönlichkeit darstellen. Freud hatte zwei große Schüler – Jung und Adler. Die Grundlage der Meta-Programme stützt sich weitgehend auf die Arbeit von C.G. Jung, wie sie in seinem Buch „Psychologische Typen" von 1923 beschrieben sind. Jung befaßte sich mit der Zuordnung einer Person zu bestimmten Typen, um die Persönlichkeit und damit auch das Verhalten vorhersagen zu können. Jungs Werk wurde später von Isabel Briggs Myers fortgesetzt, die es für die Erstellung des „Myers-Briggs-Type-Indicator" benutzte, das heutzutage im Geschäftsleben und der Verwaltung am weitesten verbreitete psychologische Persönlichkeitsprofilsystem.

In beiden Fällen war der zugrundeliegende Wunsch, herauszufinden, aus welchen Elementen sich die Persönlichkeit eines Menschen zusammensetzt. Interessanterweise passen die Modelle von Jung und Myers recht gut in das NLP-Modell. Tatsächlich sieht es so aus, daß ihr Werk mit dem Persönlichkeitsmodell des NLP völlig übereinstimmt.

Im NLP beschäftigen wir uns mit den „Inneren Prozessen", „Inneren Zuständen" und „Äußerem Verhalten":

Innere Prozesse stellen die von uns benutzten inneren Verarbeitungs- strategien dar, im wesentlichen das „Wie" – wie wir tun, was wir tun.

Innere Zustände sind die Gefühlszustände, die ein Individuum erlebt und die das „Warum" bewirken – warum wir tun, was wir tun. Äußeres Verhalten stellt das „Was" dar – was das Zusammenwirken von Inneren Prozessen und Inneren Zuständen hervorbringt. Dieses Modell ist im wesentlichen das gleiche wie das Modell, das in der Einführung vorgestellt wurde. Es bietet nur eine andere Sichtweise. Diese Drei stellen im wesentlichen das Gebiet dar, das von NLP bearbeitet wird. Wir verändern das „äußere Verhalten" einer Person, indem wir ihre Physiologie verändern. Wir ändern ihre „inneren Prozesse" durch die Arbeit an Strategien. „Innere Zustände" werden beeinflußt durch die Veränderung der Filter und durch Ankern. Unser Modell beinhaltet noch eine weitere Unterscheidung – Menschen sind durch das Speichern von Zeit beeinflußt, was wiederum bestimmt, ob sie sich Veränderungen ohne weiteres anpassen oder ob sie sich gegen Veränderungen sträuben. Wir nennen dies die „Adaptive Reaktion", die das „Was, wenn" beinhaltet – was, wenn ein Ereignis auftritt, und was, wenn nicht.

Interessanterweise stimmen die ersten drei Elemente direkt überein mit den Unterscheidungen bezüglich der Persönlichkeit in Jungs Werk – Introvertierter

Das NLP-Veränderungsmodell

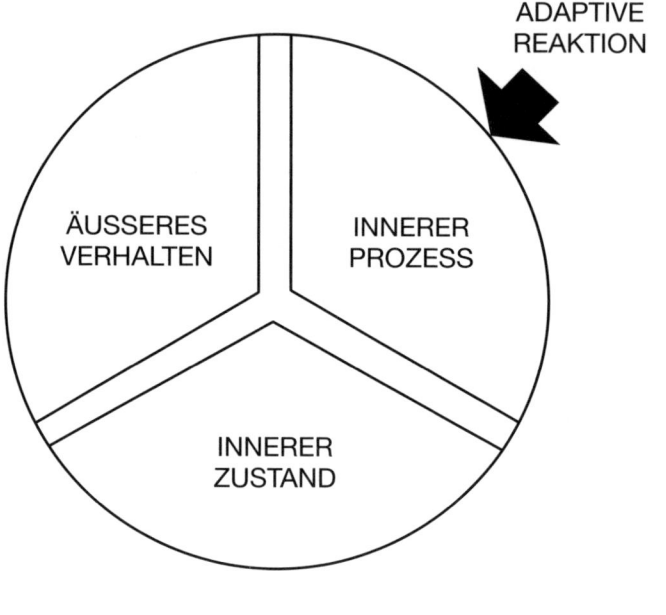

Typus/Extravertierter Typus, Empfindungstypus /intuitiver Typus und Denkty-pus/Fühltypus. Das vierte Element wird in Jungs Werk impliziert, und in Isabel Briggs Myers' Arbeit erscheint es als die Beurteiler/Wahrnehmer-Präferenz. Diese Filtervorgänge bilden vier einfache Meta-Programme. Es könnte auch sein, daß diese vier „Grundlegenden Meta-Programme" durch ihr Zusammenspiel die an-deren 16-24 „Komplexen Meta-Programme" bilden. Auch wenn diese Annahme bisher nicht bewiesen ist, haben wir entdeckt, daß manche der „Komplexen Me-ta-Programme" tatsächlich aus der Interaktion zweier oder dreier einfacher Me-ta-Programme hervorgehen. Die Kenntnis dieser Hauptfilter kann Ihnen daher eine Grundlage für die Veränderung „Komplexer Meta-Programme" bieten.

Eine Präferenz für irgendeine dieser Kategorien (Kategorie in diesem Zusam-menhang bedeutet zum Beispiel die Kategorien Introvertierter Typus/Extraver-tierter Typus in dem Meta-Programm „Äußeres Verhalten") aus jedem dieser vier „Einfachen Meta-Programme" bedeutet wirklich nur eine Präferenz. Wir bewegen uns in unseren täglichen Aktivitäten oft durch die ganze Bandbreite jeder dieser Kategorien von beschriebenen Meta-Programmen. Ebenso verwenden wir diese Filter je nach Kontext unterschiedlich. Wenn man also nur eine Frage benutzt, um diese vier grundlegenden Meta-Programme herauszuarbeiten, ist das vielleicht für das Erkennen der Präferenzen einer Person nicht so genau, als wenn man mehrere Fragen stellt. Das Myers-Briggs-Inventar benutzt zum Beispiel ungefähr 25 Fra-gen, um jede der vier Präferenzen festzustellen, und es ist sicher viel genauer.

1. Äußeres Verhalten: Introvertierter Typus/ Extravertierter Typus

Das äußere Verhalten wird von der grundsätzlichen Frage bestimmt, ob jemand ein introvertierter oder extravertierter Mensch ist. Von Jung wurde dies als Einstel-lungspräferenz beschrieben. Die durch diese Beschreibung beantwortete Frage lautet: „Welche Einstellung zur Welt um Sie herum wird durch Ihr Verhalten aus-gedrückt?" Wenn man es mit dem „Myers-Briggs-Type-Indicator" mißt, gibt es rund 25 Fragen, die für die Feststellung benutzt werden, ob jemand introvertiert oder extravertiert ist. Natürlich bringt das Stellen von 25 Fragen genauere Ergeb-nisse als nur eine Frage; deshalb empfiehlt es sich, auch das Verhalten der Person zu beobachten, nachdem Sie ihre Zuordnung vorläufig postuliert haben.

Frage:
„Wenn Sie mal wieder auftanken müssen, sind Sie dann lieber allein oder unter Menschen?"

A) Introvertierter Typus:

Ein introvertierter Mensch zieht es vor, allein zu sein; er zieht die innere Welt der Gedanken und Ideen der äußeren Welt der Menschen und Dinge vor. Mit Hilfe der obigen Frage kann man normalerweise einen Introvertierten von einem Extravertierten unterscheiden. Obwohl manche Introvertierte lernen können, ihr Schneckenhaus zu verlassen und mit anderen Leuten gut zurechtzukommen, ziehen sie doch vor, allein zu sein, wenn sie auftanken wollen.

Introvertierte stellen ungefähr 25 % der Bevölkerung dar. Als Introvertierter ist so jemand mehr an der inneren Welt der Konzepte und Ideen interessiert als an der äußeren Welt der Handlungen, Gegenstände und Menschen. Ihn interessiert eher, wie jene Idee, Person oder Gegenstand die Überzeugungen von jemandem beeinflussen. Er wird über eine größere Tiefe der Konzentration verfügen (im Gegensatz zu Breite der Interessen). Introvertierte betrachten Extravertierte als oberflächlich und nicht wirklich aufrichtig. Introvertierte nennen einen bestimmten Raum oder ein Gebiet ihr eigen. Ein Introvertierter ist typischerweise „einsam in der Menschenmenge". Selbst auf einer Party kann ein Introvertierter einsam sein. (Wohingegen ein Extravertierter sagt: „Sieh doch all' diese Leute an. Wie kannst du da einsam sein?")

Introvertierte neigen dazu:
- wenige Freunde zu haben und mit ihnen tiefere Beziehungen zu suchen
- bei sich selbst nach Gründen zu suchen
- vor dem Handeln nachzudenken
- selbstversorgend zu sein
- gerne alleine zu arbeiten
- weniger sorglos zu sein
- eher Einzelgänger zu sein
- ästhetische Werte zu schätzen
- bei einem Begabungstest gut abzuschneiden
- gerne mit Konzepten und Ideen umzugehen.

Introvertierte ziehen gewöhnlich folgende Berufe vor:

- Mathematiker
- Ingenieur
- Zahnarzt
- Künstler
- Schriftsteller
- Drucker
- Bauer
- Zimmermann
- technische Berufe
- kreativer Architekt
- wissenschaftliche Berufe
- kreativer wissenschaftlicher Forscher

B) Extravertierter Typus:

Ein Extravertierter zieht die äußere Welt der Menschen und Dinge der inneren Welt der Gedanken und Ideen vor. Wenn sie mal wieder auftanken müssen, wollen Extravertierte mit anderen Menschen zusammen sein.

Extravertierte stellen den Großteil der Menschen in den Vereinigten Staaten dar. Sie machen 75% der Bevölkerung aus. Ein Extravertierter interessiert sich gewöhnlich mehr für die äußerliche Welt der Handlungen, Gegenstände und Menschen als für die innere Welt der Konzepte und Gedanken. Ihn interessiert mehr, wie die Idee, Person oder der Gegenstand andere beeinflußt. Extravertierte haben ein größeres Interessenspektrum (im Gegensatz zu Tiefe der Konzentration). Sie ziehen die Interaktion mit anderen Menschen vor sowie eine Bandbreite von Freundschaften. Extravertierte lieben Interaktion, während Introvertierte Konzentration bevorzugen.

Extravertierte neigen dazu:
- viele Freunde zu haben ohne tiefgehende Beziehungen
- zu ihnen
- gesellig zu sein
- in ihrer Umgebung nach Gründen zu suchen
- stabil zu sein
- unbekümmert zu sein
- abenteuerlustig zu sein
- es zu mögen, wenn was los ist
- gesprächig zu sein
- sich in neue Situationen hineinzubegeben
- gerne unter Menschen zu sein
- impulsiv zu sein
- kontaktfreudig zu sein
- sozial anpassungsfähig zu sein

- über Ich-Stärke zu verfügen
- Interaktion zu mögen

Extravertierte ziehen gewöhnlich folgende Berufe vor:
- Verkäufer
- Personalleiter
- Sozialarbeiter
- Sportdirektor
- Beschäftigter in der öffentlichen Verwaltung

Einige der komplexen Meta-Programme, die mit der Kategorie Introvertierter Typus/Extravertierter Typus des „Äußeren Verhaltens" direkt verwandt sind, lauten: „Richtung der Aufmerksamkeit" und „Bezugsrahmen". Weniger ausgeprägt sind „Handlungsniveau", „Arbeitsstil" und „Bevorzugter Filter".

2. Innere Prozesse: Intuitiver Typus/Empfindungstypus

Innere Prozesse oder Strategien hängen direkt mit dem Grad unserer Aufmerksamkeit zusammen und damit, worauf wir diese richten. Wie in Dilts et al. „Strukturen subjektiver Erfahrung" beschrieben, laufen alle Teile des Viertupels V, A, K, O (Visuell, Auditiv, Kinästhetisch, Olfaktorisch-Gustatorisch) ab, auch wenn eine Person in einem bestimmten Moment eins von ihnen bevorzugt. Deshalb (und wir geben zu, daß das vielleicht ein bißchen weit geht) hängt der Grad der Aufmerksamkeit davon ab, wie eine Person auf der Bandbreite von abstrakt bis spezifisch „chunkt". (Siehe „Hierarchie der Ideen", S. 186 ff.). Das funktioniert so: Bei einer bestimmten Strategie hängt die bevorzugte und im Vordergrund stehende Modalität zum jeweiligen Zeitpunkt davon ab, worauf Sie Ihre Aufmerksamkeit richten. Da jede Modalität (visuell, auditiv, kinästhetisch, usw.) unterschiedliche Mengen an Information übermittelt, werden unsere inneren Prozesse von der Ebene des Chunkens bestimmt. Wenn der Myers-Briggs-Type-Indicator auf Empfindungstypus/Intuitiver Typus testet, sucht er nach der „Chunk"-Größe (chunk size).

Das führt uns zu der Frage:

„Wenn Sie einen Gegenstand untersuchen sollten, wären Sie dann eher einzig an den Fakten und ihrer Anwendung im Moment interessiert, oder würden Sie sich mehr für die Ideen und die Beziehungen der Fakten untereinander interessieren und für ihre Anwendung in der Zukunft?"

94

A) Intuitiver Typus:

Ein intuitiver Typus zieht es gewöhnlich vor, die Möglichkeiten, die Beziehungen und die Bedeutung seiner Erfahrungen wahrzunehmen (im Gegensatz zu unmittelbaren Fakten und den Erfahrungen selbst). Intuitive Typen stellen nur 25 % der Bevölkerung dar. Sie interessiert vornehmlich eher das abstrakte Gesamtbild als das spezifische Detail. Der intuitive Typus ist am meisten an der Zukunft interessiert und daran, Möglichkeiten zu begreifen. Der intuitive Typus ist so von Beziehungen angetan, daß er sogar sensorische Informationen, die momentan hereinkommen, außer Acht läßt. Er läßt sie möglicherweise soweit unbeachtet, daß er nicht mehr bemerkt, was gerade passiert. Intuitive Typen beschreiben sich selbst als einfallsreich und genial, und den Empfindungstypus beschreiben sie als zu sehr am Detail klebend.

Intuitive Typen neigen dazu:
- eine positive Haltung gegenüber Veränderung zu haben
- neue Möglichkeiten zu schätzen
- Komplexität gegenüber tolerant zu sein
- ästhetisch und theoretisch zu sein
- offen gehaltene Anweisungen zu mögen
- Autonomie zu schätzen
- in komplexen Situationen nach typischen Mustern zu suchen
- Arbeit auf symbolischem oder abstraktem Niveau vorzuziehen
- direkt proportional zum Ausmaß ihres Skalenwertes als intuitiver Typus kreativer zu sein
- in mechanischen/Bürojobs öfter die Stelle zu wechseln
- eher zum Vergnügen zu lesen als Empfindungstypen

Intuitive Typen ergreifen vorzugsweise folgende Berufe:
- wissenschaftlicher Forscher
- Schriftsteller
- Psychologe
- Pfarrer
- Chemiker
- Architekt
- Mathematiker
- Musiker
- Physiker

Was Zeit anbetrifft, sind intuitive Typen meist Dichter, Träumer oder Visionäre. Sie sind die Träumer. Sie träumen von einer Welt, wie sie sie in Zukunft gerne hätten, und dann bewegen sie sich auf diesen Traum zu. Sie versuchen ständig, Heute in etwas zu verwandeln, das sie für Morgen anvisieren. Diese Art der Inspiration für die Zukunft geht dem Empfindungstypus oft ab, welcher sich meist im Jetzt befindet.

Intuitive Typen haben allerdings keine Geduld für die eigentliche Arbeit daran, „dorthin zu gelangen", weil sie sich dann noch weiter in der Zukunft befinden und sich neue Pläne einfallen lassen.

Und was ist Intuition? Es ist einfach die Fähigkeit, (1) sich auf höhere Abstraktionsniveaus des Denkens zu bewegen, (2) die Beziehungen zwischen Ideen zu finden, sich dann (3) auf ein Niveau größerer Spezifität und detaillierteren Denkens zu bewegen und (4) dies in Beziehung zu der augenblicklichen Situation zu setzen. Das ist der Prozeß. Natürlich ergeben manche Intuitionen Sinn und andere nicht. Ihnen ist vielleicht schon aufgefallen, daß manche intuitive Typen überhaupt nichts Sinnvolles hervorbringen, und wenn doch, dann ist ihre Botschaft tief in Ihrer Betrachtung darüber verborgen.

Haben Sie übrigens jemals etwas von Marshall McLuhan gelesen? Ich habe McLuhan in den 60er Jahren gelesen. Er galt als einer der weltbesten Kommunikationstheoretiker und prägte den Ausspruch: „Das Medium ist die Botschaft". (The medium is the message.) McLuhan zu lesen ging wirklich tief. Ich pflegte einen Satz zu lesen, dann wegzugehen und ein Jahr darüber nachzudenken. Das ist ein intuitiver Typus! Buckminster Fuller ist ein weiterer intuitiver Typus. Wenn Sie seine Schriften gelesen haben, müssen Sie sich in den Weltraum begeben und eine Weile nachdenken! Um es vorsichtig zu sagen, die beiden schrieben sehr abstrakt. Die Trennlinie zwischen intuitivem und Empfindungstypus – letzterer ist der genauere und spezifischere von beiden – hat zu tun mit: „Schreiben (sprechen oder denken) sie abstrakt oder spezifisch?"

B) Empfindungstypus:

Empfindungstypen sind in der Überzahl (ebenso wie Extravertierte) und stellen 75 % der Bevölkerung dar. Ein Empfindungstypus nimmt vorzugsweise die unmittelbaren, realen, praktischen Tatsachen der Erfahrung und des Lebens wahr (im Gegensatz zu dem Verhältnis der Ideen untereinander). Solche Menschen interessieren sich mehr für das Konkrete als für das Abstrakte. Der Empfindungstypus stützt sich auf Fakten und ist vornehmlich daran interessiert, das „Jetzt" zu erleben. Tatsächlich geht er so in der sinnlichen Erfahrung des Jetzt auf, daß er dazu neigt, „Ahnungen" zu mißachten. Empfindungstypen denken, sie seien realistisch und „mit beiden Beinen am Boden". Sie bezeichnen intuitive Typen als Gedankenspieler und glauben, daß sie in Luftschlössern leben. (Der durchschnittliche amerikanische Geschäftsmann ist ein Empfindungstypus, der durchschnittliche

96

NLP-Practitioner ist ein intuitiver Typus. Darauf beruhen die Kommunikationsprobleme zwischen NLPlern und Geschäftsleuten.)

Empfindungstypen neigen dazu:
) sachlich zu sein
) solide und realistisch zu sein
) mittels visueller Hilfen zu lernen
) Ordnung zu benötigen
) sich für Wirtschaft zu interessieren
) schlau zu sein
) praktische Anwendungsmöglichkeiten vorzuziehen
) Autorität und Arbeit wertzuschätzen
) praktische Perspektiven zu haben
) in mechanischen Jobs bleiben Empfindungstypen länger als intuitive Typen
) einverstanden zu sein, Richtungen einzuschlagen, die sich auf definierte Ziele
  hinbewegen

Empfindungstypen ergreifen vorzugsweise folgende Berufe:
) Geschäftsleben   ) Büromanagement
) Verwaltung   ) Bankgewerbe
) Produktion   ) Tiermedizin
) Verkauf   ) Landwirtschaft
) biologische Wissenschaften) Polizeiarbeit
) Technologie

Was Zeit anbetrifft, befinden sich Empfindungstypen im Jetzt. Sie haben oft ein kurzes Gedächtnis und geringe Fähigkeiten, in die Zukunft zu schauen. Manche sind notorisch schlechte Planer. Da sie ganz im „Jetzt" verstrickt sind, befassen sie sich gewöhnlich mit den Ereignissen, die sich im Moment abspielen. Sie können oft schnell Entscheidungen treffen und sind in der Lage, auf die Ereignisse zu reagieren, die sich gerade abspielen. Häufig voll Energie und aktiv, wollen Empfindungstypen anregende Erfahrungen im Jetzt.

Zur Zeit gebräuchliche Intelligenztests in den USA begünstigen meist die intuitiven Typen, da ein Empfindungstypus alle Antworten auf eine bestimmte Frage im Test gegeneinander abwägen muß, während ein intuitiver Typ oft mit einem Blick erfassen kann, welches die richtige Antwort ist. Bei dem Myers-Briggs-Test besteht daher häufig eine direkte Korrelation zwischen dem Ergebnis des Einzelnen auf der Skala des intuitiven Typus und seinem Intelligenzgrad.

Eine Reihe komplexer Meta-Programme stehen in Beziehung zu dem inneren Prozeß: Chunk-Größe, Beziehung und Richtung, neben anderen.

3. Innerer Zustand: Denktypus (dissoziiert)/ Fühltypus (assoziiert)

Die Fähigkeit, Zugang zu einem bestimmten „Inneren Zustand" zu bekommen, hängt von der Frage ab, ob die Person assoziiert oder dissoziiert ist. Denken Sie daran, daß jemand assoziiert sein muß, wenn Sie ihm helfen, Zugang zu einem bestimmten Zustand zu bekommen. Wenn Sie jemandem dabei behilflich sein wollen, einen vollständig assoziierten Zustand zugänglich zu machen, hilft es, wenn man sagt: „Können Sie sich an eine Zeit erinnern, als Sie motiviert waren (oder irgendeinen anderen Zustand, den Sie zugänglich machen wollen)? Können Sie eine bestimmte Zeit erinnern? Während Sie diese Zeit erinnern, können Sie dabei in Ihren Körper hineinschlüpfen und sehen, was Sie damals sahen, hören, was Sie hörten und was Sie zu sich selbst sagten, und spüren, wie es sich anfühlt, motiviert zu sein?"

Diese Art von Sprache erlaubt es Ihrem Klienten, leichter in einen bestimmten Zustand zu geraten, weil er assoziiert wird. (Wenn es um ein Bild geht, heißt das, Sie schauen durch Ihre eigenen Augen.) Der Schlüssel, um jemanden in einen bestimmten Zustand gehen zu lassen, liegt also darin, ihn assoziieren zu lassen. Manchen Leuten fällt es leicht, in einen Zustand hineinzugehen (sie ziehen es vor, assoziiert zu sein), und manche finden es nicht so einfach (sie bevorzugen es, dissoziiert zu sein). Der „Innere Zustand" ist daher eine Funktion dessen, ob jemand assoziiert oder dissoziiert ist. Diese Funktion ändert sich häufig und je nach Kontext. Mit der Zeit jedoch zieht ein Mensch „assoziiert" oder „dissoziiert" als primäre Handlungsweise vor. Jemand, der dazu neigt, „auditiv digital" zu bevorzugen, ist im allgemeinen eher dissoziiert und wird „Denktypus" genannt. Jemand, der dazu neigt, „kinästhetisch" (intern) zu bevorzugen, ist eher assoziiert und wird „Fühltypus" genannt. (Bei diesem speziellen Meta-Programm geht es nicht darum, welches Repräsentationssystem jemand bevorzugt.)

Frage:
Obwohl das Myers-Briggs-Programm ungefähr 25 Fragen benutzt, um diesen Filter zu bestimmen, können Sie eine von drei Fragen stellen, um eine grobe Vorstellung zu bekommen. (1) **„Können Sie sich an eine Arbeitssituation erinnern, die Ihnen Schwierigkeiten bereitete (ein einmaliges Ereignis)?"** (2) **„Können Sie**

sich an eine Situation bei der Arbeit erinnern, in der Sie am glücklichsten waren?" Wenn Sie Frage 1 oder 2 benutzen, achten Sie, nachdem Sie die Frage gestellt haben, darauf, ob Ihr Klient das kinästhetische Repräsentationssystem benutzt (mit seinen Augen). Die Dauer des kinästhetischen Zugangs gibt Aufschluß über das Ausmaß des „Fühlens" auf einer Skala von „Denken" (dissoziiert) – „Fühlen" (assoziiert). (Wenn Sie einmal „Denken" und „Fühlen" festgelegt haben, ist es auch interessant, darauf zu achten, welche der guten oder schlechten Erinnerungen Ihres Klienten assoziiert oder dissoziiert sind.) Als Alternative können Sie auch eine andere Frage stellen: (3) **„Wenn Sie eine Entscheidung fällen, verlassen Sie sich dann mehr auf unpersönliche Vernunft und Logik oder mehr auf persönliche Wertvorstellungen?"**

A) Denktypus:

Denktypen sind „dissoziiert" und stellen 50% der Bevölkerung dar. (Fünfundvierzig Prozent der Frauen und 55% der Männer sind Denktypen). Ein Denktypus trifft Bewertungen und Entscheidungen objektiv und unpersönlich und zieht sowohl die Ursachen von Ereignissen in Betracht als auch die Frage, wohin Entscheidungen möglicherweise führen. Bei Beurteilungen stützen sich Denktypen auf bestimmte Kriterien und tun dies auf unpersönliche Weise. Sie glauben an Prinzipien, Grundsätze und Gesetze. Der Denktyp, als rationaler Mensch, zieht dabei nicht in Betracht, wie Entscheidungen sich auf andere Leute auswirken. Der Denktyp ist „zeitlos", d.h., Zeit ist für einen Denktyp oft nicht von Bedeutung. Der „vernünftig denkende Mann" ist die Quelle der westlichen Wissenschaft. Dies stellt die Grundlage des Verkaufsausbildungssystems der Firma Xerox dar, welches annimmt, daß der Mensch ein vernünftiges Wesen ist. Xerox ist der Meinung, daß alle Entscheidungen rational und logisch getroffen werden.

Denktypen neigen dazu:
▶ gegenüber religiöser Orthodoxie skeptisch zu sein
▶ eine theoretische Ausrichtung zu haben
▶ im Hinblick auf mechanische Fähigkeiten zu glänzen
▶ experimentierfreudig zu sein
▶ am besten durch Vorträge zu lernen
▶ bei Prüfungen gut abzuschneiden
▶ Ordnung, Autonomie, Dominanz, Leistung, Ausdauer zu benötigen

Denktypen bevorzugen meist folgende Berufe:

- Jura
- Politik
- Physik und Biologie
- mechanische Jobs

- Medizin
- Zahnmedizin
- Geschäftsleben
- verwandte Technologien

Was Zeit anbetrifft, nehmen Denktypen Zeit als eine objektive Tatsache wahr, aber außerhalb von sich selbst. Denktypen können daher in ihrer Betrachtung von Zeit eher auf abstrakte Weise vorgehen. Sie haben jedoch Respekt vor der Zeit. Sie betrachten sie auf dissoziierte Weise als das gesamte Kontinuum von Vergangenheit/Gegenwart/Zukunft (zeitlos), in dem Ereignisse als unpersönliche historische Begebenheiten analysiert werden. Für einen Denktypus ist: „Was geschah wann" wichtiger, als „warum" es passierte. Sie fühlen sich im Umgang mit Fakten gewöhnlich wohl und mögen es oft nicht, wenn sie gebeten werden, Vermutungen anzustellen.

B) Fühltypus:

„Fühltypen" umfassen 50% der Bevölkerung. (Fünfundvierzig Prozent der Männer und 55% der Frauen sind „Fühler".) Ein Fühltypus trifft Entscheidungen und Bewertungen auf subjektive und persönliche Weise, wägt den Wert von Auswahlmöglichkeiten gemäß seinen „vergangenen" Erfahrungen und in bezug darauf ab, wie diese Werte andere betreffen. Als irrationaler Mensch schert der Fühltypus sich möglicherweise nicht um Logik. Das „Wilson-Lernsystem" (Verkaufstraining) geht von der Ansicht aus, daß alle Entscheidungen gefühlsmäßig und nicht-logisch getroffen werden.

Fühltypen neigen dazu:

- geselliger zu sein
- religiöser zu sein
- Versorgung von anderen und Freundschaften hoch zu bewerten
- mehr frei-flottierende Ängste zu haben
- eher zärtlich gestimmt zu sein

Fühltypen bevorzugen meist folgende Berufe:

- Sozialarbeit
- Krankenpflege
- kundenorientierte Berufe

- Pfarramt
- Lehren
- Beratung

Fühltypen sind mit der Vergangenheit assoziiert und nehmen Zeit persönlich. Ereignisse der Vergangenheit beeindrucken sie, und sie denken vielleicht, daß die Vergangenheit realer ist als die Gegenwart oder Zukunft. Sie wünschen sich vielleicht sogar, in der Vergangenheit gelebt zu haben. Die Zukunft ist für sie nicht real, weil weder sie noch irgend jemand, den sie kennen, die Zukunft schon durchlebt haben. Vergangenheit und Gegenwart sind die einzige Realität für sie. Der Fühltypus sagt zu Ihnen: „Das erinnert mich an die Zeit...", wenn er die Vergangenheit mit der Gegenwart verbindet. Metaphern sind bei einem Fühltypus oft recht wirksam (besonders dann, wenn Sie sie in Verbindung mit der Vergangenheit bringen).

Wenn man jemanden vom Fühltyp zu einem Denktyp machen will, muß man ihn einfach im betreffenden Kontext oder in der Situation dissoziieren. Um jemanden vom Denktyp zu einem Fühltyp zu machen, läßt man ihn im Kontext oder in der Situation einfach assoziieren. Ankern und der Gebrauch von Swish-Mustern sind bei dieser Veränderung am wirksamsten.

4. Die adaptive Reaktion: Beurteiler/Wahrnehmer

Die adaptive Reaktion bestimmt, wie Menschen sich an ihre Umgebung anpassen. Geht ein Mensch durchs Leben mit dem Ziel, das Leben zu verstehen und sich ihm anzupassen, oder macht er das auf eine entschiedene, geplante und geordnete Art, die darauf abzielt, Ereignisse zu regeln und zu kontrollieren? Myers-Briggs sagt, daß dieser Filter die Grundlage dafür darstellt, ob jemand darauf abzielt, das Leben zu erleben und sich ihm anzupassen, oder ob er das Leben dazu bringen will, sich ihm anzupassen. Ein Beurteiler hat gewöhnlich Pläne und Listen und hat schon im voraus entschieden, wie was zu sein hat. Ein Beurteiler hat ein starkes Bedürfnis danach, Dinge als abgeschlossen zu erleben. Ein Wahrnehmer neigt eher zur Anpassung und hält sich von Entschlüssen fern. (Dies ähnelt weitgehend dem Sortieren nach „Wahlmöglichkeiten"/Prozeduren, das von manchen NLP-Trainern vermittelt wird. Es entspricht allerdings nicht dem Sortieren nach „Vernunft".)

Frage:
Es besteht meist ein hohes Maß an Übereinstimmung zwischen In-Time und Wahrnehmer und zwischen Through-Time und Beurteiler (siehe Time-Line); d.h., jede Frage, die Sie benutzen, um In-Time oder Through-Time zu eruieren, hilft Ihnen auch, herauszubekommen, ob es sich um Beurteiler oder Wahrnehmer handelt. Wenn man diese Korrelation mittels der Time-Line-Feststellungstechnik

eruiert, kommt man dabei zu einer beträchtlichen Präzision. Es gibt aber noch eine Reihe anderer Fragen, die Sie benutzen können, um diesen Filter zu ermitteln:(1) **„Wenn wir zusammen ein Projekt durchführen wollten, würden Sie es vorziehen, wenn es entworfen, geplant und geordnet wäre, oder hätten Sie es lieber, wenn wir im Projekt flexibler sein könnten?"** (2) **„Haben Sie einen Tagesplaner? Benutzen Sie ihn regelmäßig? Benutzen Sie ihn gerne?"** (3) **„Warum** (nicht wie) **haben Sie Ihr letztes Auto gekauft?"** (Ein Beurteiler gibt Ihnen normalerweise eine Liste chronologisch aufeinanderfolgender Ereignisse, die zum Kauf geführt haben. Ein Wahrnehmer gibt Ihnen ein Liste von Kriterien oder Werten.)

A) Beurteiler:

Beurteiler stellen 50 % der Bevölkerung dar. Ein Beurteiler will sein Leben selbst bestimmen und bevorzugt einen entschiedenen, geplanten und geordneten Lebensstil. Der Beurteiler will wissen, was Mittwoch in einer Woche passiert. Diese Leute haben Dinge gern „geregelt" (Anm. d. Übers.: im Englischen „settled" bedeutet außer erledigt, geregelt auch „angesiedelt"), (das ist tatsächlich ein gutes Wort für einen Beurteiler – „settled"). Diese Leute planen manchmal tatsächlich auf Monate oder Jahre hinaus bis auf die letzte Minute genau. In Situationen, für die sie keinen Plan haben, reagieren sie daher gelegentlich unpassend. Da sie ein großes Bedürfnis danach haben, die Dinge zu einem Abschluß zu bringen, empfinden sie gelegentlich starkes Unbehagen angesichts notwendiger Entscheidungen. Wenn Sie einem Beurteiler sagen: „Ich möchte Ihnen vier Dinge sagen, 1,2,3 ..." und das vierte auslassen, macht es ihm Angst, das vierte nicht zu erfahren. Der Beurteiler fertigt auch gerne Listen an und organisiert seine Angelegenheiten gut. Das sind jene Leute, die diese kleinen Zeitplanbücher mit sich herumtragen, und sie lieben!

Beurteiler neigen dazu:
- entscheidungsfreudig zu sein
- berufliche Interessen zu haben
- schneller beim Treffen von Entscheidungen zu sein
- gerne administrative Fähigkeiten einzusetzen
- „linkshirnig" zu sein

Beurteiler ergreifen vorzugsweise folgende Berufe:
- Berufe der Geschäftswelt
- Schuldirektor
- leitender Manager
- Polizist

102

Der Beurteiler bevorzugt meist „Denken" oder „Fühlen" als den Hauptmodus, wie er die Welt um sich herum erfährt.

B) Wahrnehmer:

Die Hälfte der Bevölkerung sind Wahrnehmer. Ein Wahrnehmer will sein Leben einfach geschehen lassen und zieht es vor, sein Leben spontan und flexibel zu leben. Er strebt danach, das Leben zu verstehen und sich ihm anzupassen. Der Wahrnehmer sagt: „Nimm's, wie's kommt." Diese Leute mögen die Offenheit von Situationen, in denen noch keine Entscheidung gefällt ist. Listen mögen sie nicht. Sie mögen auch keine Zeitpläne oder Fristen, weil sie ein großes Bedürfnis haben, sich ihre Möglichkeiten offenzuhalten. Der Prozeß der Entscheidung bereitet ihnen Unbehagen, weil die Entscheidung eventuell ihre Wahlmöglichkeiten beschränken könnte. Wenn sie ein bestimmtes Fach studieren, wollen sie immer noch ein weiteres Buch lesen und jene letzte Information noch mit dazu nehmen. Der Wahrnehmer liest vielleicht sogar drei oder vier Bücher gleichzeitig, ohne eins von ihnen fertigzulesen.

Ich habe einen Freund in Honolulu, der auf der Beurteiler-Skala des „Myers-Briggs-Typen-Indicator" eine sehr hohe Punktzahl erreicht. Zu Weihnachten gab er seiner Frau, die eine ausgesprochene Wahrnehmerin ist, ein Zeitmanagement-Buch, als ob's das bringen würde. Sie schmiß es in den Schrank und will nichts damit zu tun haben. (Und wer könnte ihr das verübeln? Ein Wahrnehmer sicherlich nicht.)

Wahrnehmer neigen dazu:
‣ Veränderung gegenüber offen zu sein
‣ spontan zu sein
‣ flexibel zu sein
‣ aufgeschlossen zu sein
‣ impulsiv zu sein
‣ Veränderung zu brauchen
‣ mit ihrer Leistung unterhalb ihrer Möglichkeiten zu liegen
‣ Autonomie zu benötigen
‣ weniger zu konkurrieren als Beurteiler
‣ eine hohe Toleranz für Komplexität zu haben
‣ besser abstrakt argumentieren zu können
‣ „rechtshirnig zu sein"

Wahrnehmer bevorzugen meist folgende Berufe:

- Schriftsteller
- Künstler
- Musiker
- Psychologe
- Architekt
- Werbefachmann

Der Wahrnehmer bevorzugt meist „Empfindung" oder „Intuition" als den Hauptmodus, wie er die Welt um sich herum erfährt.

Diese grundlegenden Meta-Programme sind Präferenzen. Sie müssen verstehen, daß Menschen sich ständig durch die ganze Bandbreite jeder dieser Kategorien bewegen. Es ist daher wichtig, immerfort zu beobachten, beobachten und beobachten.

Es ist gut möglich, diese Präferenzen zu verändern, und in den meisten Fällen ist das relativ einfach. Siehe auch „Die Veränderung von Meta-Programmen" in diesem Teil des Buches.

14. Komplexe Meta-Programme

Die im folgenden aufgeführten „Komplexen Meta-Programme" stehen in derselben Reihenfolge wie im MPVI™–Fragebogen. Dieser wurde entworfen, um im Verlauf eines Gespräches Meta-Programme mühelos zu eruieren. Die Programme sind nicht in der Reihenfolge ihrer Wichtigkeit aufgeführt. Um vorherzusagen, wie eine Person handeln und reagieren wird, sind unserer Meinung nach von den komplexen Filtern folgende Sortierkriterien die wichtigsten: „Beziehung", „Richtung", „Richtung der Aufmerksamkeit" und „Bezugsrahmen". Jedes dieser Meta-Programme ist in sich abgegrenzt – die Antwort zu einem beeinflußt nicht notwendigerweise ein anderes Meta-Programm.

Als die „Komplexen Meta-Programme" entwickelt wurden, eruierte man sie während des Gesprächs mit Klienten durch Beobachtung. Sie wurden also nicht durch spezielle Fragen ermittelt, und man ging davon aus, daß die jeweiligen Präferenzen sich während eines ungefähr einstündigen Gespräches von selbst „offenbaren" würden. Im Geschäftsleben und bei der Einstellungsbeurteilung von Personal kann man natürlich nicht so viel Zeit mit der Typisierung einer Person verbringen. Unser Anliegen war es – und wir glauben auch, hierin besteht unser spezieller Beitrag zur Organisation der Meta-Programme – innerhalb eines Interviews von ca. 10 Minuten oder weniger ungefähr 20 Meta-Programme mit Hilfe dieser Fragen herauszuarbeiten. Unsere Erfahrung hat gezeigt, daß die Verwendung dieser Fragen genauso effektiv oder sogar noch effektiver sein kann als die ursprüngliche Methode, Meta-Programme zu eruieren. Darüber hinaus verkürzen die Fragen die zur Feststellung der Meta-Programme benötigte Zeit erheblich. Wenn Sie diese Fragen stellen, denken Sie daran, daß Sie Informationen über den Prozeß, nicht über den Inhalt erhalten wollen.

In einer Reihe von amerikanischen Bundesstaaten ist es kürzlich untersagt worden, bei der Einstellung und der Beurteilung von Personal Methoden anzuwenden, die den Gebrauch von Papier und Bleistift voraussetzen. Wenn sich dieser bedauerliche Trend fortsetzt, wird der MPVI™ weiterhin anwendbar und (selbstverständlich) legal sein, da es sich hierbei lediglich um ein „Training für Interview-Fähigkeiten" handelt. Während Sie die Meta-Programme einer Person explorieren, ist es wichtig, die Fragen in einer urteilsfreien Weise und einer neutralen Tonlage zu stellen, so daß die Antworten nicht beeinflußt werden.

Teil eines Kontinuums

Wenn nichts anderes angegeben ist, stellt die Mehrzahl der Kategorien in jedem Meta-Programm einen Teil eines Kontinuums dar und nicht unbedingt ein Entweder-Oder. Wenn Sie also die Meta-Programme einer Person untersuchen, entdecken Sie vielleicht, daß der Betreffende nicht in die eine oder andere Kategorie fällt, sondern ein wenig von beidem in sich hat.

Meta-Programme sind wichtig, um Exzellenz zu modellieren; sie sind auch bedeutsam bei der Einstellung und Überprüfung von Bewerbern sowie für die Aufstellung eines Teams.

1. Richtungsfilter

Jedes menschliche Wesen bewegt sich entweder auf etwas zu oder von etwas weg. Der „Richtungsfilter" hat mit Ihren persönlichen Werten zu tun und mit dem, was für Sie wichtig ist. Er hat damit zu tun, ob Sie sich auf diese Werte zu- oder von ihnen wegbewegen und ob Sie eine Annäherungspersönlichkeit (Anziehung, Belohnung) oder eine Vermeidungspersönlichkeit (Zurückweisung, Bestrafung) haben. Hier im „Richtungsfilter" treffen sich Meta-Programme und Werte und interagieren miteinander.

Wenn wir diesen Filter ermitteln, suchen wir nach der VORHERRSCHENDEN Richtung, nach der Art, wie jemand meistens und in den meisten Situationen reagiert. (Sie erinnern sich, daß Meta-Programme je nach Zustand, Kontext und Streßniveau variabel sein können.) Es ist zudem wichtig, zu wissen, daß es bestimmte Schwellen gibt, an denen fast jeder Mensch sich von etwas wegbewegt.

Wenn Sie jemanden fragen, was er im Leben erreichen will, sagt er Ihnen entweder, was er will oder was er nicht will. **„Annäherungs"-Menschen bewegen sich auf das zu, was sie mögen. „Vermeidungs"-Menschen bewegen sich von dem fort, was sie nicht mögen.**

Fragen: (Der „Richtungsfilter" wird gewöhnlich in einem bestimmten Kontext ermittelt.)

„Was wollen Sie bei einem bestimmten Job erreichen?" „Was wollen Sie von einer Beziehung?" „Was suchen Sie in einem Auto?" „Was wollen Sie mit Ihrem Leben anfangen?" „Was ist wichtig bei dem, was Sie tun?"

Bei der Beantwortung dieser Fragen erzählt Ihnen Ihr Klient entweder, was er will, oder, was er nicht will. „Hin zu etwas"-Antworten handeln davon, was jemand möchte. „Weg von etwas"-Antworten drücken aus, was jemand nicht will. Wenn Sie dieses Meta-Programm eruieren, werden Sie merken, daß es sich bei einem Großteil der Wörter, die Ihnen der Klient sagt, um Nominalisierungen handelt. (Eine Nominalisierung ist ein Prozeßwort, das in ein Substantiv verwandelt worden ist, wie „Kommunikation", „Beziehung", „Freiheit". Die Testfrage, um festzustellen, ob es sich um eine Nominalisierung handelt, lautet: „Können Sie es in eine Schubkarre legen?" Wenn die Antwort „ja" heißt, ist das Wort keine Nominalisierung.) Die Nominalisierungen, die benutzt werden, stellen die Werte des Klienten dar. Die Werte, die Sie hören, sind entweder „Hin zu etwas-" oder „Weg von etwas"-Werte oder implizieren sowohl „Hin zu etwas" als auch „Weg von etwas"; wir raten Ihnen deshalb, die Person nach der Bedeutung, den Teiläquivalenzen der Ihnen gerade übermittelten Information zu fragen. Wenn die Antwort zum Beispiel „Geld" heißt, sagen Sie: „Was bringt Ihnen das Geld?" oder: „Was bringt es Ihnen, wenn Sie das haben?"

A) „Hin zu etwas"

„Hin zu etwas"-Typen bewegen sich auf das zu, was sie mögen. „Weg von etwas"-Typen bewegen sich weg von dem, was sie nicht mögen. Ein Annäherungs-Typ wird von seinen Wünschen motiviert; wenn man diese Leute also motivieren will, gibt man ihnen ein Ziel vor oder eine Belohnung oder „Karotte", auf das oder die sie sich zubewegen können.

Um eine „Hin zu etwas"-Person zu motivieren, gibt man ihr eine „Karotte", keinen Stock. Wenn Sie versuchen, eine „Hin zu etwas"-Person mit einem „Stock" zu motivieren, verärgern Sie sie nur. Im Verkauf will eine „Hin zu etwas"-Person den Nutzen und die Freude an einer Sache herausfinden, er will wissen, wie der Verkauf sich steigern läßt, und ob das Produkt ein Mehr an Vergnügen verspricht. Im Geschäftsleben motivieren Vergünstigungen und Vorteile den „Hin zu etwas"-Menschen, während scharfe Disziplinarmaßnahmen dies nicht tun.

B) „Hin zu etwas" mit ein wenig „Weg von etwas"

Ein „Hin zu etwas"-Mensch, der auch eine Spur „Weg von etwas" in sich trägt, wird hauptsächlich von dem motiviert, was er will; ein wenig jedoch auch durch das, was er vermeiden will. Eine solche Person hat das Bedürfnis, sich auf das hinzubewegen, was sie will; bis zu einem bestimmten Grad berücksichtigt sie aber auch die negativen Konsequenzen dessen, was in der betreffenden Situation mißlingen könnte.

C) „Hin zu etwas" und „Weg von etwas" in ausgewogenem Verhältnis

Jemand, der durch „Hin zu etwas" und „Weg von etwas" gleichermaßen motiviert wird, bezieht seine Motivation aus dem, was er anstrebt ebenso wie durch das, was er vermeiden will. Er bewegt sich auf das zu, was er will, aber er berücksichtigt in gleicher Weise die negativen Konsequenzen eines Scheiterns.

D) „Weg von etwas" mit ein wenig „Hin zu etwas"

Die „Weg von etwas"-Person, die ebenso eine Spur von „Hin zu etwas" in sich trägt, wird hauptsächlich durch das motiviert, was sie vermeiden will. Diese Leute ziehen die negativen Konsequenzen in Betracht und überlegen sich, was schiefgehen könnte. Sie haben ein geringeres Bedürfnis, es zu etwas zu bringen.

E) „Weg von etwas"

„Weg von etwas"-Menschen bewegen sich von etwas weg, das sie nicht mögen. („Hin zu etwas"-Menschen bewegen sich auf etwas zu, das sie mögen.) Häufig werden „Weg von etwas-Menschen" am stärksten durch ihre Ängste motiviert. Um sie zu motivieren, führen Sie ihnen etwas Großes und Negatives vor Augen, von dem sie sich wegbewegen können, wie zum Beispiel Gefeuertwerden! Wenn Sie versuchen, „Weg von etwas"-Leute mit einer „Karotte" zu motivieren, scheren diese sich nicht darum. Im Verkauf wird jemand, der sich von etwas wegbewegt, die Kosten und Reparaturen einschränken wollen, Ausfallzeiten reduzieren und Mißerfolge vermeiden. Im Geschäftsleben motivieren Vergünstigungen und Vorteile den „Weg von etwas"-Menschen nicht; er will wahrscheinlich jetzt eine Gehaltserhöhung, WEIL er einige überfällige Rechnungen bezahlen muß. Der „Weg von etwas"-Mensch reagiert günstiger, wenn man ihn nicht in eine Situation versetzt, die ihm nicht behagt. Dieser Personentyp sucht häufig einen bestimmten Job aus, weil dieser Job nicht so schlimm ist wie ein anderer!

Andere Muster

Bei den „Hin zu etwas"- und „Weg von etwas"-Mustern gibt es noch weitere Variationen, und es lohnt sich, die inversen Muster zu beachten – jemand, der sich zu stark auf etwas zubewegt, bewegt sich in Wirklichkeit vielleicht davon weg. In diesem Fall sollten Sie vielleicht herausfinden, welche Art von Erfahrungen zu dem Wunsch geführt haben, sich auf etwas zu- oder von einer Sache wegzubewegen.

108

Beim Aufbau eines Teams ist es von entscheidender Bedeutung, zu verstehen, daß jeder Mitspieler sich entweder auf etwas zu- oder von etwas wegbewegt! Bei der Entwicklung motivierender Prozesse oder motivierenden Materials ist es wichtig, für die Bedürfnisse sowohl der „Hin zu etwas"- als auch der „Weg von etwas"-Menschen zu sorgen.

Weitere Unterscheidungen

Sie können noch verschiedene zusätzliche Fragen stellen, die Ihnen weitere Unterscheidungen ermöglichen. Auch wenn diese Fragen nicht in dem Fragebogen enthalten sind, sollten Sie diese Unterscheidungen vielleicht beachten, wenn Sie die Antworten auf die folgende Frage ermitteln:

Objekt
Was ist das Kennzeichnende an dem Objekt, auf das jemand sich zu- oder von dem er sich wegbewegt? Handelt es sich um einen der „Primäre-Interessen-Filter?" (Siehe „Primäre-Interessen-Filter", S. 146)

Intensität
Hier folgen die Sub-Filter, die mit der Intensität des Bewegens „Hin zu" oder „Weg von" zu tun haben. Man nennt die Intensität der Bewegung auch „Motivation". Diese Filter sind für Marketing entscheidend. Bei diesem Filter werden Sie herausfinden, ob die Person:

A) Zufrieden ist – sie ist mit dem zufrieden, wo sie sich befindet und erkennt die Bedeutung von Bewegung nicht.

B) Apathisch ist – gegenüber „Hin zu etwas" oder „Weg von etwas" verhält sie sich apathisch.

C) Aktiv ist – in ihrer „Hin zu etwas"- oder „Weg von etwas"- Bewegung ist sie aktiv und wahrscheinlich nicht zufrieden. Dies sind die Draufgänger.

D) Inaktiv ist – ihr ist alles egal, und sie tut nichts.

Ausmaß

Welches Ausmaß nehmen „Hin zu etwas" oder „Weg von etwas" an? Da gibt es die Dinge, die Sie:

A) Nicht nicht tun können
B) Tun wollen
C) Sich kongruent wünschen (in Übereinstimmung mit Ihrem Konzept von sich selbst)
D) Auf lange Sicht wollen
E) Tun oder haben müssen.

Eines der Ziele von Yoga besteht in der Überwindung von Anziehung und Abstoßung. Vielen von uns scheint es unmöglich zu sein, damit umzugehen, daß uns etwas verweigert wird, das eine große Anziehungskraft für uns besitzt. Und eine noch größere Zahl von Menschen würde es noch schwieriger finden, mit dem zu leben, was sie abstößt. Zen sagt: „Der Große Weg ist nicht schwer für die, die keine Vorlieben haben."

Gegenläufige Bewegung

Es gibt eine Variante des Richtungsfilters, die sich besonders in Beziehungen bemerkbar macht:

A) Hin zu: Die Person bewegt sich auf bestimmte Werte oder auf eine andere Person in einer Beziehung zu.
B) Weg von: Die Person, die sich von bestimmten Werten oder von einer anderen Person in einer Beziehung wegbewegt.
C) Gegen: Manche Leute bewegen sich entweder auf etwas zu oder von etwas weg, um zu erreichen, daß die Bewegung entgegengesetzt zur Bewegung der anderen Person oder zu bestimmten Werten in der Beziehung verläuft.

2. Beweggrund- (oder Modal-Operator-) Filter

Der Beweggrundfilter sagt Ihnen, ob eine Person so handelt, als hätte sie in ihrem Leben Wahlmöglichkeiten. Das bedeutet, daß der Filter Ihnen sagt, warum jemand sich auf eine bestimmte Weise verhält oder gerade etwas Spezielles macht. Es handelt sich um einen starken Motivations-Filter, der Auskunft darüber gibt, ob jemand durch Möglichkeiten oder durch Zwänge im Leben motiviert wird. Den Beweggrund-Filter kann man auch herausfinden, wenn man darauf achtet, wie jemand die Modaloperatoren benutzt (Wörter, die Möglichkeit oder Notwendigkeit ausdrücken, wie „kann", „kann nicht", „sollte"). Ein weiteres komplexes Meta-Programm baut auf diesem auf – die Modaloperator-Sequenz.

Frage:
„Warum haben Sie Ihren gegenwärtigen Job ausgesucht?" „Warum entscheiden Sie sich, das zu tun, was Sie tun?"

Während Sie sich die Antworten auf diese Frage anhören, achten Sie darauf, ob Ihr Klient Ihnen einen Grund angibt. Wenn es keinen Grund gibt, haben Sie es mit einer Notwendigkeits-Person zu tun. Ein Beweggrund bezieht sich auf Möglichkeiten. Wenn jemand sich keine Gedanken darüber machen kann, warum er etwas tut, kommt das vielleicht daher, daß er einfach tut, was er tun muß. Im Geschäftsleben ist ein Gleichgewicht wünschenswert.

A) Möglichkeit

Diese Leute tun das, was sie wollen. Sie haben einen Grund für das, was sie tun. Sie halten nach neuen Gelegenheiten Ausschau, nach erweiterten Wahlmöglichkeiten, Wegen und Möglichkeiten. Diese Person glaubt, daß sie die Kontrolle über ihr Leben hat. Daraus resultiert, daß diese Menschen motiviert sind, in ihrem Leben eine Wahl zu treffen und nach neuen Wegen zu suchen, wie sie Dinge anpacken können. Vielleicht sehen sie sogar zu viele Möglichkeiten. Sie interessiert, was sein könnte – das Potential. Manche Leute aus dieser Kategorie sind in keiner Weise durch Zwänge oder Verantwortung zu motivieren.

B) Notwendigkeit

Leben ist Routine. Es gibt keine Wahl. Diese Leute bleiben manchmal stecken, weil sie ein eingeschränktes Modell der Welt haben und oft nur das Notwendigste tun. Selten versuchen sie, Gründe für ihr Tun zu finden, da sie sich von Zwängen, vorgegebenen Wahlmöglichkeiten oder Wegen, Verpflichtungen, Regeln, Druck umgeben sehen. Ihr Handeln ist bestimmt durch ihre Verpflichtungen.

C) Möglichkeit und Notwendigkeit

Jemand, der sowohl durch Möglichkeit als auch durch Notwendigkeit motiviert wird, kann gleichermaßen durch das Vorhandensein von Wahlmöglichkeiten wie auch durch Verpflichtungen angespornt werden. Diese Leute sind dazu motiviert, Möglichkeiten zu suchen und müssen dennoch auch ihren Verpflichtungen nachkommen. Selbst wenn sie durch ihre Verpflichtungen motiviert werden, suchen sie trotzdem nach neuen Möglichkeiten.

3. Bezugsrahmen-Filter

Bei dem Bezugsrahmen-Filter geht es darum, wie Menschen die Resultate ihrer Handlungen beurteilen – wie sie zurechtkommen (bei einer Arbeit, zum Beispiel). Haben sie ein inneres Wissen darüber, oder beziehen sie die Informationen zur Beurteilung ihrer Handlungen aus der Außenwelt oder machen sie beides? Unglücklicherweise wird dieser Filter oft mit dem „Richtung-der-Aufmerksamkeit-Filter" (wie man einer anderen Person zeigt, daß man ihr Aufmerksamkeit schenkt) verwechselt. Bei diesem Filter geht es um den Ort der Beurteilung. Von wo aus beurteilt jemand seine Handlungen – von innen oder außen; woher bezieht er die Informationen, die es ihm ermöglichen, ein Urteil über die Verantwortung für seine Handlungen zu fällen?

Frage:
„Woher wissen Sie, daß Sie eine Arbeit gut erledigt haben?" (Mögliche Anschlußfrage: **„Wissen Sie das einfach von innen heraus, oder muß jemand es Ihnen sagen?"**) Die Antwort weist entweder darauf hin, daß jemand es „innerlich" weiß, oder daß er nach außen geht, um Informationen zu sammeln.

A) Innerer Bezugsrahmen
„Ich weiß es einfach" oder „Ich hatte ein Gefühl". Diese Menschen gehen nach innen, um Bewertungskriterien für ihr Tun zu finden. Jemand mit einem inneren Rahmen weiß in der Regel, ob er gute Arbeit geleistet hat, indem er sich auf sein eigenes inneres Bezugssystem stützt. Ein typischer Unternehmer hat einen vollständigen inneren Bezugsrahmen und wird von dem motiviert, was er denkt. Während dies in einem Unternehmer-Umfeld vorteilhaft ist, kann man mit diesem Menschen vielleicht schwer umgehen, wenn er nicht auf Ihrer Linie liegt oder mit Ihnen nicht übereinstimmt. Im Verkauf müssen Sie bei einem Klienten mit einem inneren Bezugsrahmen herausfinden, was diesem wichtig ist, sich dann auf diese Kriterien einstimmen und Ihre Produkte oder Ihre Dienste im Sinne dieser Kriterien beschreiben. Sie könnten dann vielleicht sagen: „Nur Sie selbst wissen, ob dies richtig ist für Sie."

B) Äußerer Bezugsrahmen

„Jemand muß es mir sagen", „Ich schaue die Zahlen an" oder „Ich habe eine Belohnung bekommen". Diese Personen gehen nach außen, um Daten für die Bewertung zu erhalten.

Jemand mit einem äußeren Rahmen will in der Regel wissen, was andere über ihn denken oder was alle anderen gemacht haben. Unterhalter haben oft einen äußeren Bezugsrahmen. Im Verkauf könnten Sie so jemandem erzählen, wie zufrieden alle anderen Leute mit dem Produkt waren. Mit einer Person, die einen äußeren Bezugsrahmen hat, kann man leichter umgehen. Man kann Zustimmung erteilen oder vorenthalten, um sie zu motivieren. Diese Person braucht jedoch möglicherweise ständiges Lob, Unterstützung und Bewertung, während eine balancierte Person dies weniger benötigt.

Wenn ein äußerer Bezugsrahmen vorliegt, werden Sie auch wissen wollen, wen oder was Ihr Klient als Bezugspunkt oder -person verwendet. Wer genau sagt es ihm? Benutzt er eine bestimmte Autoritätsperson, oder ist es ein eher allgemeines „die" oder „die Leute"? Wenn der äußere Bezug nicht durch eine Person dargestellt wird, handelt es sich statt dessen um eine Sache. Sie werden dann wissen wollen, ob es sich um Informationen oder Daten handelt – wie genau läuft die Evidenzprozedur (evidence procedure) ab? Es ist vielleicht interessant zu fragen: „Wer ist für die Qualität Ihrer Arbeit verantwortlich?"

C) Balanciert

Eine Kombination von beidem. Diese Leute wollen eine innere Gewißheit haben, schätzen aber gleichzeitig eine äußerliche Anerkennung oder brauchen gleichermaßen eine Bestätigung von außen.

D) Innerer Bezugsrahmen mit Außenüberprüfung

Eine Person, die das Merkmal „innen" mit einer „Außenüberprüfung" aufweist, verfügt über eine innere Gewißheit, wünscht aber dann eine Überprüfung von außen. (Es ist bei diesem Typ auch möglich, eine zweite innere Überprüfung im Anschluß an den äußeren Test vorzunehmen.) Wenn die außen erhobenen Daten nicht mit ihrem inneren Wissen übereinstimmen, ändern diese Leute eventuell ihre Beurteilung der Situation. Wenn Information von außen nicht verfügbar ist, sind sie mit ihrer inneren Beurteilung zufrieden.

E) Externer Bezugsrahmen mit innerer Überprüfung

Weniger häufig sind Menschen anzutreffen, die bei einem äußeren Rahmen noch eine innere Überprüfung benötigen. Sie wissen vielleicht auch ohne jegliche Rückmeldung von außen, ob sie gute Arbeit geleistet haben.

Reifung

Der Reifungsprozeß betrifft den Wechsel von einem äußeren (Jugendliche) Bezugsrahmen zu einem eher inneren (Erwachsene). Beim Lernen benötigen wir einen äußeren Bezugsrahmen, um zu wissen, ob wir auch das lernen, was wir lernen sollen. Wenn beim Lernen der Rahmen in einem zu großen Ausmaß ein innerer ist, weiß der Betreffende nicht, ob er richtig lernt bzw. betrachtet das Thema vielleicht vorzeitig als abgeschlossen. Der innere Bezugsrahmen entwickelt sich in den Teenagerjahren. Alternativ verschiebt der Teenager, der einen äußeren Bezugsrahmen behält, diesen Bezug von den Eltern auf die Altersclique.

Ein Ziel im NLP

NLP hat sich unter anderem zum Ziel gesetzt, es den Menschen zu ermöglichen, einen ausgeglichenen Bezugsrahmen zu entwickeln. NLP-Trainer sagen oft: „Glauben Sie nicht, was ich Ihnen sage, bloß weil ich es sage. Bestätigen Sie alles in Ihrer eigenen Erfahrung. Wenn es für Sie stimmt, wenden Sie es an. Wenn nicht, vergessen Sie es."

Auf beiden Seiten des Spektrums

Jemand mit einem starken inneren Bezugsrahmen geht seinen Weg unabhängig davon, was andere denken. Jemand mit einem starken äußeren Bezugsrahmen denkt, trifft Entscheidungen und lebt sein Leben ausschließlich gestützt auf äußere Rückmeldung. „Oh je! Was werden die anderen denken?"

In der Werbung ist es wichtig, sowohl die nach innen als auch die nach außen orientierten Menschen anzusprechen, indem man sagt: „Sie werden selbstverständlich wissen, daß dies für Sie das beste Produkt ist, denn Sie hören auf Ihre eigene Stimme beziehungsweise auf das, was andere Ihnen sagen." Sie können auch darüber sprechen, daß der Käufer des Produkts sich der Gruppe der zufriedenen Besitzer „anschließt".

114

4. und 5. Überzeuger-Filter

Den Überzeuger-Filter benutzt jemand, um sicher oder zuversichtlich zu sein, daß etwas wahr ist. Die beiden Überzeuger-Filter geben uns Auskunft darüber, wie jemand überzeugt wird (durch welches Repräsentationssystem), und wie oft jemand etwas sehen, hören, tun oder lesen muß, bevor er überzeugt ist.

Überzeuger-Repräsentationssystem

Der erste Teil besteht aus dem Überzeuger-Repräsentationssystem. Das heißt, welches der Hauptrepräsentationssysteme benutzt jemand, um zu wissen, daß ein anderer gute Arbeit leistet? Woher genau weiß er (visuell, auditiv, kinästhetisch oder digital), ob jemand seine Sache gut gemacht hat?

Frage:
„Woher wissen Sie, wenn jemand seine Sache gut macht? Müssen Sie ...“ oder:
„Woher wissen Sie, daß ein Mitarbeiter gute Arbeit leistet? Müssen Sie ...“

A) **es sehen?** (Falls Sie etwas verkaufen, können Sie es dem Betreffenden dann demonstrieren oder Bilder zeigen.)

B) **davon hören?** (Sie können mit diesen Leuten sogar telefonieren oder sie mit Benutzern des Produkts sprechen lassen.)

C) **es mit ihm zusammen machen?** (Vermitteln Sie ihnen handgreifliche Erfahrung mit dem Produkt oder geben Sie ihnen das Produkt, wenn sie einverstanden sind.)

D) **Lesen Sie etwas über ihn, oder lesen Sie etwas, was der Betreffende geschrieben hat?** (Geben Sie solchen Leuten Berichte, Daten, Briefe, Empfehlungsschreiben oder Zeitungsartikel.)

Überzeugungs-Demonstration

Der zweite Teil dieses Filters ist vielleicht wichtiger. Der „Überzeugungs-Demonstrationsfilter“ stellt die zeitliche Abfolge bis zum Überzeugtsein dar – wie lange jemand benötigt, um überzeugt zu sein.

Frage:
„Wie oft muß jemand Ihnen seine Kompetenz beweisen, bevor Sie überzeugt sind?"

A) Automatisch

Solche Personen nehmen an, daß jemand gute Arbeit leisten kann, es sei denn, er läßt das Gegenteil erkennen. Es ist einfach, diesem Typ etwas zu verkaufen, aber passen Sie auf – er kauft auch vom nächsten, der an seine Tür klopft! Als Manager ist diese Person vielleicht in bezug auf die Fähigkeiten eines Angestellten zu vertrauensselig und überprüft die Arbeitsqualität vielleicht nicht oft genug. Manche Manager, die zu den „Automatischen" gehören, vertrauen erst einmal dem Angestellten, beobachten aber dann sehr genau, ob der einen Fehler macht.

B) Anzahl der Male

Dieser Typ muß etwas einige Male gesehen haben, bevor er überzeugt ist. Diese Leute müssen oft eine Reihe von verschiedenen Produkten gesehen haben, bevor sie sich für etwas entscheiden. Sie müssen vielleicht mehrmals in den Laden gehen oder den Verkäufer häufiger aufsuchen. Wenn man ihnen etwas verkaufen will, zeigt man ihnen das Produkt so oft, wie sie es wünschen oder läßt sie verschiedene Ausführungen sehen.

C) Zeitdauer

Diese Leute möchten etwas über Tage, Wochen oder Monate gezeigt bekommen. Um an sie zu verkaufen, gibt man ihnen das betreffende Produkt für die vereinbarte Zeit zur Ansicht.

D) Überzeugtsein nur durch ständige neue Beweise

Ein solcher Mensch entscheidet niemals im Zweifelsfall zugunsten einer bestimmten Person. Ihm muß man es jedesmal von neuem beweisen. Er ist genau der Richtige für Arbeiten, bei denen es um Qualitätskontrolle geht.

6. Management-Richtungs-Filter

Der Management-Richtungs-Filter eignet sich am ehesten für die Anwendung in der Wirtschaft, obwohl es auch Anwendungsmöglichkeiten im Familienrahmen gibt. Dieser Filter ermöglicht es Ihnen, festzustellen oder vorherzusagen, ob jemand geeignet ist für Selbstmanagement und um andere zu führen. Er gibt Ihnen auch Auskunft darüber, ob jemand die Fähigkeit oder den Wunsch hat, andere zu führen oder sich anderen anzuschließen.

Fragen:

Es gibt drei Fragen: **(a) „Wissen Sie, was Sie tun müssen, um Ihre Erfolgschancen bei einer Aufgabe zu verbessern?" (b) „Wissen Sie, was ein anderer tun muß, um seine Chancen zu verbessern?" (c) „Fällt es Ihnen leicht oder nicht so leicht, ihm das zu sagen?"**

Stellen Sie alle drei Fragen und beobachten Sie die Antworten. Stellen Sie zunächst fest, ob der Betreffende weiß, was er für sich selbst tun kann, halten Sie dann fest, ob er weiß, was andere tun sollten, und schließlich ermitteln Sie, ob er gewillt ist, den anderen zu sagen, was zu tun ist.

A) Selbst und andere

(Bei der Beantwortung dieser Fragen hatte diese Person: „ja, ja, ja" gesagt.) Diese Leute sind Manager. Sie wissen, was sie selbst zu tun haben, sie wissen, was Sie zu tun haben, und sie sind gewillt, es anderen zu sagen.

B) Nur selbst

(Bei der Beantwortung hat diese Person gesagt: „ja, nein." Die dritte Antwort ist unwichtig.) Diese Leute sind KEINE Manager und sollten das auch nicht sein. Es kümmert sie nicht, was irgendwelche anderen Leute tun sollten, und ihnen ist es auch wirklich nicht wichtig, Manager zu werden. Sie sollten wahrscheinlich an einer Stelle in der Organisation sein, wo sie unabhängig sind.

C) Nur andere

(Diese Person antwortet „nein" – der Chef muß es mir sagen – „ja, ja" – oder „nein".) Diese Leute eignen sich gut als Bürokraten. Sie wissen nicht, was sie zu tun haben, sie tun lediglich, was ihre Vorgesetzten ihnen sagen. (Sie haben oft einen äußeren Bezugsrahmen.) Sie wissen meistens auch, was Sie tun sollten und können Ihnen das ganz bestimmt auch sagen!

D) Selbst, aber nicht andere ("Jedem das Seine")

(Die Antwort lautet: „Ja, ja, nein".) Diese Leute wollen gewöhnlich keine Manager sein. Sie wissen, was sie tun sollten, um Erfolg zu haben. Sie wissen auch, was Sie tun sollten, sind aber meist nicht gewillt, es Ihnen zu sagen, mit der Begründung: „Wer bin ich schon, daß ich Ihnen so etwas sagen könnte?" (Wenn sie zum Managen gezwungen sind, können sie manchmal zu „Selbst und Andere" überwechsel.)

7. Handlungsfilter

Dieser Filter hat mit der Vorhersage zu tun, wieviel Energie jemand in die Verfolgung seiner Lebensziele stecken wird. Zusätzlich sagt er voraus, wie schnell jemand handelt.

Frage:

„Wenn Sie in eine bestimmte Situation hineinkommen, handeln Sie dann gewöhnlich schnell, nachdem Sie die Lage abgeschätzt haben, oder untersuchen Sie alle möglichen Konsequenzen erst ganz genau und handeln dann?"

A) Aktiv

Diese Leute sind ziemlich aktiv – die Macher in dieser Welt. Sie handeln und treiben die Dinge voran. Ein „Aktiver" erledigt Dinge, ein „Reflektiver" handelt erst, wenn er dazu gezwungen ist. Dies sind die Leute, die die Welt formen – Unternehmer und Tatmenschen. Sie packen die Dinge an, sie bewegen die Welt. Sie schaffen Neues, sie ergreifen die Initiative und handeln. Fehler zu machen ist für sie auch wahrscheinlicher, aber auch, daß sie überhaupt etwas tun.

B) Reflektiv

Statt aktiv zu sein, neigen diese Leute eher dazu, zu untersuchen als zu handeln. Sie lassen den Dingen ihren Lauf, statt sie selber in Gang zu setzen. Sie untersuchen die Welt, sie sind die Gelehrten in ihren Elfenbeintürmen. Als passiver Menschentyp lehnen sie sich gewöhnlich zurück und studieren die Dinge, weil sie nicht bereit sind, sich mitten ins Geschehen hineinzubegeben, ehe sie die Möglichkeit gehabt haben, die Dinge zu analysieren.

Diese Menschen untersuchen oft alles ganz genau, schätzen die Konsequenzen gründlich ab und handeln erst dann, wenn sie dazu gezwungen sind. Sie handeln,

118

FALLS sie dazu gezwungen sind. Sie sagen: „Nur nichts überstürzen!" Bürokratien verstricken sich oft in einem reaktiven Verhalten – um Fehler zu vermeiden. Mit diesem Filter scheinen Dinge einfach von selbst zu passieren. „Ereignisse in meinem Leben sind das Resultat der Ereignisse in der Welt. Statt selber der Auslöser zu sein, werde ich von den Ereignissen beeinflußt."

C) Beides

Manche Leute zeigen beide Charakteristika. Sie haben die Energie, um ihre Ziele zu verfolgen, und sie überprüfen auch die Konsequenzen, je nach den gegebenen Umständen.

D) Inaktiv

Sie untersuchen nicht und handeln auch nicht. Sie ignorieren Ereignisse. Diese Personen findet man selten in der freien Wirtschaft; sie sitzen wahrscheinlich zu Hause.

Wenn noch zusätzliche Unterscheidungen gewünscht werden, schlagen wir die folgende weitere Differenzierung dieser Kategorien vor: *Superaktiv, Aktiv, Inaktiv,* (Zufrieden oder Apathisch), *Passiv, Reflektiv.*

8. Gemeinsamkeitsfilter

Der Gemeinsamkeitsfilter befaßt sich damit, wie man Menschen einem bestimmten Job oder einer Gruppenarbeit zuteilt. Er verrät Ihnen etwas über das Bedürfnis einer Person, sich anderen anzuschließen oder die Möglichkeit der Interaktion mit einer Gruppe zu haben. Er gibt auch Aufschluß darüber, an welche Stelle innerhalb der Firma Sie den Betreffenden setzen können.

Frage:

„Beschreiben Sie mir eine Geschäftssituation (oder -umgebung), in der Sie am glücklichsten waren, eine einmalige Begebenheit."

A) Unabhängiger Spieler

Sie leisten die beste Arbeit, wenn sie auf sich gestellt sind und die Kontrolle über ihr Projekt haben. Häufig widerstrebt es ihnen, Anweisungen Folge zu leisten. (Sie eignen sich gut, um außerhalb der Firma eine Arbeit selbständig zu erledigen; als Teil eines Teams ist man mit ihnen aber möglicherweise nicht zufrieden.)

B) Teamspieler

Sie möchten Teil eines Teams sein und sind bereit, ihre Anerkennung vom Team zu erhalten. Sie sind bereit, ihre ganze Arbeitskraft dem Team zur Verfügung zu stellen. Sie sind gute Teammitglieder, versagen aber häufig, wenn sie Aufgaben selbständig erledigen müssen.

C) Management-Spieler

Sie möchten Teil eines Teams sein, benötigen aber auch einen Bereich, für den sie allein verantwortlich sind. Sie verstehen es, in einer Betriebshierarchie zu arbeiten. Wo dies möglich ist, streben sie eine Führungsrolle an; sie nehmen aber auch Anweisungen von Vorgesetzten entgegen.

Wenn Sie diese Frage stellen, sollten Sie ferner darauf achten, ob die Antwort auf die Frage die folgende Information über den „Arbeits-Präferenz-Filter" einschließt:

9. Der Arbeits-Präferenz-Filter

Der Arbeits-Präferenz-Filter ist wichtig bei der Aufgabenzuteilung, weil er die Vorliebe einer bestimmten Person für die Arbeit mit Dingen, Systemen oder Menschen angibt.

A) **Dinge:** Diese Menschen ziehen es vor, mit Dingen zu arbeiten und nicht mit Menschen. Mechaniker, Schreibkräfte, Computeroperator, Buchhalter.

B) **Systeme:** Sie arbeiten mit Menschen oder Dingen, interessieren sich aber hauptsächlich dafür, wie Dinge oder Menschen funktionieren. Sie gehen von einem Systemstandpunkt an die Arbeit heran. Computerprogrammierer, Linguisten, Experten für Management-Systeme, Berater.

C) **Menschen:** Sie ziehen es vor, mit Menschen zu arbeiten. Arbeit am Empfang, Verkäufer, Manager, Personalleiter.

10. Primäre-Interessen-Filter

Dieser Filter ist für die Stellenbesetzung wichtig und bezieht sich darauf, welche Eigenschaften eines bestimmten Ereignisses für Sie von ausschlaggebendem Interesse sind. Man kann feststellen, daß Personen entweder hauptsächlich an Menschen, Orten, Dingen, Aktivitäten oder Information interessiert sind. Ihr Lieblingsrestaurant gewinnt seinen Stellenwert zum Beispiel durch den Einfluß Ihres speziellen Primärinteressenfilters. Manche Leute wollen wissen, wer dort ist, d.h., wer sonst noch dort hingeht. Manche Leute wollen wissen, wo das Restaurant liegt. Manche interessieren sich dafür, was die Speisekarte bietet oder wie die Inneneinrichtung aussieht. Anderen ist es wichtig, wie schnell man bedient wird oder was sonst noch gleichzeitig an Aktivitäten abläuft. Manche wollen etwas über die Geschichte des Restaurants erfahren oder über die Rezepte für die Gerichte auf der Speisekarte.

Da die MPVI-Analyse kontextbezogen ist, kann sich das primäre Interesse je nach Kontext verändern. Oft finden wir, daß gleichzeitig mindestens zwei in Aktion sind. Eins von beiden steht dann im Vordergrund. (Ein zusätzlicher Weg, um Rapport zu bekommen, besteht darin, den primären Filter einer Person zu bestimmen und sich ihm anzupassen.)

Frage:
Die Primärinteressen-Fragen lauten (benutzen Sie dieselbe Frage, die wir bei Nr. 8 benutzt haben und/oder):

„Erzählen Sie mir etwas über Ihr Lieblingsrestaurant." „Erzählen Sie mir etwas über Ihre schönsten Arbeitserlebnisse." „Erzählen Sie mir etwas über die 10 besten Erlebnisse in Ihrem Leben." Während die Person antwortet, stellen Sie das Primärinteresse fest. Richtet es sich auf:

A) Menschen: (Wer)
Für sie ist es wichtig, mit wem sie zusammen sind. (Diese Personen interessieren sich für andere Menschen und werden Erfolg haben bei Arbeiten, die mit Menschen zu tun haben – am Empfang, im Verkauf oder im Personalbüro.) Bei der Arbeit verbringen sie möglicherweise viel Zeit am Telefon oder hängen mit anderen im Büro herum.

B) Ort: (Wo)
Der Ort, an dem sie sich befinden, ist wichtig. Beim Ort ist vielleicht die Entfernung von Bedeutung, ob nah oder fern, oder die Frage, ob er bequem zu erreichen ist. (Diesen Menschen gibt man am besten einen Arbeitsplatz, bei dem die örtliche Lage der Firma berücksichtigt wird. Wenn die Firma umzieht, sind diese Leute sonst vielleicht gezwungen, eine andere Anstellung zu suchen.)

C) Dinge: (Was)

Diese Leute interessieren sich für „was": Besitztümer, Essen, Geld, Umgebung. (Wenn das Primärinteresse auf Dinge gerichtet ist und weder auf dem Niveau des Primärfilters noch auf dem des Arbeits-Präferenz-Filters ein Interesse an Menschen besteht, setzt man diese Leute am besten bei Computern, Schreibmaschinen, Büroausstattung, Technik oder bei Maschinen ein.) Diese Personen suchen nach dem „richtigen" Notizbuch oder dem „richtigen" Stift. „Wenn's hart auf hart geht, machen sie einen Einkaufsbummel."

D) Aktivität: (Wie)

Dieser Menschentyp interessiert sich für das „wie" – was passiert und woran sie gerade beteiligt sind. Ihnen ist die Schnelligkeit der Bedienung wichtig oder die Frage, was man dort sonst noch unternehmen kann. Bei ihnen sollte man vielleicht auch herausfinden, ob innerliche oder äußerliche Aktivität am wichtigsten ist. (Beim Umgang mit diesen Personen sollten Sie sicherstellen, daß sie eine Arbeit haben, bei der es viel zu tun gibt – eine, die nicht langweilig ist.)

Wir haben den Faktor „Zeit" in den Aktivitätsfilter mit aufgenommen (obwohl dies vielleicht eine eigene Kategorie darstellen sollte). Zeitfans tragen Zeitplaner, Kalender oder Tagesplaner mit sich herum. Das Leben dreht sich um die Uhr. (Siehe den „Zeitfilter"-Abschnitt und den „Time-Line"-Teil.)

E) Information: (warum, welche Information)

Diese Menschen interessieren sich für das „Warum" oder dafür, welche Information verfügbar ist. Sie wollen wissen, wie man etwas macht. Sie sagen vielleicht: „Ich dachte einfach, daß Sie dies wissen sollten." (Geben Sie ihnen reichlich Information.) Es ist auch wichtig zu wissen, ob die von ihnen gesuchte Information sich auf Menschen, Orte, Dinge oder Aktivitäten bezieht. Jemand, der Informationen über andere Leute erhalten will, ist eine Klatschbase. Information über Aktivität gewinnt man durch: „Wie macht man...".

Der Primärfilter beinhaltet manchmal noch andere Kategorien. Sie umfassen Sex, Geld und Essen. Wenn sie auch nützlich sein können, schließen wir sie doch im geschäftlichen Zusammenhang nicht mit ein.

Sekundäre Filter

Innerhalb der primären Klassifikationen gibt es noch zusätzliche sekundäre Filter. Sie umfassen:

Menschen: Eltern, Ehepartner, Freunde, Chef, Geschäftspartner, Angestellte, Fremde.
Dinge: Spielsachen, Kleidung, Schmuck, Elektronik, Schreibstifte, „neue Sachen".
Aktivität: Arbeit, Zuhause, Spiel (und welche Art?)
Information: Ideen, Fakten.

11. Chunk-Größen-Filter

Dieser Filter ist für das Gebiet von Kommunikation und Training von großer Wichtigkeit. Es geht dabei um die Frage, wie Menschen am besten Information aufnehmen und verarbeiten. Jeder Mensch bevorzugt entweder genaue (kleine Stücke, Details) Information oder globale (Übersichtsbild) Information. Die meisten Leute gehen von einem zum andern über, so daß wir auch herausfinden müssen, welche Art von Information sie ZUERST benötigen. Dieser Filter bietet die Möglichkeit, zu erkennen, wo man sich (im Hinblick auf die Chunk-Größe) befindet und versetzt jemanden in die Lage, vom Übersichtsbild ins Detail und wieder zurück zu gehen. Dies ermöglicht es Ihnen, mit jedem Menschen zu kommunizieren. (Siehe auch das Kapitel „Die Hierarchie der Ideen" im Teil IV „Werte".)

Die Fähigkeit, vom Spezifischen zum Abstrakten überzugehen, wird auch mit Intuition in Verbindung gebracht. Es handelt sich hierbei vielleicht lediglich um die Fähigkeit, sich auf ein höheres Abstraktionsniveau zu begeben, die Zusammenhänge zu verstehen, dann den Ausschnitt der Aufmerksamkeit wieder zu verkleinern und damit die Bedeutung von Zusammenhängen zu erhellen.* Dieser Filter ist eng verwandt, jedoch nicht identisch mit dem des inneren Prozesses innerhalb der Kategorien Empfindungstypus/Intuitiver Typus.

Frage:
„Wenn wir zusammen ein Projekt durchführen sollten, würden Sie zuerst das Gesamtbild erfahren wollen (welche Auswirkungen es auf die Firma, die Nation usw. hätte), oder würden Sie zuerst über die Details Bescheid wissen wollen? Müßten Sie das Gesamtbild/die Details unbedingt kennen?"

(Fragen Sie das Gegenteil dessen, was sie zunächst ausgesucht haben.) (Darüber hinaus können Sie, gestützt auf das, was Sie im Kapitel über die Hierarchie der

---

* Anm. d. Übers.: Im NLP und hier im Originaltext benutzt man für die Bewegung vom spezifischen Detail zu höheren Abstraktionsebenen hin und wieder zurück den Ausdruck „to chunk up" und „to chunk down". Im deutschen NLP-Sprachgebrauch benutzt man hier auch oft einfach den amerikanischen Ausdruck bzw. das Wort „herauf-chunken" und „herunter-chunken".

Ideen lesen, das Abstraktionsniveau beobachten, welches jemand in seiner Sprache oder bei seinen Interessen benutzt.)

Die Frage, was der Betreffende als ERSTES braucht, erlaubt Ihnen, ihm die Information in der richtigen Reihenfolge zu vermitteln. Manche Menschen können das Gesamtbild nicht erkennen, bevor sie es aus den Details aufgebaut haben. Andere können die Details nicht entdecken, ohne vorher einen Eindruck von dem Gesamtbild zu haben. Der Schlüssel zum Entwurf von erfolgreichen Lehr- und Modellierprogrammen liegt darin, die Information in übersichtliche Stücke (chunks) zu unterteilen und sie dann zu solchen größeren Einheiten zusammenzufassen, das ein Versagen unmöglich macht.

A) Spezifisch:
Diese Leute benötigen Details. Wenn Sie die Ausschnitte für jemanden, der spezifisch filtert, zu groß (zu vage oder abstrakt) wählen, bedeutet dies, daß Sie ihm „fluff"*, Verschwommenes, irrelevanten Stoff vermitteln. Der Betreffende konzentriert sich auf die Einzelheiten einer Aufgabe und erkennt vielleicht das übergeordnete Ziel des Projekts überhaupt nicht. Einzelheiten über die Abfolge der Schritte werden benötigt – wie man anfängt und was als nächstes zu tun ist.

B) Global:
Diese Menschen wollen von Ihnen vorwiegend über das Gesamtbild in Kenntnis gesetzt werden. Sie sind an Details wenig interessiert oder würden die Einzelheiten lieber selber zusammentragen. Wenn Sie die Ausschnitte für einen „globalen" Menschen zu klein wählen, langweilt er sich. Gelegentlich übersieht er sogar wichtige Details. Er konzentriert sich auf die generelle Richtung der gestellten Aufgabe. Diese Leute können den Gesamtzusammenhang oder das zugrundeliegende Muster gut erkennen, es bereitet ihnen aber Schwierigkeiten, einen Schritt für Schritt ablaufenden Prozeß zu erfassen und ihm zu folgen. Sie arbeiten am besten, wenn sie Einzelheiten delegieren können.

C) Von spezifisch zu global:
Sie neigen dazu, sich das Gesamtbild aus Einzelheiten aufzubauen. Ihnen muß man die Einzelheiten als erstes vermitteln, sonst verlieren sie sich in Ihrer Vagheit. Sie konzentrieren sich auf die Einzelheiten der Aufgabe und darauf, wie jeder ein-

---

* Anm. d. Übers.: bekannter NLP-Ausdruck für „Füllmaterial", inhaltsfreies Material.

124

zelne Schritt zur Bewältigung der gestellten Aufgabe beiträgt. Den Prozeß des Aufbaus eines Gesamtbildes aus den Details nennt man „induktive Denkweise". (Diese Menschen bevorzugen häufig Buchhaltung oder Wirtschaftsprüfung als Beruf.)

D) Von global zu spezifisch:

Sie brauchen das Gesamtbild, bevor sie die einzelnen Teile an ihren Platz einordnen können. Sie können sich vordringlich auf die allgemeine Ausrichtung der Arbeit konzentrieren und verfügen über eine natürliche Fähigkeit, zu verstehen, wie sich die großen Teile der gestellten Aufgabe zusammenfügen. Diesen Prozeß nennt man oft „deduktive Denkweise". (Hilfreich im Verkauf.)

Als Spitzenkommunikator müssen Sie in der Lage sein, Ihre „chunks" immer passend zu dem Niveau zu wählen, das Ihr Gegenüber benutzt. Das Kapitel „Hierarchie der Ideen" wurde genau für diesen Zweck entworfen.

Kontext und Mehrdeutigkeit

Beim Chunk-Größen-Filter gibt es noch zwei wichtige Unterkategorien. Die erste hat damit zu tun, wieviel Information über einen Kontext jemand benötigt, bevor er die Einzelheiten aufnehmen kann. Der zweite befaßt sich mit der Fähigkeit einer Person, Mehrdeutigkeit zu tolerieren. Mit anderen Worten, besteht bei dem Betreffenden eine ausgeprägte Fähigkeit, Mehrdeutigkeit zu ertragen und mit ihr zu arbeiten?

Präsentation von Information

Darüber hinaus gibt es drei Wege, wie jemand Ihnen Information darbieten kann. Man kann Information darbieten, die:
1. Deskriptiv ist – was ist.
2. Bewertend ist – was sein sollte.
3. Deutend ist – was Sie denken sollten.

Es ist auch nützlich, folgendes bei der Präsentation von Information zu beachten:
1. Zentral versus peripher
2. Das Abstraktionsniveau – konkret versus abstrakt
3. Arten von Mehrdeutigkeit:
   Neuartig – ungewisse, zweifelhafte, nicht ausreichende Information
   Komplex – zuviel Information
   Unlösbar – widersprüchliche Information

4. Klassifikationsmöglichkeiten – linear, sequentiell, kybernetisch. (Siehe auch die Bemerkungen über die „Hierarchie der Ideen" zur weiteren Diskussion von „Chunking", „Chunk-Größe" und der Beziehung zwischen „Chunking" und Intuition.)

12. Beziehungsfilter

Auch „Übereinstimmung" und „Nicht-Übereinstimmung" („matching" und „mismatching") genannt, handelt es sich bei diesem Filter um einen Tilgungsfilter. Er ist von großer Bedeutung und stellt einen der dominierendsten Teile der Persönlichkeit dar. Er gehört zu den Systemen, die wir für den Vorgang des Verstehens und des Entscheidens benutzen.

Um etwas zu verstehen, suchen manche Leute nach den Gemeinsamkeiten. Sie bringen das, was Sie sagen, in Übereinstimmung mit dem, was sie wissen, oder sie ordnen die passenden Fakten einander zu. Andererseits gibt es Menschen, die zunächst auf die Unterschiede schauen, um etwas zu verstehen. Sie suchen bei den angebotenen Fakten nach den Punkten, wo sie nicht übereinstimmen, um sie zu verstehen. Schließlich gibt es Leute, die beides tun. Diese Personen gehen von einem zum anderen, suchen nach Entsprechungen sowie nach Punkten, wo keine Übereinstimmung vorhanden ist. Bei diesem Filter handelt es sich nicht notwendigerweise um eine Gruppe von fünf exklusiven Kategorien, sondern er stellt ein Kontinuum dar, bei dem sich jemand auf einer Skala der fünf Kategorien entlangbewegt.

Sowohl das Herstellen von Übereinstimmung wie auch das Suchen nach fehlender Übereinstimmung sind im Geschäftsleben von großer Wichtigkeit. (Es wird Ihnen vielleicht auffallen, daß Buchhalter und Rechtsanwälte oft darauf trainiert sind, Punkte fehlender Übereinstimmung zu suchen, während Vertreter oft ausgebildet sind, Übereinstimmung zu suchen.)

Frage:
Die Fragen für die Aufdeckung dieses Filters lauten:
„Welche Beziehung besteht zwischen diesen drei Rechtecken ?"[*]
(Verwenden Sie diese Frage und einige der folgenden Fragen, wenn notwendig.) **„Wie ist die Beziehung zwischen dem, was Sie dieses Jahr bei der Arbeit**

---

[*]   Siehe Abbildung auf Seite 128

machen und dem, was Sie letztes Jahr bei Ihrer Arbeit gemacht haben?" (Vergewissern Sie sich, daß der Interviewpartner während des ganzen angegebenen Zeitraums dieselbe Arbeit gehabt hat oder verändern Sie den Zeitraum.) "Wenn Sie in einen Raum eintreten, was fällt Ihnen als erstes auf? (Sehen Sie oft ein Bild von der Seite?)" "Wie ist die Beziehung zwischen dem, was Sie vor einem Monat gemacht haben und dem, was Sie jetzt tun?" "Wenn Sie in eine neue Situation hineinkommen, fallen Ihnen im allgemeinen erst die Gemeinsamkeiten oder die Unterschiede auf?" "Wie verhält sich Ihr Befinden heute zu dem von gestern?" Um Ihr Postulat zu überprüfen, fragen Sie: "Wie lange sind Sie im Durchschnitt bei einer Arbeitsstelle geblieben?"

A) Gemeinsamkeit, Gleichheit

Solche Menschen sehen nur Gemeinsamkeiten. Sie sagen oft: "Es läuft alles auf das Eine hinaus ..." Wenn sie sich in einer neuen Situation befinden, versuchen sie festzustellen, ob dies ihren früheren Erfahrungen gleicht. Diese Menschen tilgen riesige Mengen von Informationen aus (alles, was anders ist.)

"Gemeinsamkeits-Menschen" stellen 10 % der Bevölkerung der Vereinigten Staaten dar. Sie behalten 15 Jahre oder gar ihr Leben lang dieselbe Arbeit, weil "es keinen Grund gibt, das zu verändern, was ich mache". In einer Organisation sagen sie: "Wir müssen die Dinge so tun, wie wir sie immer gemacht haben. Es gibt keinen Grund, etwas zu verändern."

"Gemeinsamkeit"-Chef zu seinen "Unterschied"-Angestellten: "Warum müssen Sie ständig alles verändern? Wenn Sie eine Methode gefunden haben, die gut funktioniert, warum wollen Sie sie dann verändern?" Sie möchten, daß die Welt dieselbe bleibt; sie sind oft konservativ. In einer Beziehung wünschen sie sich, daß Dinge immer funktionieren. Im Geschäftsleben möchten sie, daß alles gleichbleibt, und sie sind möglicherweise sehr hartnäckig und stimmen mit nichts überein, was ihre Welt zu verändern droht.

Bei der Arbeit haben sie ein Bedürfnis nach Regelmäßigkeit. Sie passen sich Veränderungen nicht gut an, und eine übermäßige Veränderung dessen, was sie als ihren gleichmäßigen Arbeitsstil betrachten, verstört sie. In ihrem Wunsch, Stabilität zu bewahren, bleiben sie vielleicht jahrelang bei derselben Arbeit. Wenn zuviele Veränderungen auftreten, sind sie möglicherweise gezwungen, sich eine andere Arbeit zu suchen.

Rapport (wie er in der NLP-Ausbildung gelehrt wird) stellt eine Übung in Gemeinsamkeit dar – das eigene Verhalten und Denken in Übereinstimmung mit einer anderen Person bringen.

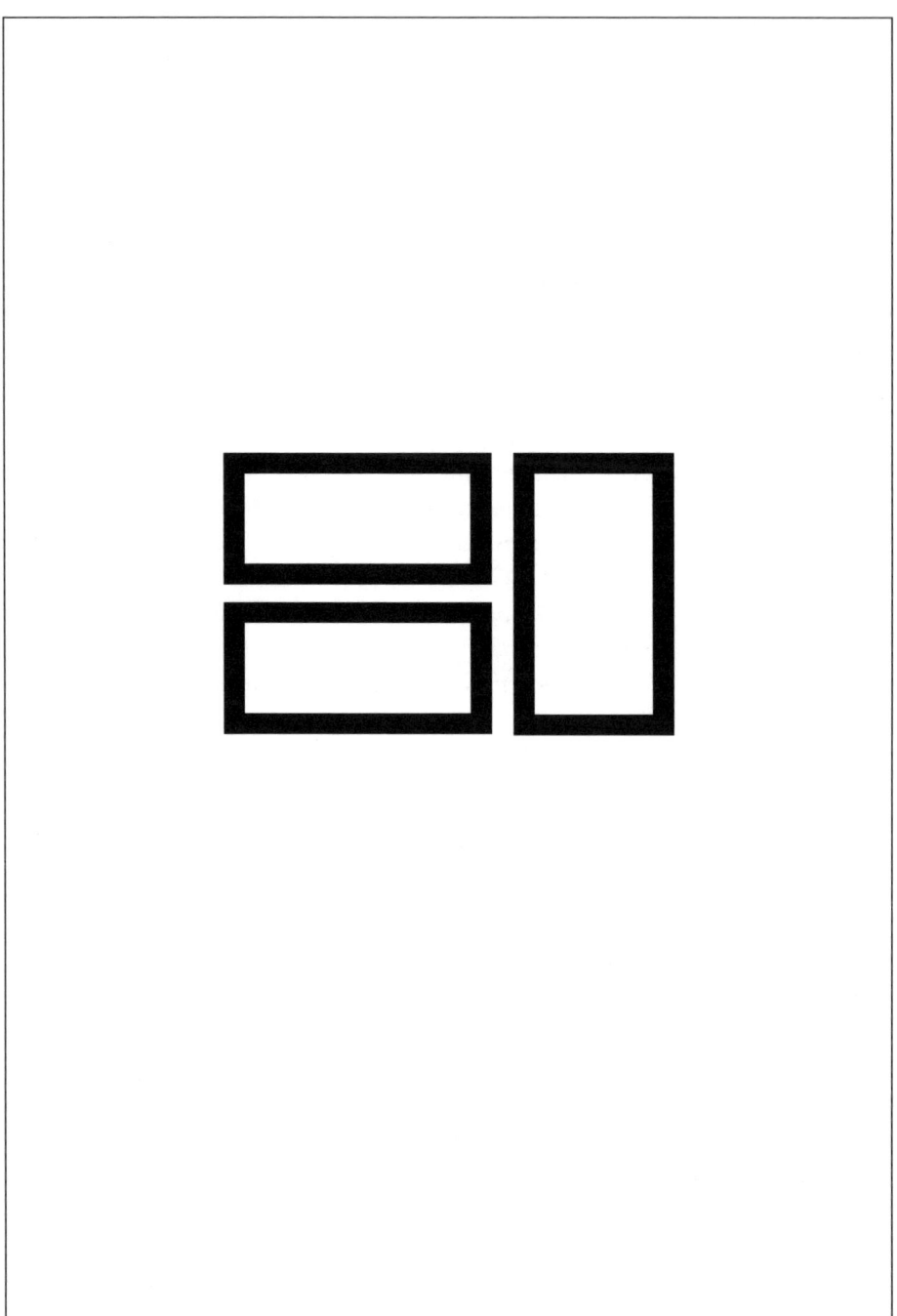

B) Gemeinsamkeit mit Ausnahme:

Sie erkennen zunächst Gemeinsamkeiten (den größten gemeinsamen Nenner) und danach erst Unterschiede. Sie suchen nach dem, was gleich ist und heben dann die Ausnahmen hervor. Diese Gruppe umfaßt 50 % der Bevölkerung und wechselt häufig alle fünf bis sieben Jahre die Arbeitsstelle. (Die Person, die durch den Filter „Gemeinsamkeit mit Ausnahme" gekennzeichnet ist, benutzt häufig Wörter wie „mehr" – Vergleiche darüber, wie es war – weil „mehr" die Ausnahme darstellt zu dem, wie etwas war.) Diese Leute initiieren oder brauchen ein gewisses Maß an Veränderung und Erneuerung bei ihrer Arbeit, um ihr Verlangen nach Vielfalt zu befriedigen. Handelsvertreter sollten wahrscheinlich Übereinstimmer sein (Gemeinsamkeit oder Gemeinsamkeit mit Ausnahme.)

C) Gemeinsamkeit und Unterschiede in ausgewogenem Verhältnis:

Diese Leute ziehen Gemeinsamkeit und Unterschiede gleichermaßen in Betracht, wenn sie versuchen, etwas zu verstehen. Sie suchen Veränderung und Vielfalt, wobei sie ebenso Stabilität schätzen. Sie haben die Angewohnheit, alle drei bis fünf Jahre die Arbeitsstelle zu wechseln und stellen ungefähr 10 % der Bevölkerung dar.

D) Unterschiede mit Ausnahme:

Diese Menschen erkennen Unterschiede, bevor sie auf Ähnlichkeiten achten. Unter bestimmten Umständen suchen sie zunächst nach den Unterschieden und dann nach den Gemeinsamkeiten. Fast 25 % der Bevölkerung umfassend, bleiben sie 18 Monate bis drei Jahre bei einer Arbeitsstelle. Sie antworten oft: „Jetzt mache ich dies, letztes Jahr habe ich das gemacht, aber praktisch ist beides das gleiche." (Wenn Sie einen „Unterschied"-Menschen oder einen „Unterschied-mit-Ausnahmen"-Menschen vor sich haben, den Sie länger an ein und derselben Arbeitsstelle halten wollen, sollten Sie an seinem Arbeitsplatz in regelmäßigen Abständen Neuerungen einführen.) Dieser Typus benötigt Abwechslung und unterschiedliche Bedingungen bei seiner Arbeit und toleriert Routine schlecht. Bei der Beantwortung der betreffenden Frage sagen manche Leute vielleicht: „Zwei sind dieselben und eins ist anders." Bei dieser Antwort müssen Sie weiter nachfragen, da sie entweder den Typ „Unterschied mit Ausnahme", „Gemeinsamkeit und Unterschied in ausgewogenem Verhältnis" oder „Gemeinsamkeit mit Ausnahme" darstellen.

E) Unterschiede

Sie sehen nur Unterschiede ... „Alle sind unterschiedlich." Sie haben vielleicht Schwierigkeiten, Muster oder irgendeine Ähnlichkeit zu erkennen. Die „Unterschied"-Menschen begeben sich in einen Raum oder in eine neue Situation hinein und können sofort sagen, was nicht in Ordnung ist, was nicht kongruent erscheint oder sich nicht an seinem Platz befindet. Sie stellen ungefähr 5 % der Bevölkerung dar. Genauso wie die „Totale Gemeinsamkeit"-Person tilgt der „Unterschied"-Mensch riesige Mengen an Information. Achtzehn Monate oder kürzer beträgt seine durchschnittliche Verweildauer bei einer Arbeitsstelle. „Unterschied"-Leute sind diejenigen, die eine Organisation neu organisieren wollen – sie streben Veränderung um der Veränderung willen an. Sie unterliegen dem Zwang, Dinge ständig anders zu machen, weil sie sich Abwechslung wünschen.

Stellen Sie sich einen „Unterschied"-Chef und einen „Gemeinsamkeit"-Angestellten vor. Der Chef sagt: „Warum wollen Sie es immer auf die gleiche Weise machen? Warum zeigen Sie keinerlei Kreativität?" Erfolgreiche Rechnungsprüfer, Prüfleser, Rechtsanwälte und Buchhalter sind oft dazu ausgebildet, mangelnde Übereinstimmung zu erkennen. Wenn dies nicht ihrer sonstigen Präferenz entspricht, fühlen sie sich möglicherweise nach einigen Jahren in ihrem Beruf nicht mehr wohl.

Motivation:

Ein „Unterschied"-Mensch sagt zunächst: „Nicht dies, nicht das, nicht das." Wenn man eine ausgeprägte „Unterschied"-Persönlichkeit motivieren will, muß man ihr Information anbieten, mit der sie nicht übereinstimmt. Sie können sagen: „Ich weiß nicht, ob Sie dies tun werden oder nicht." Wenn Sie sagen: „Ich weiß nicht", bringt das den anderen dazu, zu antworten: „Ich mache es." Wenn Sie sagen: „Wenn Sie dies tun", läßt das Ihr Gegenüber erwidern: „Ich mache es nicht." Wenn man dann „oder nicht" sagt, läßt das seine Schaltkreise schmoren. Wenn man an dieser Stelle die erwünschte motivierende Anweisung ("embedded command") einfügt, wird sie ohne großen Widerstand angenommen. Für einen „Unterschied"-Menschen geht es um zusätzliche Unterscheidungen. Für „Ausnahme"-Menschen sind Ausnahmen eine Frage des Ausmaßes, des qualitativen Unterschieds. Wenn man einen „Unterschied-mit-Ausnahmen"-Menschen oder einen „Gemeinsamkeit-mit-Ausnahmen"-Menschen motivieren will, seine durchschnittliche Verweildauer bei einer Arbeitsstelle zu verlängern, sorgt man zum betreffenden Zeitpunkt für etwas Gemeinsamkeit oder einige Unterschiede. Ein richtiger „Unterschied"-Mensch braucht viel Abwechslung. Ein Managementberater im Südwesten verringerte in der Firma eines seiner Klienten den häufigen Wechsel von Angestellten durch die Anwendung dieses Metaprogramms bei der Einstellung – er suchte die Bewerber einfach auf der Grundlage von „Gemeinsamkeit" aus. Wenn man einem ausgeprägten „Übereinstimmer" (Gemeinsamkeit) oder „Nicht-Übereinstimmer" (Unterschiede) helfen will, ein größeres Gleichgewicht zu entwickeln, läßt man ihn einen ganzen Tag oder eine Woche lang das Gegenteil seiner sonstigen Orientierung erleben. (Ein weiterer Weg ist, ihn dissoziieren zu lassen und ihm damit zu helfen, die Ausnahmen zu erkennen, da sowohl „Gemeinsamkeit"- als auch „Unterschied-"Personen meistens assoziiert sind.) Darüber hinaus interessiert Sie wahrscheinlich, was zu Übereinstimmung oder zu mangelnder Übereinstimmung führt. Sind es Ideen, Führungsanspruch, Gegenbeispiel (Ausnahme von der Regel), Meta-Kommentar (die kleine Stimme, die uns sagt, daß es nicht klappen wird) oder Verhalten (die Polaritätsreaktion)? Verhalten, das von Nicht-Übereinstimmen bestimmt ist, stellt eine Polaritätsreaktion dar. Um solche Personen zu motivieren, bitten Sie sie einfach, das Gegenteil zu tun.

Sowohl Übereinstimmung-Herstellen wie Nicht-Übereinstimmen sind in einer Geschäftsumgebung wichtig. Wenn wir unser Wissen erweitern, machen wir theoretisch folgendes:

1. Wir erleben weißes Rauschen.
2. Wir suchen nach Mustern im weißen Rauschen (Übereinstimmung herstellen).
3. Wir stellen Korrelationen her.
4. Wir drücken Gesetzmäßigkeiten aus.
5. Wir entdecken Ausnahmen zu den Gesetzen (Nicht-Übereinstimmen).
6. Wir entdecken Muster bei den Ausnahmen (Übereinstimmen).

13. Reaktion auf emotionalen Streß

Dieses Meta-Programm kann vorhersagen, wie Menschen unter starkem Streß reagieren. Die Frage lautet: „Berichten Sie mir von einer beruflichen Situation (einem einmaligen Ereignis), die Ihnen Schwierigkeiten bereitet hat." Das Ziel dieser Frage liegt darin, eine mäßig streßbeladene Erinnerung zugänglich zu machen. Beobachten Sie die Augenbewegungen der Person und achten Sie auf ihre Prädikate. Achten Sie darauf, ob sie kinästhetische Zugangshinweise gibt, wenn sie antwortet. Die Kategorien sind:

A) Dissoziiert

Bei jemandem, der völlig dissoziiert ist, fehlt die kinästhetische Reaktion vollständig – der Betreffende benutzt überhaupt keinen kinästhetischen Zugang, wenn er die Frage beantwortet. Ein „dissoziierter" Mensch erscheint vielleicht kalt und gefühllos. Er reagiert auf Druck bei der Arbeit nicht emotional und bleibt von den Gefühlen seiner Mitarbeiter scheinbar unberührt. Diese Menschen reagieren oft ohne Gefühl, auch wenn Gefühle angebracht sind. In Situationen, die mit viel Streß verbunden sind, bewähren sie sich.

B) Assoziiert

Jemand, der assoziiert ist, benutzt den kinästhetischen Zugang und verharrt in diesem Gefühl. Man sieht meist eine Veränderung der Hautfarbe, wenn eine solche Person das Ereignis beschreibt. Ein „assoziierter" Mensch macht vielleicht einen zu emotionalen Eindruck. Er ist möglicherweise mit seinen Problemen zu stark assoziiert.

Er eignet sich gut für einen streßarmen Job, der persönlichen Kontakt ermöglicht, wie zum Beispiel am Empfang, als Flugbegleiter oder Therapeut. Als Manager vermittelt jemand, der assoziiert ist, den Angestellten das Gefühl, daß sie ihm wichtig sind.

C) Wahlfreiheit

Jemand, der die Wahl hat, benutzt zunächst den kinästhetischen Zugang, wenn er anfängt, das Ereignis zu beschreiben, verläßt dann aber die Ebene der Gefühle. Wenn er auch auf eine stressige Situation häufig emotional reagiert, hat er doch anschließend, je nach den Gegebenheiten, die Wahl, ob er mit Denken oder mit Gefühl reagiert.

14. Zeitfilter

Zeit hat folgende Charakteristika – Richtung, Dauer, Orientierung und Kontinuität – wie wir unsere Erinnerungen speichern, wie wir Zugang zu ihnen gewinnen, wie wir auf sie ausgerichtet sind und wie wir die Kontinuität der Zeit wahrnehmen. Wir haben zur Zeit das Gefühl, daß drei Ebenen von Zeitfiltern wichtig sind und weiterer Erforschung bedürfen:

132

Zeitorientierungsfilter

Das erste Charakteristikum von Zeit ist: wie ist Ihre Orientierung? Ist Ihre Aufmerksamkeit auf die Vergangenheit, Gegenwart oder Zukunft gerichtet? Oder kümmert Zeit Sie nicht (zeitlos)?

A) Vergangenheit

Umfaßt Konservative, die meisten Therapiepatienten und Künstler. C.G. Jungs Kategorie des „Fühltypus" stellt gewöhnlich jemanden dar, der zur Vergangenheit hin orientiert ist.

B) Gegenwart

Sportler und Macher. Jung nannte sie „Empfindungstypen". (Sie gebrauchen ihre Sinne in der Gegenwart.)

C) Zukunft

Philosophen; die Leute, die neue Ideen, neue Trends entwickeln. Jungs „intuitive Typen" sind vorrangig an der Zukunft interessiert.

D) Zeitlos

Dies sind die Wissenschaftler. Sie leben außerhalb von Zeit. Jungs „Denktypen" werden gewöhnlich als „zeitlos" angesehen.

Zeitspeicher- (Oder Playback-) Filter

Auf dieser Ebene geht es darum, wie Sie Ihre Erinnerungen in bezug auf Zeit speichern. Überlegen Sie sich das mal einen Moment lang – ist es nicht interessant, daß Sie über einen Weg verfügen, Ihre Erinnerungen so zu speichern, daß Ihr Gehirn zwischen Vergangenheit, Gegenwart und Zukunft unterscheiden kann?

Frage:

„HALTEN SIE bitte einmal INNE... entspannen Sie sich einen Augenblick.. und rufen Sie eine Erinnerung aus der Vergangenheit wach... und nun ein Ereignis aus der Zukunft. Zeigen Sie nun in die Richtung Ihrer Zukunft; und wo liegt Ihre Vergangenheit?"

Als Antwort kommt eine von zwei typischen Reaktionen:

A) Through-Time

„Von links nach rechts" oder „von oben nach unten." (Wenn Vergangenheit, Gegenwart und Zukunft vor der Ebene der Augen liegen.)

Through-Time-Menschen haben ihre Erinnerungen von links nach rechts gespeichert. Zeit ist kontinuierlich und ist für sie möglicherweise „lang". Sie haben ein Bewußtsein für Dauer. Ihre Erinnerungen sind im allgemeinen dissoziiert. Sie haben einen Erinnerungsspeicher, den wir als zeitlich sequentiell bezeichnen — Zeit ist für sie linear, sie weist Länge auf, erscheint lang.

Diese Menschen meinen, daß Zeit mit Wert gleichzusetzen ist, und sie wollen häufig, was Ihre Zeit anbetrifft, „etwas für ihr Geld" haben. Wenn Sie Ihnen eineinhalb Stunden widmen, wollen sie zwei. Für sie sind Zeit und Wert oft gleichbedeutend. „Ich habe mein Geld bezahlt und habe jetzt ein Recht auf jede Minute. Ich will die ganze Zeit haben, für die ich bezahlt habe..."

Wenn Sie mit einer solchen Person um 14.00 Uhr eine Verabredung haben, erwartet sie, daß Sie um 14.00 Uhr da sind, nicht um 14.01 Uhr. Ihnen fällt es oft schwer*, „die Vergangenheit hinter sich zu lassen".

Diese Menschen haben mehrere Erlebnisse zu einer einzigen Gestalt kondensiert, und es bereitet ihnen oft Schwierigkeiten, eine bestimmte Zeit zu erinnern. Wenn sie zum Beispiel gebeten werden, sich an eine bestimmte Zeit zu erinnern, als sie glücklich waren, fällt ihnen das schwer, weil sie alle glücklichen Zeiten zu einem einzigen Erlebnis vereint haben. Wenn sie also Zugang zu ihren Erinnerungen suchen, springen sie zwischen einer Reihe von Erlebnissen hin und her. Deshalb sind ihre Erinnerungen manchmal stärker dissoziiert, und es ist schwieriger, ein bestimmtes Erlebnis zu ankern. Wenn dies der Fall ist, können Sie zu ihnen sagen: „Ich möchte, daß Sie sich jetzt die Seiten Ihres Gedächtnisses vornehmen und Seite für Seite zurückblättern, wie bei den Seiten eines Buches, bis Sie diese bestimmte Zeit JETZT (mit den Fingern schnippen) finden ..."

B) In-Time

Folgende Antworten sind möglich: „Von vorn nach hinten" oder „von oben nach unten" oder irgendeine Kombination, bei der sich Vergangenheit, Gegenwart und Zukunft innerhalb oder hinter der Ebene der Augen befinden.

In-Time-Menschen speichern ihre Vergangenheit hinter sich und ihre Zukunft vor sich. Sie sind in der Lage, zu einem ganz bestimmten Punkt in der Zeit zurückzugehen und zu diesem Zeitpunkt vollständig assoziiert zu sein. Sie können selek-

---

* Anm. d. Übers.: wörtl.: „Sie haben oft eine schwere Zeit dabei".

tiv zu einem bestimmten Punkt in der Zeit zurückgehen. Sie sind einfach, „wo sie sind", im Jetzt.

Weil ihnen Dauer nicht so bewußt ist wie den Through-Time-Menschen, können sie sich im Jetzt verlieren und haben vielleicht Schwierigkeiten, eine Sitzung zu beenden. Wenn Sie eine Verabredung um 14.00 Uhr haben, taucht eine solche Person vielleicht erst um 14.15 oder 14.30 Uhr auf und denkt sich nichts dabei. In-Time-Leute sind oft unzuverlässig, weil sie sich häufig umentscheiden. Das liegt daran, daß sie Entscheidungen als Einschränkung erleben.

Sie sind häufig darauf angewiesen, daß jemand sie bei der Stange hält; denn sie können sich schlecht über längere Zeit konzentrieren, wie zum Beispiel bei einem längerdauernden Projekt. Es fällt ihnen jedoch leichter, in die Vergangenheit zurückzugehen und dort zu verweilen. Allerdings bereitet es ihnen oft Schwierigkeiten, die ihnen gestellten Aufgaben auseinanderzuhalten. In-Time-Leute können mühelos zu einer bestimmten Zeit zurückgehen. Man kann sie deshalb leichter in einem voll assoziierten Zustand ankern. In Time-Menschen sind oft lebhafter, aber wegen ihrer vollständigen Orientierung im Jetzt auch eher depressiv. Bei einer Konferenz oder im Gespräch mit einer anderen Person verbringen sie oft mehr Zeit als vorgesehen, weil sie vergessen, wie spät es ist. Wenn sie eine Vereinbarung nicht einhalten, sagen sie vielleicht: „Das war ich nicht" oder „Ich war nicht ich selbst". In einer Therapie präsentieren sie möglicherweise jede Woche ein anderes Problem.

Zeitzugangsfilter
Dieser Filter befaßt sich damit, wie Sie zurückgehen und Zugang zu Ihren Erinnerungen gewinnen.

A) Beliebiger Zugang
Diese Menschen können sich auf beliebige Weise Zugang zu ihren Erinnerungen verschaffen, so daß sie direkt von einer Zeit zu einer anderen springen können. Sie sind auch ohne weiteres in der Lage, zwischen diesen Zeiten hin- und herzuwechseln. Ihr Gedächtnis können sie strukturieren, indem sie Zeiten vergleichen. Zeit hat keine Länge. Diese Personen können zwei Zeiten gleichzeitig festhalten und sehen Zeit als Ebene an. „Vor einem Jahr" – das ist für sie keine lange Zeit. Sie besitzen die Fähigkeit, mühelos in der Zeit zurückzugehen. In bezug auf Zeit sind sie in der Lage, eine Metaposition einzunehmen. Sie können sich auch in zwei Zeiten gleichzeitig befinden, indem sie rasch hin- und herwechseln. Wenn sie einmal überzeugt sind, bleiben sie das auch. Sie vergessen nie. Zeit erleben sie nicht in einer linearen, sequentiellen Anordnung. Für sie hat Zeit keine Länge.

B) Sequentieller Zugang

Diese Menschen erreichen den Zugang zu ihren Erinnerungen auf sequentielle Weise. Um also zu einer bestimmten Erinnerung zu gelangen, müssen sie vom Jetzt ausgehen und dann ein Ereignis nach dem anderen abfahren, bis sie bei der betreffenden Zeit angekommen sind. Für sie kann Zeit lang sein. Es ist „schwierig", zu einer bestimmten Erinnerung anders als sequentiell zurückzugehen. Manche dieser Menschen ändern ihre Meinung häufig und sind vergeßlich. Sie unterteilen das Leben in Stücke, die sich „über einen Zeitraum" erstrecken. Wenn man jemandem, der In-Time ist und den sequentiellen Zugang benutzt, dabei helfen will, eine bestimmte Erinnerung hervorzuholen, sagt man: „Ich möchte, daß Sie den Film Ihrer Erinnerung zurückdrehen." Und wenn er die Merkmale „Through-Time" und „über einen Zeitraum" trägt, könnten Sie sagen: „Blättern Sie die Seiten Ihrer Erinnerung zurück wie ein Buch", wie oben beschrieben. In-Time-Menschen, die durch den „beliebigen Zugang" charakterisiert sind, können einfach zwischen den Erinnerungen hin- und herspringen. (Wenn man eine sequentielle Through-Time-Person hypnotisieren will, benutzt man Altersregression.)

15. Modal-Operator-Sequenz

Modal-Operatoren stellen in der Grammatik jene Worte dar, die Möglichkeit oder Notwendigkeit ausdrücken. Die Modal-Operator-Sequenz ist die Sequenz der Modal-Operatoren, die bei jemandem eine unwiderstehliche Motivation bewirken. (Siehe auch Beweggrund-Filter.)

Dies ist ein höchst wertvoller Filter, und man ermittelt ihn am besten durch längere Beobachtung. Es folgen einige Beispiele für Modal-Operatoren:

Modal-Operatoren

Kann, kann nicht
Will, will nicht
Es ist möglich, es ist unmöglich
Könnte, könnte nicht
Würde, würde nicht
Würde vielleicht, würde vielleicht nicht
Muß, muß nicht
Sollte, sollte nicht
Muß unbedingt, muß nicht unbedingt

Notwendig, nicht notwendig
Müßte, müßte nicht

Als Modal-Operator-Sequenz bezeichnet man das, was jemand sagt, um sich selbst zu motivieren. Es handelt sich um die auditiv-digitale Komponente der Motivationsstrategie, bestehend aus der Wortsequenz, die eine Person dazu bewegt, aktiv zu werden. Wenn Sie eine Sequenz herausgearbeitet haben, sollten Sie sie bei Ihrem Gegenüber anwenden. Hierdurch können Sie feststellen, ob er auch wirklich auf die Wortsequenz reagiert, die Sie als seine Modal-Operator-Sequenz ansehen. Häufig benutzen Leute ineffektive Modal-Operatoren. Wenn Sie zum Beispiel die Worte: „Ich sollte" oder „Ich werd's versuchen" vernehmen, ist Ihnen wahrscheinlich auch klar, daß es sich dabei nicht um einen Modal-Operator handelt, der Ergebnisse hervorbringt.

Man kann diesen Filter herausarbeiten, indem man fragt: „Wie sind Sie heute morgen aufgestanden? Was haben Sie zu sich selbst gesagt, unmittelbar bevor Sie aufgestanden sind?" Wenn Sie erst einmal eine Theorie darüber haben, welche Worte bei einer bestimmten Person als Modal-Operator-Sequenz wirksam sind, testen Sie dies weiter, bis Sie sich vergewissert haben, daß die Anwendung der Sequenz zu Ergebnissen führt. Überprüfen Sie es durch längere Beobachtung, um ganz sicher zu sein, daß Sie den richtigen Modal-Operator gefunden haben.

Sie sollten ferner die Frage berücksichtigen, ob SIE (die betreffende Person) den Modal-Operator hervorbringt oder ob er von außen kommen muß (siehe Bezugsrahmenfilter). Seien Sie jedoch auf der Hut: eine Modal-Operator-Sequenz, die aus der Erinnerung stammt, ist möglicherweise nicht korrekt. Selbst wenn Sie also eine Sequenz herausgefunden haben, müssen Sie kalibrieren, um zu sehen, ob sie Ergebnisse hervorbringt.

16. Richtung der Aufmerksamkeit

„Richtung der Aufmerksamkeit" ist eines der subtilsten und vielleicht das wichtigste Meta-Programm überhaupt, besonders für Kommunikatoren, Therapeuten und Manager. Es befaßt sich damit, wie Sie anderen Leuten zeigen, daß deren Reaktion auf Sie Ihnen wichtig ist – wie Sie sie erkennen lassen, daß Sie aufmerksam sind. Es geht darum, wie andere Leute wahrnehmen, daß Sie sie beachten. Sortieren Sie bezogen auf das Selbst oder auf die anderen?

Bei dem „Richtung-der-Aufmerksamkeits"-Filter geht es nicht direkt um Interesse an sich selbst oder den Bezugsrahmen. Es geht vielmehr darum, wie Sie anderen vermitteln, wieviel Aufmerksamkeit Sie ihnen schenken. Es hat daher indirekt mit Einstellung zu tun. Es gibt keine Frage, die man stellen kann, weil man diesen Filter nur durch Beobachtung herauskristallieren kann. Wenn Sie das Verhalten einer Person registrieren, sollten Sie sicherstellen, daß Sie auf beobachtbares Verhalten kalibrieren und nicht nur den Inhalt des Mitgeteilten. Zwischen diesem Filter und dem Filter „Äußeres Verhalten", der zu den vier einfachen Meta-Programmen gehört, besteht eine direkte Beziehung.

Wenn Sie mit jemandem kommunizieren, beobachten Sie. Hört der Betreffende Ihnen zu? Ist er wirklich aufmerksam? Ist seine Aufmerksamkeit die ganze Zeit nach außen gerichtet, oder geht er nach innen? Jeder geht für kurze Zeit nach innen, um an weiteren Gesprächsstoff zu gelangen, aber die Frage ist, ob er zurückkommt. Beobachtet Ihr Gesprächspartner Sie? Würde es ihm auffallen, wenn Sie nicht da wären? Ich habe schon mit Leuten gesprochen, da hätte ich weggehen können, und sie hätten es nicht gemerkt! Es geht also um die Frage, ob der Betreffende an Ihrer Reaktion interessiert ist.

Selbst

Jemand, der bezogen auf das Selbst filtert, scheint die meiste Zeit „innerlich beschäftigt" zu sein und andere Leute gar nicht zu bemerken. Eine solche Person läßt die Tatsache, daß sie bezogen auf das Selbst filtert, durch ihre Körperhaltung erkennen – sie sitzt hinten, lehnt sich zurück. Sie hat sehr geringen Augenkontakt und scheint ihre Umgebung zuweilen kaum zu bemerken. Es gibt auch verschiedene kulturelle Indikatoren dafür, daß jemand bezogen auf das Selbst filtert: wenn man die meiste Zeit in die Luft starrt oder rasend schnell daherredet, ohne den anderen anzuschauen.

Wer Bezogen Auf Das Selbst Filtert, Formt Seine Vorannahmen Hauptsächlich Auf Der Grundlage Seiner Inneren Gefühle Oder Gedanken. Er Verwirft Möglicherweise Information, Die Man Ihm Anbietet. Nach Innen Orientiert Beurteilt Er Die Güte Seiner Kommunikation Nach Seinem Inneren Gefühl. Die Reaktionen Anderer Beachtet Er Häufig Nicht; Er Verläßt Sich Statt Dessen Auf Sein Eigenes Urteil.

Andere

Jemand, der auf andere bezogen filtert, scheint oft mehr „außen" zu sein und vermittelt den Eindruck, eher „aufzupassen" als jemand, der selbstbezogen filtert.

In den USA gibt es mehrere kulturelle Indikatoren, die anzeigen, wenn wir auf andere bezogen sortieren. Dies sind: Haltung (sich in Richtung Gegenüber beugen), Augenkontakt, Beziehung (bereit sein, zu lächeln; aufpassen, auf nonverbale Hinweise des anderen reagieren) und Berührung anderer Personen. Wer auf andere bezogen sortiert, ist bereit, sich in das Weltmodell der anderen hineinzubegeben. Die besten Manager, Vertreter, Therapeuten und Kommunikatoren sortieren auf andere bezogen.

Wer auf andere bezogen sortiert, bildet sich seine Vorannahmen hauptsächlich auf der Grundlage der Reaktionen seines Gegenübers. Solche Leute wissen, wie gut sie kommunizieren, indem sie sich auf Information von außen stützen. Sie erfassen den Sinn der Interaktionen und Reaktionen anderer, indem sie darauf achten, welche Wirkungen sie auf die Leute in ihrer Umgebung ausüben. Ihre eigenen Gefühle in diesen Situationen beachten sie weit weniger. Sie sind nicht nur aufmerksam für die Reaktionen anderer, sondern verlassen sich auch darauf, weil sie glauben, daß diese Reaktionen wichtig sind.

Wie schon erwähnt, gibt es keine bestimmte Frage für den „Richtung-der-Aufmerksamkeit"-Filter. Eine bestimmte Luftfahrtgesellschaft, die diesen Filter mit Erfolg bei der Einstellung benutzt, läßt die zukünftigen Angestellten vor den Mitbewerbern einen Vortrag über ihre eigene Person halten. Es wird dann beobachtet, wie die anderen Bewerber im Raum zuhören und auf die vorne stehenden zukünftigen Angestellten reagieren. Wenn der Bewerber nicht aufpaßt und den Sprecher nicht aktiv unterstützt, indem er lächelt und aufmerksam ist, kommt er für den Job nicht in Frage. (Die Gesellschaft hatte herausgefunden, daß 95% ihrer Beschwerden sich auf 7% der Angestellten bezogen, die bezogen auf das Selbst filterten. Durch die Berücksichtigung dieses Meta-Programms bei der Einstellung erreichen sie die niedrigste Beschwerderate der ganzen Luftfahrtindustrie. Sie sind der Meinung, daß es für alle ihre Angestellten wichtig ist, die mit der Öffentlichkeit zu tun haben.)

Es gibt regionale Unterschiede, was diesen Filter anbetrifft (dies ist natürlich eine Verallgemeinerung). Leute im Südwesten filtern eher auf andere bezogen, während Leute aus dem Osten eher bezogen auf das Selbst filtern.

Andere Filter

17. Zielfilter

Der Zielfilter gibt Auskunft darüber, ob jemand ein „Perfektionist" ist. Er sagt Ihnen, wie weit jemand bei der Verfolgung seiner Ziele geht. Beim Herausarbeiten dieses Filters gibt es keine bestimmte Frage; schauen Sie sich nur die Ziele an und stellen Sie fest, was diese Leute anstreben:

A) Perfektion
Ihre Ziele lassen sie in Richtung auf Perfektion streben, und sie neigen dazu, mit ihrer Leistung unzufrieden zu sein.

B) Optimierung
Sie machen das Beste aus dem, was sie haben und benutzen das eventuell als Rechtfertigung dafür, daß sie nicht mehr leisten.

Der Zielfilter bietet die Möglichkeit, vorherzusagen, wann jemand aufgibt. Sie können ihn bitten, über ein Ziel zu sprechen, das er einmal erreicht hat. Welches Ziel war das, und was hat er erreicht? Was hat er anschließend gemacht?

18. Vergleichsfilter

Der Vergleichsfilter sagt etwas aus über die Art des Vergleichs, den jemand zieht, um zu beurteilen, wie gut er etwas macht.

Frage:
„Wie kommen Sie bei Ihrer Arbeit voran? Wie beurteilen Sie das?"
A) **Quantitativ** – Zahlen
B) **Qualitativ** – gut/schlecht
C) **Art des Vergleichs** – (verglichen mit wem/was): **Selbst mit Selbst:** (Vergangenheit, Gegenwart, Zukunft, Idealbild). **Selbst mit anderen:** (Wer?) „Er bringt mehr als ich." **Andere mit anderen:** (Wer mit wem? – Klatsch)

Im Verkauf sollten Sie die Art des Vergleichens feststellen. Wenn der Vergleich mit einer idealisierten Vergangenheit vorgenommen wird, können Sie den Einwand umdeuten, indem Sie sagen, daß Ihr Produkt auf die gleiche „traditionelle Weise" hergestellt ist. Wenn eine idealisierte Zukunft als Vergleich herangezogen wird, deuten Sie das um, indem Sie sagen, daß Ihr Produkt immer weiter verbessert wird.

19. Wissens-Filter

FRAGE:
„Wenn Sie entscheiden, daß Sie etwas Bestimmtes machen können, woher nehmen Sie dieses Wissen?" (Auch das Wissen, daß etwas so ist, wie es ist.)
A) Modellieren/Konzepte
B) Demonstration
C) Erfahrung – man hat es schon gemacht oder einer anderen Person bei dieser Tätigkeit zugesehen.
D) Autorität

20. Vollendungs-Filter

Dieser Filter gibt Ihnen Auskunft darüber, ob jemand ein starkes oder ein geringes Bedürfnis nach Vollendung hat. Hat er eine Abneigung dagegen, etwas zum Abschluß zu bringen? Es gibt eine Beziehung zwischen diesem Filter und dem Adaptive-Reaktion-Filter.

Frage:
„Wenn wir ein Projekt zusammen durchführen würden, wären Sie dann mehr an der Startphase interessiert, wo Sie die Energie für den BEGINN des Projekts sammeln, oder an der MITTELPHASE des Projekts, wo Sie damit beschäftigt sind, es am Laufen zu halten, oder am ENDE, wo Sie damit beschäftigt sind, es abzuschließen?" und „Gibt es einen Teil des Projekts, an dem Sie lieber nicht beteiligt wären?"

Häufig können Menschen einen Teil eines Projekts gut bewältigen, einen anderen hingegen schlecht. Im Hinblick auf Beziehungen gibt es zum Beispiel Leute, die eine Beziehung zu einer anderen Person nicht gerne beenden, die ungern „Auf-Wiedersehen" sagen. Diesen Menschen fällt es häufig leicht, eine Beziehung zu beginnen, und sie genießen die Jagd. Im Geschäftsleben finden wir Ähnliches. Nehmen Sie zum Beispiel einen Vertreter, der sehr gut Geschäftskontakte aufrechterhalten kann, aber keine neuen Kontakte knüpft; oder als Gegensatz einen, der leicht neue Geschäftskontakte knüpfen kann, aber beim Service miserabel ist.

21. Vollständigkeits-Filter

Dieser Filter bezieht sich darauf, wieviel Vollständigkeit jemand beim Umgang mit anderen Menschen oder mit Information braucht. (Dieser Filter steht in direkter Beziehung zu dem Adaptive-Reaktion-Filter.)

FRAGE:
„Wenn Sie Information erhalten, die zum Beispiel vier Schritte umfaßt, wie wichtig ist es für Sie, alle vier Teile zu erfahren?"

In bezug auf Kommunikation ist dies eine wichtige Frage, da das Gehirn dazu neigt, Inhalt oder Details der Kommunikation zu vergessen, wenn diese abgeschlossen ist. Mit anderen Worten, man kann sich eher an das erinnern, was Sie sagen, wenn sich im Gesagten einige offene Schleifen befinden.

(Auf diese Weise verschaffen sich übrigens einige erfolgreiche Kommunikatoren, wie zum Beispiel Richard Bandler, Reaktionspotential bei ihren Zuhörern.) Beim Umgang mit einer anderen Person achten Sie darauf, wie stark deren Bedürfnis nach Vollständigkeit ist und wie erfolgreich sie mit offenen Schleifen umgehen kann.

Interessante Kombinationen
Die folgenden Kombinationen komplexer Meta-Programme sind recht interessant, weil Sie bei Ihren Klienten ziemlich ausgefallene Reaktionen hervorrufen können:

Annäherung, Innerer Bezugsrahmen, Aktiv, Möglichkeit, Aktivität: Im Hinblick auf Motivation denken Sie vielleicht, ich würde bei der Suche nach einem wirklich guten Verkäufer jemanden anstellen, der sich „hin zu" bewegt, einen inneren Bezugsrahmen hat, aktiv ist, einen Möglichkeits-Menschen mit einem starken Bedürfnis nach Aktivität. (Hierbei handelt es sich übrigens um das Persönlichkeitsprofil eines typischen Unternehmers.) Diese Kombination bringt einen hochaktiven Tatmenschen hervor, aber es wird schwierig, ihn zu handhaben, es sei denn, er stimmt mit Ihnen überein und befindet sich schon auf der gleichen Linie wie Sie. Ein ausbalancierter Rahmen wäre hilfreich. Eine solche Person eignet sich gut für den Posten eines auf Kommissionsbasis arbeitenden Vertreters, wenn er sich kalibriert (in bezug auf andere filtert). Diese Leute benötigen keine Verkaufszahlen als Leistungsindikator, weil sie ihre Leistung mit Hilfe ihres inneren Bezugsrahmens selber einschätzen können.

Gemeinsamkeit, In-Time, „Hin zu"-Bewegung: Solche Personen tilgen massiv Information aus, die nicht in ihre Sichtweise hineinpassen und die sie nicht hören, sehen usw. wollen. Wenn sie eine Vereinbarung getroffen haben, tilgen sie möglicherweise Information darüber und sagen dann: „Ich war nicht ich selbst."

Oder wie wär's mit: **Unterschiede, ständig von neuem...?** „Mir ist egal, was Sie gestern gemacht haben, das ist gleichgültig, was haben Sie heute für die Firma getan?" oder „Beweise mir deine Liebe. Jedes Mal ... anders!!"

15. Die Veränderung von Meta-Programmen

Wie verändert man Meta-Programme? Im Allgemeinen ist das ganz einfach. Bedenken Sie bei der Beschäftigung mit Meta-Programmen, daß es sich dabei um Strategien handelt, die zur Filterung von Informationen benutzt werden, welche wir mit unseren fünf Sinnen aufnehmen. Darüber hinaus bestehen Meta-Programme aus visuellen, auditiven und kinästhetischen Repräsentationen, die denselben Submodalitätsveränderungen unterliegen, die wir in der NLP-Veränderungsarbeit täglich benutzen. Ferner kann jedes Meta-Programm in tiefer Trance oder mit Hilfe von Time-Line-Therapie verändert werden. Wir haben Meta-Programm-Präferenzen aus den meisten Kategorien verändert und möchten einige Bemerkungen anschließen, die für die Veränderung der bedeutenderen Meta-Programme hilfreich sein könnten:

Grundlegende Meta-Programme

Äußeres Verhalten
Introvertiert- oder Extravertiert-Sein ist das Resultat von Entscheidungen, die jemand in der Vergangenheit getroffen hat und die sich darauf beziehen, wie er auf andere Menschen reagieren wird. Gewöhnlich ist eine wichtige emotionale Erfahrung ausschlaggebend dafür, ob jemand introvertiert oder extravertiert ist. Wenn man aus einem introvertierten Menschen einen extravertierten machen will oder umgekehrt, identifiziert man einfach mit Hilfe von Time-Line die wichtige emotionale Erfahrung und trennt sie dann ab von der Entscheidung, introvertiert oder extravertiert zu sein.

Innerer Prozeß
Der innere Prozeß bezieht sich auf die Fähigkeit eines Menschen, zu „chunken“, sowie auf seine bevorzugte Art des „chunking“. Lassen Sie die Leute einfach das Kapitel „Hierarchie der Ideen“ lesen und geben Sie ihnen Übungen zum „Chunken“.

Innerer Zustand
Der innere Zustand steht in direkter Beziehung zu Assoziiertsein oder Dissoziiertsein. Bei diesem Prozeß ist Ankern äußerst nützlich.

144

Die adaptive Reaktion

Da eine hohe Korrelation besteht zwischen Beurteiler und Through-Time und Wahrnehmer und In-Time, kann man jemanden vom einen ins andere umschalten, indem man einfach seine Time-Line von „vorn nach hinten" zu „rechts nach links" verändert oder umgekehrt.

Komplexe Meta-Programme

Richtungsfilter

Der Richtungsfilter setzt sich aus einer Reihe von Werten (und manchmal auch allgemeinen Überzeugungen) zusammen, denen wir uns nähern oder die wir vermeiden. Stellen Sie zunächst fest, auf welchen Elementen sich die betreffende Person nähert bzw. welche sie vermeidet. Bei dem Richtungsfilter handelt es sich um einen bedeutenden Teil der Persönlichkeit. Die Werte, die bestimmte Teile dieses Filters darstellen, resultieren aus Erfahrungen, die jemand in seinem Leben gesammelt hat.

In bezug auf diesen Filter haben wir in letzter Zeit die Theorie entwickelt, daß jeder „Hin zu"-Wert, wenn er mit einer Aussage wie „Oh, das brauche ich nicht" gekoppelt ist, auf einen entgegengesetzten „Weg von"-Wert hinweist. Dieser „Weg von"-Wert liegt als „nicht geheiltes" Bedürfnis einem „Hin zu"-Wert zugrunde. Sie sagen zum Beispiel: „Bill, was wünschen Sie sich von einer Beziehung?" und Bill antwortet: „Oh, ich brauche keine Beziehung, ich bin zu beschäftigt." Wir könnten daraus schließen, daß Bill einen „nicht-geheilten" „Weg von"-Wert hat, was Beziehung anbetrifft. Eine weitere, hiermit eng verwandte Theorie besagt, daß jeder „Hin zu"-Wert aus einer wichtigen emotionalen Erfahrung resultiert, einer Erfahrung, die negative „Weg von"-Eigenschaften in sich birgt.

Beispiel

Tad: „Was ist für Sie wichtig daran, Geschäftsmann zu sein?"

Fred: „Freiheit."

Tad: „Warum Freiheit? Freiheit wofür?"

Fred: „Um mich selbst zu verwirklichen. Um kreativ zu sein."

Tad: „Warum müssen Sie sich selbst verwirklichen? Was ist Ihnen daran wichtig?"

Fred: „Es fühlt sich gut an, und außerdem will ich nicht erstickt werden."

Tad: „Welche Erfahrungen haben Sie denn in der Vergangenheit mit Erstickt-werden gemacht?"
Fred: „Ich sehe meinen Vater vor mir."

Freiheit stellt hier also einen sehr hoch eingeschätzten Wert dar. Dies weist auf den entgegengesetzten Wert des Nicht-Erstickt-Werdens hin, weil einiges nicht ausgeheiltes Material auftaucht, das mit seinem Vater zu tun hat.

Wir sind mittlerweile der Meinung, daß hinter vielen Werten in unserer Wertehierarchie nicht geheilte gegenteilige Werte stecken. Jemand, der sich gleichzeitig einer Sache annähert als auch sich davon wegbewegt (in bezug auf denselben Wert), wird dabei mit folgendem Problem konfrontiert: das Gehirn kann keine Negation handhaben. Dafür ein Beispiel: denken Sie nicht an einen blauen Baum. Woran denken Sie? An einen blauen Baum natürlich. Wenn ich mich also, wie Fred, gleichzeitig auf Freiheit hin- und von Ersticktwerden wegbewege, halte ich „Nicht-Erstickt-Werden" als innere Repräsentation in meinem Gehirn fest.

Wir wissen bereits, daß die innere Repräsentation in meinem Gehirn meinen Zustand bestimmt und folglich auch das, was ich erreiche. Wenn ich also „Nicht-Erstickt-Werden" im Geist festhalte, so kreiert das das Resultat des Ersticktwerdens. Wir stellen in der Tat fest, daß Menschen, die sich gleichzeitig hin zu etwas bewegen und weg von etwas, nicht nur inkongruent sind, sondern auch dafür sorgen, daß es in ihrer Vergangenheit kleine Ereignisse gibt, die genau dem entsprechen, was sie vermeiden wollten.

Wenn wir den entgegengesetzten „Weg von"-Wert heilen (mittels Time-Line-Therapie), bewegt sich der „Hin zu"-Wert in der Hierarchie abwärts. Möglicherweise verschwindet er sogar ganz aus der Hierarchie. Während Sie die Inkongruenz bereinigt und die kleinen Desaster gestoppt haben, haben Sie gleichzeitig die treibende Kraft hinter dem „Hin zu"-Wert geschwächt. Je nach angestrebtem Ziel ist es deshalb vielleicht notwendig, den „Hin zu"-Wert mit Hilfe von Submodalitäten in der Hierarchie wieder weiter nach oben zu verschieben. Wenn ein „Weg von"-Wert geheilt und der Konflikt damit in vielen Fällen beendet ist, hat der Betreffende ein stärkeres Bedürfnis, Werten nachzustreben, die einem höheren Zweck dienen.

Wenn Sie zwischen verschiedenen Teilen bestehende Werte-Konflikte mit Hilfe des „visuellen Squash" bereinigen (siehe Seite 183 ff.), bewegt sich der betreffende Wert (die betreffenden Werte) in der Hierarchie weiter aufwärts.

Bei der Heilung eines sehr starken, vollständig auf „Weg von" gerichteten Wertes sollten Sie diesen am besten mit irgendeinem „Hin zu"-Wert ersetzen, denn die Leute sollten etwas haben, zu dem sie sich hinbewegen können.

Wenn Sie mit Hilfe von Time-Line-Therapie einen nicht-geheilten „Weg von"-Wert heilen wollen, der sich im Widerstreit mit einem „Hin zu"-Wert befindet, sagen Sie: „Ich könnte raten, über welche Erinnerung wir hier sprechen, d. h. raten, um welche es sich handelt, aber es gab ein bestimmtes Ereignis in Ihrer Vergangenheit, das dieses Bedürfnis in Ihnen hervorrief. Diese eine Grundursache. Es gab damals einen Zeitpunkt, wo Sie eine bestimmte Entscheidung darüber trafen, was das Leben in bezug auf diesen Wert gekennzeichnet hat. Erinnern Sie sich? Gut. Gehen Sie zu dieser Zeit zurück. Gut. Und achten Sie darauf, welche Gefühle sich in Ihrem Körper abspielten, als Sie diese Entscheidung trafen. Was für Gefühle sind das? (Sie nennen die Gefühle.) Jetzt schweben Sie bitte nach oben über Ihre Time-Line und gehen Sie zu einem Punkt, der 15 Minuten vor dem Punkt liegt, wo das alles begann. Gut. Jetzt will ich Sie was fragen. Jetzt, wo sind die Gefühle? Und die Entscheidung. Ist sie auch verschwunden?" (Zusätzliche Information über diesen Prozeß siehe Seite 17 f.)

Eine weitere Möglichkeit, zurückliegende Traumata zu heilen, besteht darin, zu sagen: „Sehen Sie Ihr jüngeres Selbst in dieser Erinnerung? Gut. Sie ist verstört, nicht wahr? Ja, sehr sogar. Können Sie in diese Erinnerung hineinschweben und Ihrem jüngeren Selbst mitteilen, daß Sie aus der Zukunft kommen und daß Sie überlebt haben? Nehmen Sie sie fest in den Arm. Sie ist jetzt glücklicher, nicht wahr? Fragen Sie sie nun, ob sie da herauskommen und mit Ihnen gehen will. Das will sie, ja? Jetzt schweben Sie bitte mit Ihrem jüngeren Selbst zusammen zu einem Grasplatz oder einer Wiese und legen Sie sich dort einfach auf den Rücken und beobachten die Wolken, und Sie merken, wie gut es sich anfühlt, weit weg von all dem zu sein. Sagen Sie ihr bitte, daß sie nie wieder dorthin zurückgehen muß. Daß sie diese Zeit endgültig hinter sich hat und nie mehr dorthin zurück muß. Möchte sie bei Ihnen bleiben? Gut. Ist es in Ordnung, wenn sie bei Ihnen bleibt? Gut. Nehmen Sie sie in sich auf und stellen Sie einen besonderen Platz für sie bereit."

Wenn die Leute sich in die betreffende Erinnerung zurückversetzt haben, gibt es noch einen dritten Weg. Man fragt: „Und was haben Sie bei dieser Erfahrung von der anderen Person gebraucht, um sich ganz vollständig zu fühlen, ein vollständig positives Gefühl von sich zu haben?" Die Antwort ist: „Liebe und Respekt." Sie sagen: „Gut. Stellen Sie sich bitte eine Quelle unbegrenzter Liebe und Respekt vor, die aus einer Stelle über Ihrem Kopf fließt, durch Sie hindurchfließt und aus Ihrem Herzen hinaus zu der anderen Person. Und wie sieht Ihr Gesichtsausdruck aus, wenn diese Quelle von Liebe und Respekt Sie erreicht? Gut. Lassen Sie das einfach solange ablaufen, bis die ganze Situation geheilt ist."

Dann, während Sie den Betreffenden wieder über seiner Time-Line schweben und in die Gegenwart zurückkommen lassen, suggerieren Sie ihm folgendes: „Was

Sie in der Vergangenheit entschieden haben, ist vorbei. Es ist Vergangenheit. Und Sie haben jetzt neue Wahlmöglichkeiten und neue Möglichkeiten, was diesen Wert anbetrifft. Und während Sie in die Gegenwart zurückkommen, achten Sie bitte darauf, daß Ihre Wahlmöglichkeiten sich in allen Richtungen vermehren, bis Sie zum Jetzt kommen, und Sie merken, daß alles in Ordnung ist."

Dies hat meistens zur Folge, daß die ganze Situation „geheilt" zurückgelassen wird, und es hat eine dramatische Auswirkung auf den „Weg von etwas"-Wert, der dem „Hin zu etwas"-Wert zugrundeliegt; es kann den „Weg von etwas"-Wert auslöschen und sogar einen „Vermeidungs"-Menschen in einen „Annäherungs"-Menschen verwandeln.

Bezugsrahmen

Ich habe ausgezeichnete Ergebnisse durch Veränderungsarbeit mit Hilfe tiefer Trance bei Leuten erzielt, deren inneren Bezugsrahmen ich in einen äußeren Bezugsrahmen verwandelt habe. Lassen Sie die Betreffenden einfach in der Vorstellung 70 Treppenstufen hinabsteigen und stellen Sie fest, wann sie auf der tiefsten Stufe angekommen sind. Dann sagen Sie ihnen, daß sie auf Stufe Nr. 65 zurückkommen sollen, auf der sich, wie jeder weiß, die Ebene der Metaprogramme befindet. Dann schlagen Sie ihnen vor, nach rechts zu schauen, wo sie einen Schalter sehen, der den Bezugsrahmenfilter darstellt. Sie sollen feststellen, daß er auf, sagen wir mal, „intern" geschaltet ist. Lassen Sie sie nun den Schalter auf „extern" kippen. Schließlich lassen Sie die Leute die Treppe wieder hinaufsteigen.

Überzeuger

Der Überzeuger-Demonstrationsfilter hat seinen Ursprung in den Erfahrungen und Entscheidungen, die jemand erlebt und getroffen hat. Diese Konstruktion verändert man am besten mit Hilfe von Time-Line.

Beziehung

Der Beziehungsfilter stützt sich auf die Interaktion dreier „einfacher Filter". Es sind: Innerer Prozeß, Innerer Zustand und Adaptive Reaktion. Jemand, der vollständig durch „Gemeinsamkeit" oder „Unterschiede" charakterisiert ist, ist wahrscheinlich ziemlich stark assoziiert, wenn er vergleicht. Versuchen Sie das mal: Machen Sie sich ein assoziiertes Bild und versuchen Sie dann, ein anderes Bild zum Vergleich heranzuholen. Für die meisten Menschen ist das unmöglich! Um jemanden von „Gemeinsamkeit" in „Gemeinsamkeit mit Ausnahme" wechseln zu lassen, oder von „Unterschiede" zu „Unterschiede mit Ausnahme", muß man ihm dazu verhelfen, dissoziieren zu können. Ankern hilft dabei.

Richtung der Aufmerksamkeit

Die Quelle des „Richtung-der-Aufmerksamkeit"-Filters umfaßt die Gesamtheit der gesammelten Erfahrungen, des Trainings (oder sozialen Trainings) und der Entscheidungen, die jemand bezüglich seiner Aufmerksamkeit für andere Menschen getroffen hat. Diese Art von Konstruktion verändert man am besten mit Hilfe von Time-Line.

IV. Werte

16. Einführung in Werte

Einführung

Schon immer haben Werte als Rechtfertigung für Vorurteile und Zwietracht ge-
dient und waren häufig verantwortlich für einen grundlegenden Mangel an Kommunikation. In der therapeutischen Arbeit stellen Werte mehr als jedes andere Element die eigentliche Basis der Veränderung dar und haben einen bedeutenden
Einfluß auf die Dauerhaftigkeit der von uns vorgenommenen Veränderungen.

Definition von Werten

Was sind also Werte? Sie sind das, wo wir uns „hin zu" oder „weg von" bewegen
(siehe Meta-Programme). Werte drückt man gewöhnlich in Form von Nominalisierungen aus. (Eine Nominalisierung ist ein Prozeßwort, wie das Verb „kommunizieren", das in ein Substantiv verwandelt wird: „Kommunikation".) Werte
zeichnen sich dadurch aus, daß wir bereit sind, unsere vorhandenen Ressourcen
einzusetzen oder uns neue Ressourcen zu verschaffen, um sie zu bewahren. Werte
sind uns weitgehend unbewußt und stellen auf der tiefsten Ebene der Persönlichkeit die Triebkraft für die wahren Ziele eines menschlichen Wesens dar. Werte bestimmen SÄMTLICHES menschliches Verhalten. Zunächst sorgen sie für die
Triebkraft oder den kinästhetischen Antrieb in Form von Motivation für unsere
Handlungen. Dann dienen sie als Kriterien zur nachträglichen Bewertung oder
Beurteilung unserer Handlungen. Mit Hilfe von Werten urteilen wir darüber, was
gut und böse, richtig oder falsch, angemessen oder nicht angemessen ist.
Um sicherzustellen, daß wir dieselbe Sprache sprechen, wollen wir uns auf eini-
ge zusätzliche Definitionen einigen:

151

Hoch bewertete Kriterien

Hoch bewertete Kriterien sind ebenfalls Werte. Es handelt sich bei ihnen um unsere wichtigsten Hauptwerte, von denen ausgehend wir unsere Überzeugungen formulieren. Sie werden gleichfalls durch Nominalisierungen ausgedrückt wie Zufriedenheit, Sicherheit, Freude, Herausforderung, Bewältigung und Ehrlichkeit.

Sie können sich einen Wert oder ein hoch bewertetes Kriterium wie einen Tassenhaken vorstellen. Sie wissen schon, einen Haken im Küchenbüffet, an den man Tassen hängen kann. Können Sie sich vorstellen, wie das aussieht? Stellen Sie sich vor, daß ein hoch eingeschätztes Kriterium oder ein Wert wie ein solcher Haken ist. An ihm hängt, genau wie Tassen an Tassenhaken, eine Reihe von Glaubenssätzen.

Glaubenssätze

Glaubenssätze hängen an Werten oder sind mit ihnen verwandt. Jeder einzelne Ihrer Glaubenssätze „hängt" oder ist verbunden mit einem bestimmten, wahrscheinlich unbewußten Wert. Glaubenssätze sind stärker bewußt als Werte und stellen Verallgemeinerungen über unsere Handlungen dar, über das, was wir tun oder das, was wir tun sollten. Es sind Aussagen über unsere inneren Repräsentationen – darüber, wie wir glauben, daß die Welt ist.

Glaubenssysteme

Als Glaubenssystem bezeichnet man eine Gruppe von Glaubenssätzen, die um ein hoch bewertetes Kriterium angeordnet sind. Stellen Sie sich einen Baum vor, bei dem jeder größere Ast einen Wert darstellt. Um jeden Wert herum sind eine Reihe kleinerer Zweige angeordnet, die Glaubenssätze. Das Gesamtsystem der Zweige oder Glaubenssätze bezeichnet man als Glaubenssystem. Glaubenssätze sind Verallgemeinerungen über unsere Handlungen und darüber, was wir tun und was wir tun sollten.

Kernglaubenssätze und Grundwerte

Kernglaubenssätze und Grundwerte sind mit unserer Identität verbunden und entstehen meist unbewußt, zum Beispiel dadurch, daß wir während unserer ersten acht Lebensjahre die Interaktionen unserer Eltern beobachten. Diese Kernglaubenssätze und Grundwerte haben einen sehr tiefreichenden Einfluß. Diejenigen, die uns am stärksten beeinflussen, befinden sich außerhalb unseres Bewußtseins. Kernglaubenssätze und Grundwerte stellen die unbewußtesten Werte dar und sind wahrscheinlich in bezug auf die Definition unserer Persönlichkeit am wichtigsten. Kernglaubenssätze sind also die Werte, die als Grundlage unserer Persönlichkeit dienen. Kernglaubenssätze und Grundwerte sind den „hoch bewerteten Kriterien" ähnlich. Der Unterschied liegt darin, daß Kernglaubenssätze und Grundwerte die am stärksten unbewußten Teile unserer Identität darstellen.

Für die Beschäftigung mit der Psychologie der Gesundheit ist es darüber hinaus wichtig, sich zu vergegenwärtigen, daß Menschen Glaubenssätze und Werte haben, die sich auf Ursache und Wirkung beziehen, auf Bedeutung (oder komplexe Äquivalenz) sowie auf Grenzen und Fähigkeiten. Diese Glaubenssätze und Werte bestimmen unsere Handlungen weitgehend. (Dies gilt insbesondere für unsere Gesundheit oder unseren Mangel an Gesundheit.)

Hierarchien

Unser Gehirn ordnet unbewußt unsere Werte in Form von Hierarchien an. Wenn wir unsere Handlungen bewerten, werden gewöhnlich die wichtigeren Werte zunächst aufgesucht. Nachdem die wichtigeren Werte gefunden und zufriedengestellt worden sind, werden die nächst wichtigsten wichtig.

Inkongruenzen

Inkongruenzen resultieren gewöhnlich aus Wertekonflikten, die sich in einem Menschen abspielen. Jemand, der innere Wertekonflikte hat, zeigt entweder simultane Inkongruenz (zum Beispiel dadurch, daß er mit dem Kopf „ja" nickt und gleichzeitig „nein" sagt), oder er läßt sequentielle Inkongruenz erkennen (wie zum Beispiel „Ich will das machen, aber...“). Wenn Werte sich nicht in Übereinstimmung befinden mit dem, was man in einer Therapie gemacht hat, werden die Veränderungen gewöhnlich wieder aufgehoben. Das Reframing mit visuellem Squash und andere Reframing-Modelle eignen sich hervorragend für den Umgang mit Werte- und Glaubenskonflikten.

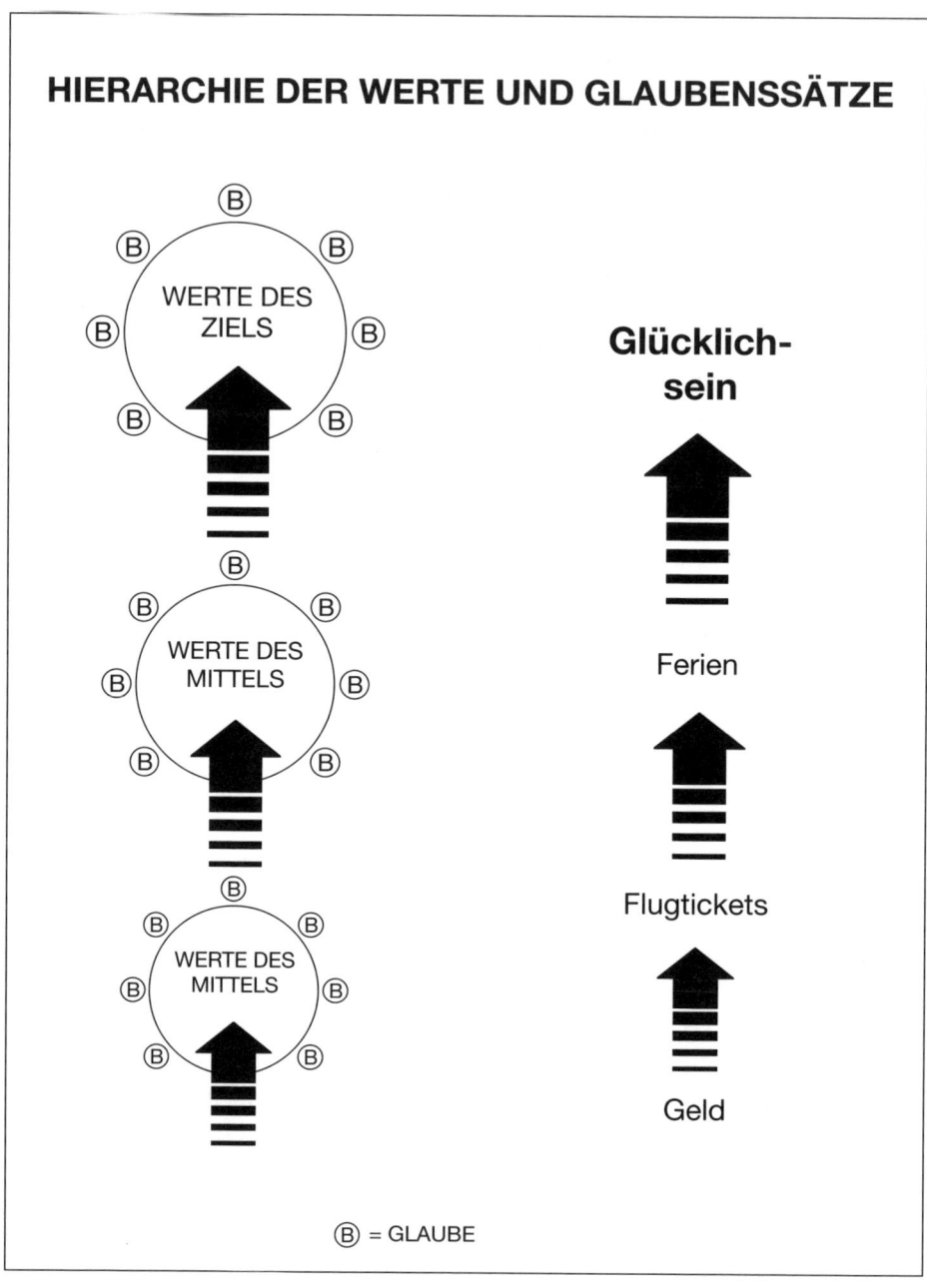

HIERARCHIE DER WERTE UND GLAUBENSSÄTZE

WERTE DES ZIELS

WERTE DES MITTELS

WERTE DES MITTELS

Glücklich-sein

Ferien

Flugtickets

Geld

Ⓑ = GLAUBE

Unbewußtes Modellieren

Unsere Werte sind oft das Ergebnis unseres unbewußten Modellierens der Menschen in unserer Umgebung. Wir übernehmen Glaubenssysteme und Werte, damit wir dazugehören. Ein neuer Angestellter, der „Hamburger" liebt, wird, wenn er für eine Firma von Vegetariern arbeitet, deren Gebräuche annehmen, um mehr Rapport mit der Gruppe herzustellen. Wenn er dann später über seine Handlungen nachdenkt, übernimmt er vielleicht sogar neue Werte, wenn er sich an das vegetarische Essen erinnert. Glaubenssätze werden oft auf genau dieselbe Art und Weise gebildet. Wir tun etwas und sagen dann: „Ich habe in dieser Weise gehandelt, also muß ich das und das glauben." Anders ausgedrückt, sind unsere Glaubenssätze und Werte häufig sowohl das Ergebnis als auch die Rechtfertigung unserer Handlungen. Wir beurteilen unsere Taten auch auf der Grundlage der Frage nach unserer Glaubwürdigkeit. Das heißt, wir merken, daß wir etwas Bestimmtes tun und rechtfertigen es dann, indem wir sagen, daß die Handlung einen Glauben repräsentiert. Der so repräsentierte Glaube kann durchaus in Konflikt stehen mit dem, dem wir vorher anhingen, aber wir wechseln den Glauben, um konsistent zu bleiben. (Daraus ergibt sich wohl, daß man sich nicht Leuten anschließen sollte, denen man nicht nacheifern möchte.)

Einstellungen

Einstellungen gründen sich auf Glaubenssysteme. Einstellungen stützen sich auf Gruppierungen von Glaubenssystemen, die sich auf ein bestimmtes Thema beziehen; sie werden also gebildet aus einer Gruppe von Glaubenssätzen und Werten. Eine Einstellung ist daher die Gesamtsumme unserer Glaubenssätze und Werte hinsichtlich eines bestimmten Themas.

Verhalten

In bezug auf das Modellieren von Verhalten und die Untersuchung, wie Verhaltensweisen sich herausbilden, sollte man unserer Meinung nach neben internen Verarbeitungsstrategien, inneren Zuständen oder Gefühlen und der Physiologie noch zwei Arten von Werten berücksichtigen. Erstens gibt es Werte, die als Quelle von Kraft (Werte wie die Fähigkeit, etwas zu vollbringen) und als Quelle von Entschlossenheit dienen (Werte wie der freie Wille). Zweitens gibt es Werte und Glaubenssätze, die sich darauf beziehen, wie die Welt in bezug auf andere Menschen funktioniert (Werte wie Fairneß). Diese verbinden sich und bestimmen unseren Zustand in einem gegebenen Moment, der wiederum unser Verhalten determiniert.

Viele therapeutische Prozesse setzen nur auf der Ebene der Veränderung von Strategien, des Zustands oder der Physiologie an. Die auf dieser Ebene erreichten Veränderungen sind leider oft nur von kurzer Dauer. Wenn Sie über die Veränderung von Strategien, Zustand und Physiologie hinaus auch noch Werte, Glaubenssätze und Einstellungen verändern, hat das eine dauerhaftere Verhaltensänderung zur Folge. Wir haben herausgefunden, daß die Anwendung von Time-Line, visuellem Squash und Werteverschiebung zu einer Änderung führt, die wesentlich generativer und länger anhaltend ist. Wenn man nämlich Werte und die Teile, die sie aufrechterhalten, nicht mit einbezieht, sind die erreichten Veränderungen wahrscheinlich nur kurzfristig und halten nicht lange an. Wir empfehlen daher, dafür zu sorgen, daß Werte, Glaubenssätze, Einstellungen sowie die Teile, die sie unterstützen, mit einbezogen werden, wenn man die Art des therapeutischen Vorgehens festlegt.

Anordnung im Gehirn

Wie sind alle diese Teile im Gehirn angeordnet? Meta-Programme sind am weitesten unbewußt. Werte folgen und sind etwas weniger unbewußt, Glaubenssätze sind etwas mehr bewußt, Einstellungen noch stärker. Während uns unsere Einstellungen einigermaßen bewußt sind, sind wir uns der meisten unserer Werte recht wenig bewußt.

Völlig bewußt
   Einstellungen
   Glaubenssätze
   Werte
   Grundwerte
   Meta-Programme
Völlig unbewußt

Erinnerungen und Entscheidungen haben ihren Platz irgendwo in diesem Schema zwischen Bewußt und Unbewußt.

Wenn jemand einmal damit anfängt, Werte zu erforschen und über Werte nachzudenken, wird er sich seiner Werte natürlich mehr bewußt und dissoziiert sich damit auch stärker von ihnen. Meistens jedoch sind die Menschen sich ihrer Werte nicht und ihrer Meta-Programme absolut nicht bewußt.

17. Die Entstehung von Werten

Bei der Diskussion über die Entstehung von Werten stützen wir uns auf Forschungsergebnisse des Soziologen Morris Massey, der postuliert, daß junge Menschen bei der Herausbildung ihrer wichtigsten Grundwerte eine Reihe von Entwicklungsperioden durchlaufen. Es gibt drei Hauptperioden, die jemand bei der Entwicklung von Werten und Persönlichkeit durchläuft. Die drei Hauptperioden sind die **Prägeperiode**, welche die Zeit von der Geburt bis zum 7. Lebensjahr umfaßt, die **Modellierperiode**, vom 8. bis 13. Lebensjahr, und die **Sozialisationsperiode**, von 14 bis 21.

Die Prägeperiode (imprint period)

In der Prägeperiode, von der Geburt bis zum Alter von 7 Jahren, sind wir wie ein Schwamm. Wir nehmen alles, was in unserer Umgebung passiert, in uns auf und speichern es. Unsere grundlegende Programmierung erhalten wir in dieser **Prägeperiode**, insbesondere zwischen dem 2. und dem 4. Lebensjahr, und wenn ein Kind das Alter von 4 Jahren erreicht hat, hat der größte Teil der Programmierung schon stattgefunden.

Mit Hilfe dieser Informationen war ich in der Lage, jemandem innerhalb von nur 10 Minuten bei der Überwindung einer lange bestehenden Phobie zu helfen. Die meisten Phobien, mit denen ich bisher gearbeitet habe, entstanden zwischen dem 3. und dem 7. Lebensjahr. Dort finden wir die meisten der sehr frühen Erfahrungen, die die Grundlage einer Phobie bilden. (Natürlich kann es später noch Erweiterungen oder Verstärkungen der Phobie geben.) Es gibt möglicherweise auch keine Erinnerung an die Entstehung der Phobie, weil die während der Prägeperiode stattfindenden Lernprozesse weitgehend unbewußt sind. Die Prägeperiode findet in der Zeit zwischen Geburt und dem 7. Lebensjahr statt und stellt die grundlegende Programmierung eines Individuums dar. Das Kind übernimmt unbewußt das Verhalten der Eltern.

Die Modellierperiode

Die Jahre von 8 bis 13 stellen nach Massey die Modellierperiode dar. Zwischen 8 und 13 Jahren beginnt das Kind, bewußt und unbewußt grundlegende Verhaltensweisen zu modellieren, nachzuahmen. Ich kann mich klar an eine Zeit um mein 10. Lebensjahr herum erinnern. Ich war mit meinem Großvater zusammen, der ziemlich stark hinkte. Unbewußt imitierte ich seine Art zu gehen. Er sah das und schimpfte mich deswegen aus; es war mir jedoch überhaupt nicht bewußt, daß ich ihn nachmachte. Vielleicht können auch Sie sich daran erinnern, wie Sie während dieser Zeit Erwachsene modelliert haben. Vielleicht können Sie sich sogar daran erinnern, daß Sie sich genauso anziehen mußten wie Mama oder Papa.

Vor dem 7. Lebensjahr ist sich das Kind irgendwelcher Unterschiede zwischen den Eltern und seiner eigenen Person weitgehend unbewußt. Das Kind empfindet keinen Unterschied zu seinen Eltern. Dann, mit 8 Jahren, bemerkt das Kind langsam, daß es außerhalb seiner selbst Menschen gibt, und vom 8. bis zum 13. Lebensjahr beginnt das Kind, über sich hinaus auf das zu schauen, was in der Welt passiert. Es wird aufmerksam auf das Verhalten von Freunden und Familie und modelliert sie. An diesem Punkt fangen Kinder an, Helden zu haben. Wir stellen fest, daß Kinder vor dem 7. Lebensjahr weniger bewußte Helden haben als später; vom 8. bis 13. Jahr übernehmen sie dann langsam die Werte der Menschen, die sie zu ihren Helden gemacht haben. Massey ist der Ansicht, daß unsere wichtigsten Werte in bezug auf das Leben in dem Alter zwischen 8 und 13 (ungefähr um das 10. Lebensjahr herum) übernommen werden. Er meint darüber hinaus, daß Ihre Werte sich darauf gründen, wo Sie waren und was in der Welt passierte, als Sie 10 Jahre alt waren. Mehr darüber später.

Sozialisationsperiode

Das Alter von 14 bis 21 Jahren nennen wir die Sozialisationsperiode. Das Kind geht durch eine Sozialisationsperiode, in der die soziale Interaktion mit anderen Menschen beginnt. Hier beginnt der junge Erwachsene, Beziehungen zu knüpfen und sich Werte anzueignen; die meisten von ihnen benutzt er während seines ganzen restlichen Lebens. Mit 21 Jahren ist die Bildung der Werte weitgehend abgeschlossen. An diesem Punkt verändern sich Grundwerte nicht mehr, wenn nicht eine bedeutende emotionale Erfahrung stattfindet (oder andere therapeutische Veränderungen vorgenommen werden.) Mit Hilfe der in diesem Kapitel beschriebenen Techniken können wir Werte innerhalb weniger Minuten verändern.

Außer durch NLP-Intervention verändern sich Grundwerte nicht, wenn es nicht zu einer bedeutenden emotionalen Erfahrung kommt. Andere stärker bewußte Werte verändern sich und entwickeln sich kontinuierlich. Die Menschen verändern sich und wachsen, und ihre Werte verändern sich mit der Zeit. Die ursprünglichen Werte jedoch, die tiefliegenden Grundwerte, werden ungefähr im Alter von 10 Jahren herausgebildet und bis zum 21. Lebensjahr verfestigt.

Wenn Sie Werte wirkungsvoll verändern wollen, bietet Time-Line-Therapie dazu eine Möglichkeit. Sie gehen in der Zeit zurück, identifizieren und verändern die Erinnerungen aus der Prägeperiode, der Modellierperiode und der Sozialisationsperiode, die bei der Entstehung dieses betreffenden Wertes wichtig waren. Ihnen ist vielleicht aufgefallen, daß Hypnotherapeuten sich für ihre Arbeit mit Erinnerungen meist die Altersperiode von 0 bis 21 heraussuchen, um bei jemandem Veränderungen herbeizuführen. Bei der Anwendung von Time-Line-Therapie ist es meistens auch nicht notwendig, mit Erinnerungen aus der Zeit nach dem 21. Lebensjahr des Betreffenden zu arbeiten. Im Gegenteil – Veränderungsarbeit mittels Time-Line sollten Sie vorzugsweise mit einer Erinnerung aus der Zeit vor dem 21. Lebensjahr vornehmen, und zwar deshalb, weil wir mit Time-Line immer an dem wichtigsten Ereignis dieser betreffenden Zeitabschnitte arbeiten. Bei Ihrer Veränderungsarbeit sollten Sie also diese Zeitabschnitte anschauen und herausfinden, welche bedeutenden Ereignisse damals geschahen.

Der Ursprung der Werte

Wo liegt nun der Ursprung der Werte, auf die Sie stoßen, wenn Sie bei der Arbeit mit jemandem auf der Time-Line zurückgehen und nach bestimmten Erinnerungen Ausschau halten? Woher kamen diese grundlegenden Werte? Welche Einflüsse haben zur Entstehung unserer Grundwerte beigetragen? Unsere Grundwerte stammen aus unserer Umgebung. Menschen, die zu unterschiedlichen Zeiten aufgewachsen sind, haben unterschiedliche Werte, die sich auf Ereignisse in ihrer Umgebung rund um das 10. Lebensjahr herum gründen.

Familie

An erster Stelle steht die Familie. Das Kind modelliert Freunde und Eltern. Wenn Sie zum Beispiel an einem Gewichtsproblem arbeiten, gehen Sie wahrscheinlich zeitlich zurück und decken auf, wie und wann der Betreffende das interne Modell entworfen hat, das zu dem Problem führte. Waren die Eltern dick? Waren seine Freunde dick? Wie sieht das innere Bild seiner Körpergröße im Alter von 8, 10 oder 13 Jahren aus? Hat er damals gesagt: „...oh, ich möchte genauso sein wie diese Person!"? Gehen Sie in der Time-Line des Betreffenden zurück und stellen Sie fest, wann er beschloß, wie diese Person zu sein; das spielt sich normalerweise in der

Modellierperiode ab, kann aber auch erst später in der Sozialisationsperiode geschehen. Anschließend sollten Sie herausfinden, was die Mitglieder der Familie charakterisiert. Sind die Männer richtige Machos und die Frauen passiv? Oder sind die Frauen stark und die Männer nicht? Sie sollten die Prägeperiode absuchen nach Erfahrungen, die zur Entstehung bestimmter Familienwerte geführt haben – die Familie übt in der Prägeperiode den stärksten Einfluß aus.

Freunde

Die Werte der Freunde haben einen ausgeprägten Einfluß in der Sozialisationsperiode. Während der Teenagerzeit bis zum 21. Lebensjahr haben Freunde den stärksten Einfluß. Bedenken Sie, daß in diesem Alter die Kinder theoretisch auf sich selbst gestellt sind und ihre Freunde intensiv und ausgiebig modellieren.

Religion

Sie sollten auch die Kirche oder die Religion in Betracht ziehen. In welcher Weise kam der Betreffende in diesen Zeitabschnitten mit der Kirche oder mit Religion in Berührung? Um welche Religion handelt es sich, und welche Lehren der Religion könnten für das augenblickliche Problem des Klienten von Bedeutung sein?

Schule

Schule und Lehrmethoden bestimmen ebenfalls Ihre Werte. Konnten Sie in der Schule wählen? Hatten Sie keine Auswahl? War es eine integrierte Schule? Waren die Lehrer sexistisch (und erzählten Ihnen, daß Frauen nichts wert seien) oder rassistisch (und erzählten Ihnen, Schwarze seien nichts wert)? Wenn solche Ereignisse sich in der Schule abgespielt haben, beeinflussen sie Ihre Werte. Schulbücher wirken sich auch auf Ihre Werte aus. Was haben die Schulbücher gesagt? Sind Sie mit der Lektüre von „Spaß mit Dick und Jane" aufgewachsen (das übrigens ziemlich sexistisch ist)? Hat der Lehrer Sie wie einen lernfähigen Menschen behandelt oder wie einen Dummkopf? Wir haben bewiesen, daß die Überzeugung eines Lehrers einen großen Einfluß auf die Zensuren eines Schülers hat. Schließlich hat auch die äußerliche Anordnung des Klassenzimmers eine unbewußte Auswirkung auf das Lernen. Alles, was in der Schule passiert ist, hat die Werte eines Menschen beeinflußt.

Geographie/Lage

Die Geographie, also wo Sie aufwachsen, beeinflußt Ihre Werte. Sind Sie im Süden oder Norden aufgewachsen (rassische Werte)? Sind Sie im Osten oder im Westen aufgewachsen (soziale Werte)?

Wirtschaftliche Lage/Wohlstand

War die Familie wohlhabend? Leute, die während der Zeit der „Depression", ungefähr um 1930 herum, 10 Jahre alt waren, sind jetzt 70. Diese spezielle Gruppe von Menschen sagt: „Ich möchte nicht, daß es meinen Kindern an irgend etwas fehlt." Das ist ein vorherrschender Grundwert für alle, die 1929 10 Jahre alt waren. „Ich möchte sichergehen, daß ich sie mit allem versorgen kann, was sie brauchen. Ich möchte dafür sorgen, daß sie es besser haben als ich."

Statistisch gesehen sparen die Amerikaner heutzutage weniger als jemals zuvor. Warum? Weil dieser spezielle Wert verschwunden ist. Die heutigen Sparer sind die 70jährigen, die die Depression miterlebt haben. Wer in den 70er Jahren aufgewachsen ist, hat das Problem nie gekannt, weil seine Eltern es übertrieben haben. Sie sagen: „Ich will nicht, daß es MEINEN Kindern an irgend etwas fehlt." Infolgedessen wissen ihre Kinder nicht, was es mit dem Sparen auf sich hat. Sie haben keine Werte, die sich auf Sparen beziehen, und deshalb sparen sie kein Geld. Nicht zu sparen ist ein Ergebnis ihrer Werte.

Bedeutende historische Ereignisse

Leute meiner Altersgruppe waren zur Zeit des Koreakrieges ungefähr zehn Jahre alt, und wir begannen damals, uns darauf vorzubereiten, angegriffen zu werden. Wir hatten Luftschutzübungen in der Schule, erinnern Sie sich? Wir verkrochen uns alle unter unseren Pulten, als ob uns das vor einer Atombombe hätte retten können! Dann sah ich im Fernsehen Atombombentests in der Wüste von Nevada, und ich wußte, daß die Pulte uns nicht retten würden.

Welche unserer Werte wurden also damals programmiert? Oder wie war es während des Koreakriegs? Greift die Menschen in Nordkorea an! Jagt sie alle in die Luft! Von jenem Tag an lebten wir mit der Bedrohung durch die Atombombe. Schauen Sie also nach, welche wichtigen Ereignisse bei Ihnen und Ihrem Klienten um das 10. Lebensjahr herum geschehen sind. Diese Ereignisse bestimmen nämlich Ihre Grundwerte und Überzeugungen – Ihre wichtigsten Werteindikatoren.

Die Medien

Betrachten wir nun einen Moment lang die Medien. Sie spielen bei der Programmierung der Werte in den Altersstufen von 8 bis 21 Jahren eine wichtige Rolle.

Wie ist es mit der Musik? Musiktexte programmieren die Werte einer ganzen Generation. Beachten und lauschen Sie den Liedern, die Kinder hören und ansehen, wenn sie 15 bis 21 Jahre alt sind. Sie werden vorhersagen können, welche Werte sie als Erwachsene haben werden.

Das Fernsehen stellt jetzt eine starke Kraft bei der Festlegung von Werten dar. Das war in den früheren Generationen nicht so. Praktisch hundert Prozent der Familien haben heutzutage Fernsehen. Seit den 50er Jahren haben die Menschen zuhause während ihres gesamten Lebens Fernsehen gehabt. Die meisten jungen Leute heute erinnern sich nicht an Zeiten ohne Fernsehen.

Das Fernsehen hat einen Glauben an das „Jetzt" hervorgebracht; d.h. jeder, der 1950 10 Jahre alt war oder älter, ist der Überzeugung, daß er alles haben kann (oder wenigstens den Wunsch haben kann), was er jetzt will. Das ist das Ergebnis der der Fernsehwerbung zugrundeliegenden Botschaft, die zum Beispiel besagt: wenn Sie Kopfschmerzen haben, nehmen Sie diese Pille, und die Schmerzen verschwinden. In 30 Sekunden können wir auf einfachste Weise alle Probleme dieser Welt lösen. Wenn 30 Sekunden nicht reichen, lösen wir es in einem halbstündigen Programm.

Unterschiede der Werte in den verschiedenen Generationen

Jede Generation im heutigen Amerika hat unterschiedliche Werte, die aus bedeutenden Erlebnissen in ihrem zehnten Lebensjahr stammen. Wir wollen einige der Hauptaltersgruppen im heutigen Amerika im Hinblick auf die Frage untersuchen, welche bedeutenden Erlebnisse bei diesen Personen im Alter von 10 Jahren auftraten.

Die 70jährigen

Sie waren 1980 Anfang 70; ihre Hauptprogrammierung spielte sich also in den 20er Jahren ab. Sie waren in den 20ern 10 Jahre alt. Das war direkt nach dem 1. Weltkrieg. Wir machten damals die Welt „sicher für die Demokratie". Es gab einen ausgeprägten Patriotismus. Der Krieg machte bei den Männern einen kurzen Haarschnitt erforderlich (lange Haare paßten nicht unter einen Helm), und an der Haarlänge konnte man erkennen, ob man es mit einem Patrioten zu tun hatte oder nicht! So wußte man, ob jemand in Ordnung war oder nicht. Gleichzeitig war der Familienverband sehr eng, und der Platz der Frau war zu Hause.

Vergleichen Sie das mit 1985, als 55% der Mütter außerhalb des Hauses zur Arbeit gingen; Statistiker sagen voraus, daß bis 1989 85 % eine Stelle haben werden (was bedeutet, daß der Platz einer Frau „außerhalb des Hauses" ist und sein wird). Aber in den frühen 20ern waren die Männer die Geldverdiener! Damals bedeutete ihre Arbeit alles. Sie arbeiteten lange und schwer unter häufig gefährlichen Bedingungen. Arbeit und sogar das Leben waren gleichförmig. Die Leute waren vollständig vom Merkmal „Gemeinsamkeit" gesteuert. (Siehe das Beziehungs-Meta-Programm.) Die Menschen erwarteten selbstverständlich, daß sie innerhalb weniger hundert Meilen ihres Geburtsortes aufwachsen, leben und sterben würden.

Das war damals eine „heile" Welt. Viele Menschen dieser Altersgruppe fragen sich heute, was aus der Welt geworden ist. Sie glauben, daß die Welt zum Teufel geht, und sie können die jungen Leute nicht verstehen.

Die 60jährigen

Sie waren 1980 Anfang 60, und die Hauptprogrammierung ihrer Werte erfolgte 1930 nach dem Börsenkrach.

Heute sind sie die führenden Persönlichkeiten unserer Gesellschaft – Bankdirektoren, College-Präsidenten, Firmenchefs – unsere Führer. Nun, was geschah damals mit ihnen? Es bestand in dieser Gruppe eine große Unsicherheit in bezug auf die Zukunft, und Sicherheit spielte für sie eine große Rolle. Diese Menschen haben ein Interesse an finanzieller Sicherheit (wie sie durch Geld repräsentiert wird).

Diese Altersgruppe wird durch Geld motiviert! Sicherheit! Zu ihren Helden gehören Tom Mix, Hopalong Cassidy und Amelia Earhart. Gleich ihren Helden ist diese Gruppe überzeugt, daß die Guten immer gewinnen. Sex und Schimpfwörter waren verboten.

Die 50jährigen

Die Menschen, die 1980 Anfang 50 waren, erhielten ihre intensive Programmierung in den 40er Jahren, als wir uns im Kriegszustand befanden. Alles wandte sich den Kriegsanstrengungen zu, und so begann die Zerstörung des amerikanischen Familienverbandes. Bei dieser Generation wurde zum ersten Mal die Möglichkeit von Veränderung in die Familieneinheit hineinprogrammiert. „Wie halten wir sie hier auf der Farm, nachdem sie Paris gesehen haben?" Bis dahin waren wir darauf programmiert, von Geburt bis zum Tod in derselben geographischen Gegend zu bleiben. Von diesem Moment an wurden wir darauf programmiert, mobil zu sein.

Die 40jährigen

Die 1980 40jährigen wurden in den 50ern durch einen anderen Krieg programmiert, den Koreakrieg. 1950 hatte das gute Leben endlich begonnen, und General Electric traf eine bedeutende Marketing-Entscheidung. Die Firma beschloß, daß die Käufer bekommen sollten, was sie wollten – welch eine Überraschung für die amerikanische Wirtschaft! Dies bedeutete den Abschied von den alten Marktstrategien, die Henry Ford zum Beispiel sagen ließen: „Sie können jedes Auto haben, solange es schwarz ist." Aber die Denkweise von G.E. war ganz anders und bedeutete einen radikalen Bruch mit der Vergangenheit. Die Leute konnten wirklich bekommen, was sie wollten. Gleichzeitig sagten die von der „Depression" geprägten Eltern: „Mein Kind soll es besser haben." So beschlossen sie also zu geben, und weil dies Zeiten des Aufschwungs waren, konnten sie mehr geben. Die Kinder nahmen! Gleichzeitig wurde Dr. Spock (Autor des damals bekanntesten Buches zur Kindererziehung – Anm. d. Übers.) falsch verstanden, und die Eltern überschwemmten ihre Kinder mit permissiver Programmierung. (Dr. Spock sagte später, daß das Mißverstehen seiner Bücher eine ganze Generation verdorben hatte.) Die Atombombe machte aus uns eine „Leben-für's-Jetzt"-Generation. „Vergnüg' dich jetzt, du gehörst zur Pepsi-Generation!"

Dann brach das Fernsehen in diese Welt hinein und veränderte alle kommenden Generationen. Unter anderem verschob das Fernsehen unsere Werte von „die Guten gewinnen" zu „die Bösen gewinnen". Wir sahen Charles Van Doren („64.000-Dollar-Frage"-Skandal) und Steve McQueen („Thomas Crown-Affäre") Dinge tun und ungestraft davonkommen; Dinge, die in früheren Generationen zu großen Skandalen geführt hätten.

In den 50ern gab es eine immense Werteverschiebung in Amerika, und wir sollten nie wieder dieselben sein. Die Explosion von Information seit den 50ern führte zu einem Zeitalter der ständigen Veränderung – die Schnelligkeit der Veränderung nahm enorm zu. Wir haben nun Düsenflugzeuge, Fernsehen, Kabel, Computer, tragbare Telephone – sofortige Kommunikation! Werteverschiebungen finden jetzt vielleicht schon alle drei bis fünf Jahre statt.

Die 30jährigen

Diese Leute waren 1960 10 Jahre alt und sind eine wirkliche Fernsehgeneration. Fernsehen ist so aufregend, daß im wirklichen Leben nichts mehr aufregend ist!

164

Das US-Raumfahrtprogramm ist ein Beispiel für diese sich verändernden Werte. Erinnern Sie sich an den Tag, als wir zum ersten Mal den Mond erreicht haben? Aber zwei Jahre später kam es zu einem Aufruhr, und die Fernsehgesellschaften erhielten Beschwerden, weil sie statt der täglich gesendeten Seifenopern eine Mondlandung übertrugen. Was gab's damals noch im Fernsehen? Die Attentate auf zwei Kennedys und auf Martin Luther King. Der Vietnamkrieg. Und vergessen Sie die Drogen nicht. Welche Werte hat dies geprägt? Zunächst einmal neigen diese Gruppen dazu, Angst zu haben, und sie denken anders.

Diese Altersgruppe denkt, daß es Fernsehen schon immer gegeben habe und daß Computer normal seien. Sie verstehen auch Ökologie und glauben daran.

Die 20jährigen und die Teenager

Diese Gruppe war 1980 in den 20ern. Für sie, die 1970 10 Jahre alt waren, fand eine andere bedeutungsvolle Verschiebung statt. Es gibt keine großen amerikanischen Helden der 80er. Unsere Helden sind nun solche Kerle wie J.R. Ewing! Was für ein Held. Dann der Skandal der Skandale – Watergate, wo der Präsident und der Vizepräsident verstrickt waren. Als ob das nicht schon genug gewesen wäre als Botschaft an die 10jährigen Zuschauer, entschuldigte Präsident Ford auch noch Präsident Nixon, als ob er sagen wollte: „Es ist in Ordnung, lassen Sie sich bloß nicht erwischen." Diese Menschen verstehen Computer und nehmen sie als selbstverständlich hin. Manche können sich nicht erinnern, wie es ohne Computer war. Sie setzen die Existenz von Düsenflugzeugen und Raumfahrt voraus. Sie finden Schule SEHR langweilig im Vergleich mit dem Leben, und sie finden das Leben langweilig im Vergleich zu Fernsehen und Video!!

Die Hauptgruppen

Dies sind die Wertegruppen, nach Jahrzehnten unterteilt. Nun, was passiert in der Welt in den 80ern? Wenn wir die Werte betrachten, die in jeder Gruppe wirksam sind, können wir im wesentlichen vier Hauptgruppen erkennen, die wir als Traditionalisten, Harmonisierer, Zurückweiser und Synthetisierer bezeichnen.

Traditionalisten

Die Traditionalisten sind in den 70er, 60er, 50er und 40er Lebensjahren. Sie üben die Kontrolle aus über das von ihnen aufgebaute System. Als gruppen- und teamorientierte Menschen treffen sie sich gerne untereinander und veranstalten zum

Beispiel Firmen-Picknicks. Sie neigen dazu, zu Autoritätsfiguren aufzublicken und an das Gesetz, den Chef, den Präsidenten zu glauben. Üblicherweise akzeptieren sie den Führenden blind und stellen seine Anordnungen nicht in Frage.

Sie glauben an eine soziale Ordnung. Ein beliebter Spruch ist: „Alles an seinem Platz und ein Platz für alles." Ihrer Meinung nach haben sie einen erlesenen Geschmack. Sie sind puritanisch; wenn sie sich vergnügen, reden sie ganz bestimmt nicht darüber. In Kleidung und Auftreten sind sie sehr formell. Sie glauben an Arbeit um der Arbeit willen. Ein Job ist ein Job und nicht zum Vergnügen da. Für sie ist Stabilität gleichbedeutend mit Geld. Veränderung, jegliche Änderung stellt eine Bedrohung ihrer finanziellen Sicherheit dar. Sie verbringen einen großen Teil ihres Lebens mit der Suche nach dem „richtigen Weg", nach dem, wie man etwas macht („Und wenn ich das mal herausgefunden habe, wird mein Leben für alle Zeiten glatt verlaufen"). Sie sind problemorientiert und glauben, daß man ein Problem am besten dadurch löst, daß man eine Kommission einsetzt. Sie haben sich dem Materialismus verschrieben. Sie mögen Dinge und sammeln sie. Bei der Arbeit stellt freie Zeit ohne Bezahlung eine Bedrohung dar.

Harmonisierer

Sie sind in den Mittvierzigern bis Mittdreißigern. Sie sind den Zurückweisern ähnlich, wurden aber von Traditionalisten programmiert. Sie machen sich Sorgen darüber, „es" womöglich gerade zu verpassen. Was ihr Konsumverhalten anbetrifft, sind sie sehr unstet. Sie lieben Selbsthilfebücher, Seminare und gehören (laut Bericht der Präsidentenkommission zur Pornographie) zu den Hauptkäufern von Pornographie. Während die Traditionalisten keine Pornographie kaufen und die Zurückweiser das nicht nötig haben, kauft der Harmonisierer Pornographie, weil er meint, er habe die gesamte sexuelle Revolution verpaßt.

Zurückweiser

Sie sind in den Mittdreißigern bis Mittzwanzigern, und ihre Werte unterscheiden sich stark von den vorher beschriebenen Gruppen. Sie lehnen traditionalistische Werte ab. Sie glauben nicht an Gruppen oder Teams. Es handelt sich um Individualisten. Für sie gelten Vorschriften und Regeln nicht. Autorität erkennen sie nicht einfach deshalb an, weil es sich um Autorität handelt. Sie müssen diskutieren, infragestellen, nach dem Warum fragen. An Entscheidungen, die sie betreffen, wollen sie teilhaben. Sie glauben an soziale Veränderungen und setzen sich für Gleichberechtigung ein.

Sie sind sinnlich – sie haben Spaß und sprechen darüber. Gewöhnliche Sprache ist normal. Sie sind meist informell, in ihrer Kleidung und ihren Verhaltensweisen sehr informell. Arbeit ist ihnen nicht so wichtig wie den Traditionalisten. Ihr Job stellt nur einen kleinen Teil ihres Lebens dar, und sie suchen darin Bedeutung, Selbstverwirklichung und Vergnügen. Vergnügen ist gleichbedeutend mit Stabilität. Veränderung ist eine Konstante – sie langweilen sich, also brauchen sie Veränderung. Sie sind auf „Sofortlösungen" ausgerichtet. Sie kaufen etwas, um es zu erleben, und werfen es dann weg. Freie Zeit ohne Bezahlung ist super!!! Überstunden sind eine Bedrohung.

Synthese

Sie sind in den Mittzwanzigern bis zu den Teenagern hin und sind in bezug auf ihre Zukunft sehr verwirrt und besorgt. Sie wissen, daß die Quantität (nicht unbedingt die Qualität) des amerikanischen Lebens abnehmen muß. Ihnen ist klar, daß die „Menge", die sie in ihrem Leben zur Verfügung haben, weniger werden wird. Diese Erkenntnis scheint zu eher konservativem Verhalten zu führen.

Implikationen

Dies sind die vorherrschenden Grundwertesysteme, die bei den heutigen Bewohnern der Vereinigten Staaten wirksam sind, und sie weisen auf wichtige Implikationen hin, was das Marketing anbetrifft. Wenn Sie wissen, von welcher Gruppe Ihr Produkt oder Ihre Dienstleistung konsumiert wird, können Sie in Übereinstimmung mit den Werten dieser Gruppe werben und Ihre Fähigkeit erweitern, an diese Leute zu verkaufen.

Wenn Sie jemandem dabei helfen, sich zu verändern, können Sie seine Werte mit einbeziehen und sie als Ansatzpunkt benutzen. Werte sind nicht in Stein gemeißelt, und wir Menschen haben die Veranlagung, zu wachsen, uns zu verändern und zu entwickeln.

Wir haben auch festgestellt, daß Menschen dazu neigen, von Zeit zu Zeit ihre Werte zu verändern. Die Grundwerte einer Person ändern sich allerdings nur langsam, wenn überhaupt. Darüber hinaus gibt es auch eine bestimmte Gruppe von Werten, die sich im Lauf der Zeit verändern. (Dies wird im Kapitel „Evolution der Werte" diskutiert.)

Wenn Sie die Werte einer Person verändern wollen, sollten Sie bei diesem Prozeß die Frage miteinbeziehen, wie diese Werte zustandekamen, welche Wechsel der Werte stattgefunden haben und wie sich die Werte verändern.

18. Die Entwicklung der Werte

Über unsere grundlegenden Werte oder Kernwerte hinaus gibt es eine ganze Gruppe von Werten, die sich im Laufe der Zeit herausbilden und entwickeln. Nach Meinung von Claire Graves, früher Professor an der Universität des Staates New York in Schenectady, wachsen die Menschen, und ihre Werte entwickeln und verändern sich mit der Zeit.

In einem Artikel, der im Herbst 1970 im Journal of Humanistic Psychology (Band 10, Nr.2) veröffentlicht wurde, schrieb Graves, daß „... die Psychologie des erwachsenen Menschen einschließlich seiner Werte sich aus den existentiellen Zuständen des Menschen entwickelt. Diese Zustände entstehen, indem der Mensch bestimmte hierarchisch angeordnete existentielle Probleme löst, die für ihn in seiner Existenz äußerst wichtig sind." Anders ausgedrückt, durchlaufen erwachsene Männer und Frauen eine Reihe existentieller Wertvorstellungen, Probleme und Lösungen, die ihre derzeitige Einstellung und Persönlichkeit bestimmen. Interessanterweise (und ich lade Sie ein, zur Bestätigung dieser Überlegung Ihre eigene Vergangenheit anzuschauen), werden die Probleme, die wir auf einer bestimmten Ebene der Existenz erleben, nicht wirklich gelöst; sie werden lediglich bedeutungslos, indem im Rahmen der Veränderung neue Bewältigungsmechanismen eingesetzt werden. „Die Lösung der gegenwärtigen existentiellen Probleme des Menschen setzt Energien in seinem System frei und schafft im Gegenzug neue existentielle Probleme."

Eine Reihe von Wertesystemen

Dr. Graves postuliert eine Kette von Wertesystemen, deren Veränderung zu Wachstum und Entwicklung des Menschen parallel verläuft. Graves meinte, daß es 1970 sieben bedeutsame Wertesysteme gegeben habe. Seitdem sind noch mehr Wertesysteme entstanden und entwickeln sich im Verlauf der Zeit immer weiter. (In unseren Seminaren und Trainings haben wir begonnen, uns mit den weiteren Ebenen zu befassen.) Es folgen einige Charakteristika der sieben von Graves postulierten Ebenen:

Ebene eins – Überleben
„Das Selbst ausdrücken im Dienst des momentanen Überlebens"

Auf dieser Ebene stellt Überleben oder Lebensunterhalt das vorherrschende Existenzproblem dar, dem sich der Mensch gegenüber- sieht. Auf der ersten Ebene lebt der Mensch alleine oder mit seiner Familie, sammelt Wurzeln und sucht Beeren, um zu überleben. Auf dieser Ebene strebt der Mensch auf Pawlow'sche Weise (konditioniert) nach der unmittelbaren Befriedigung seiner grundlegenden physiologischen Bedürfnisse. Wenn der Mensch das Problem des Kampfes um die Erhaltung der physiologischen Stabilität mit dem Ziel der Aufrechterhaltung der Existenz gelöst hat, begibt er sich auf die zweite Ebene. Heutzutage gibt es auf der Erde wahrscheinlich keine Menschen, die noch auf der ersten Ebene existieren.

Ebene zwei – Stammesleben
„Aufopferung des Selbst für den Stamm und die Wünsche des Häuptlings"

Das Bedürfnis des Menschen nach Stabilität, Sicherheit und Fortsetzung seiner bisherigen Lebensweise bringen ihn auf die zweite Ebene, wo sich Menschen zusammenschließen, um einen Stamm zu bilden. Dies stellt die erste der Opfer-Ebenen dar, und die Wünsche des Einzelnen ordnen sich denen des Häuptlings unter. Auf dieser Ebene ist der Zeitbegriff an den Jahreszeiten orientiert, im Gegensatz zu einem Konzept von Monaten, Tagen oder sogar Stunden. Zwischen Mensch und dem Rest der Welt besteht kein Unterschied. Es gibt keine klaren Grenzen zwischen dem Selbst und der Welt.

Die Existenz gründet sich auf Mythen und eine mythische Tradition voller Geister, Zauber und Aberglaube. Wenn das Überleben des Stammes sichergestellt und eine gewisse Sicherheit garantiert ist, sind die Bedingungen für die Schaffung einer dritten Ebene erfüllt. Die Bewegung in Richtung der dritten Ebene beginnt, wenn die bisherigen Grenzen für Einsichtsfähigkeit (d.h. die Fähigkeit zur Selbstreflektion oder die Fähigkeit, zu erkennen, welche Bedeutung die Einsichten der Mitmenschen haben) beseitigt sind und die Auswirkungen von Einsicht sich bemerkbar zu machen beginnen. Wenn dies eintritt, beginnt der Mensch, die Existenz anderer wahrzunehmen – anderer Menschen, anderer Tiere und sogar der Geister – die darauf warten, ihn zu bekämpfen. Er macht sich dann auf heldenhafte Weise auf den Weg, um sie alle zu besiegen.

Ebene drei – „Red Neck" (Cowboymentalität)
„Das Selbst jetzt ausleben, zum Teufel mit den anderen"

Der Übergang auf diese Ebene beginnt oft mit aufsässigen Jugendlichen, die von den Erinnerungen der Vergangenheit nicht belastet sind und die Fähigkeit zu neuartigem Denken haben. Diese Lebensart gründet sich auf die „Agrarrevolution" und ist abhängig von der Bereitschaft zu Loyalität und Dienen. Macht ist gleichbedeutend mit Gesetz, und sie sagt: „Ich bin das Gesetz in dieser Stadt." Wie im Wilden Westen: „Macht hat recht." Im Verlauf der Zeit gehen diese Gesetze in die absoluten Rechte der Könige, die Vorrechte des Management und sogar in das Recht des Gauners über, sich alles zu ergaunern.

Diese Ebene stellt die psychologische Basis dar für die „Ritter vom runden Tisch", Rambo und sogar Bonnie und Clyde. Aber das Ausleben dieses Systems birgt auch die Saat für seine Beendigung in sich. Die dritte Ebene der Existenz beantwortet nicht die Frage nach dem „Warum". Warum gibt es Reiche und Habenichtse? Wenn der Mensch in die nächste Phase eintritt, bringt ihn sein Erfolg oder Mißerfolg zu der Überzeugung, daß die Bedingungen für „Haben" und „Nicht-Haben" Teil eines vorgeschriebenen Entwurfs sind. Er sieht sich immer noch mit dem Tod konfrontiert, und er spürt ein Bedürfnis, die Frage des Lebens nach dem Tod befriedigend zu beantworten.

Ebene vier – Das System
„Aufopferung des Selbst zum jetzigen Zeitpunkt zugunsten der späteren Erlösung (oder künftiger Ziele)"

Diese Ebene der Existenz kann in manchen ihrer Ausdrucksformen die Züge von Heiligsein annehmen. Die Frage nach der Existenz ist vorübergehend durch die Aufopferung gelöst. Der Mensch hat entdeckt, daß seine Welt nicht zum unendlichen Vergnügen da ist. Diese Erkenntnis rührt aus der Wahrnehmung des endlosen Kampfes in einem bedrohlichen Universum her, der auf der Ebene Drei herrschte.

Nun beschließt der Mensch, daß es für jede Klasse von Menschen bestimmte vorgeschriebene Regeln gibt, und die Regeln beschreiben, wie jede Klasse sich verhalten sollte (die Grundlage für das Kastensystem in Indien). Die Regeln sind der Preis, den der Mensch für eine längere Lebensdauer bezahlen muß.

Auf dieser Ebene lassen sich solche Phänomene wie die Kommunistische Partei, die Katholische Kirche und die U.S.-Regierung beschreiben. Die meisten amerikanischen Regierungsangestellten und viele Direktoren der großen Unternehmen

170

befinden sich auf dieser Ebene. Historisch gesehen entwickelte sich dieses System im amerikanischen Westen nach der Ebene Drei des Revolverhelden und wurde ausgedrückt als: „Wir brauchen eine Herrschaft des Gesetzes, nicht der Männer."

Nach einiger Zeit, wenn durch dieses System die Sicherheit hergestellt ist, beginnen einige der Mitglieder, die Frage nach den Kosten zu stellen. Einige Leute fangen an zu fragen, warum sie in ihrem Leben nicht ein bißchen Freude haben dürfen. Das führt dazu, daß der Mensch sich daran macht, ein neues Leben aufzubauen, das Vergnügen hier und jetzt ermöglicht.

Ebene fünf – Unternehmer, Materialist
„Das Selbst jetzt ausdrücken, jedoch ausgerichtet auf das Ziel gegenwärtiger materieller Belohnung"

Der Mensch strebt nun danach, die Welt durch Eroberung ihrer Geheimnisse zu besiegen statt durch schiere Kraft und Macht. Dies ist der unternehmerische Geist, der die Industrielle Revolution und den Geist der amerikanischen Geschäftswelt geprägt hat. Dies ist Lee Iacocca in Hochform. (Anm. d. Übers.: Berühmter Top-Manager in den USA.) Der Mensch der Ebene Fünf entwickelt die wissenschaftliche Methodik und ist überzeugt, daß die Wissenschaft alle Probleme der Welt lösen wird. Aber diese Ebene birgt auch ihre Probleme in sich. Der Mensch schafft sich gute Lebensumstände, aber der Preis ist auch dieses Mal zu hoch. Er merkt, daß andere ihn nicht mögen und es ihm übelnehmen, daß er sein Wissen für seine eigenen Zwecke ausnutzt. Man beneidet und respektiert ihn, mag ihn aber nicht. Er hat Status erreicht, wird aber zurückgewiesen (sogar von seinen eigenen Kindern), und deshalb beginnt er, sich auf die nächste Ebene hinzubewegen.

Ebene sechs – Die Bewegung
„Selbstaufopferung jetzt um der Selbstverwirklichung für sich und anderer willen"

Menschen, die sich auf dieser Ebene der Existenz befinden, geht es darum, dazuzugehören, von anderen akzeptiert zu werden, nicht zurückgewiesen zu werden und das innere Selbst zu kennen. Soziale Anerkennung ist wichtiger als „Fortschritt". Der Mensch der Ebene Fünf hat die Erde und seine Mitmenschen vergewaltigt, um sein Fortkommen sicherzustellen. Die Ebene Sechs lehnt diese Werte ab. Man kommt nur zurecht, indem man Regelungen durch Übereinstimmung trifft. Menschliche Harmonie ist der wichtigste Wert. Wenn Harmonie in der Gruppe und Selbstverwirklichung für sich und andere erreicht sind, treibt es den Menschen dazu, weiterzugehen.

Auch die Ebene Sechs bringt eine Reihe von Problemen mit sich. Ebene-Sechs-Organisationen neigen dazu, sich im Gruppenkonsens zu verzetteln und keine Ergebnisse hervorzubringen. Darüber hinaus liegt das Schwergewicht eher darauf, sich gut zu fühlen, als etwas zu produzieren, und deshalb stellen einige „Sechser" fest, daß manche Leute das System ausnutzen, und daß das System Menschen unterstützt, die vielleicht nicht unterstützt werden sollten. An diesem Punkt beginnt der Mensch, sich in eine ganz neue Dimension der Erkenntnis zu begeben.

Ebene sieben – Existentiell
„Das Selbst jetzt ausdrücken, aber nicht auf Kosten anderer oder der Welt, damit das Leben weitergehen kann"

Nach Aussage von Graves ist diese Ebene, abgesehen davon, daß sie die siebente ist, der Ausgangspunkt einer anderen Gruppe von Ebenen. Wenn wir erst einmal das Problem gelöst haben, mit anderen eins zu sein, setzen wir den Mechanismus in Gang, der den Menschen auf eine Ebene bewegt, auf der es zum ersten Mal möglich wird, einen bedeutenden Unterschied zwischen dem Menschen und anderen Tieren zu erkennen. Der Unterschied besteht darin, daß der Mensch bei allem, was er tut, einen globalen Standpunkt einnimmt, und daß er davon überzeugt ist, daß er handeln muß, um in der Gesellschaft Veränderungen in Gang zu setzen.

Dies sind die sieben Ebenen der Persönlichkeit und der Werte, die Claire Graves postuliert hat. Wenn es bei Ihrer Arbeit zum Beispiel darum geht, in der Persönlichkeit eines anderen tiefgreifende Veränderungen vorzunehmen, müssen Sie dessen Grundwerte verändern. Bedeutende Verschiebungen innerhalb der Persönlichkeit erfordern häufig starke Veränderungen der Werte. Es ist wichtig, sicherzustellen, daß Sie dasselbe Modell benutzen wie die Person, mit der Sie arbeiten. Durch Anwendung des Graves-Systems können Sie Ihrem Klienten dabei helfen, den Übergang von einer Ebene zur anderen zu erleichtern. Natürlich müssen Sie dabei sowohl die Zustimmung des Bewußten als auch des Unbewußten erhalten und das Ziel oder das Ergebnis festlegen, um Veränderungen vornehmen zu können.

19. Die Auflösung von Glaubens- und Wertekonflikten

Ich möchte nun diesen Abschnitt mit dem vervollständigen, was Robert Dilts zum Thema Glaubenssätze und Werte erarbeitet hat. Er glaubt, daß die meisten ernsten gesundheitlichen Probleme teilweise aus einem Konflikt der Glaubenssätze und Werte innerhalb eines Individuums resultieren. In seinen NLP-Therapien kann Dilts größere gesundheitliche Veränderungen und scheinbar wundersame Heilungen zustandebringen, indem er einfache Glaubens- und Werteveränderungen und Integration bewirkt.

In bezug auf das Thema Gesundheit ist zum Beispiel die Frage wichtig, was passiert, wenn jemand Krebs hat und glaubt, daß Krebs tödlich ist. So jemand stirbt, nicht wahr? Nun, wie würden Sie auf der Grundlage Ihres bisherigen Wissens über Erinnerungen und Werte eine Verschiebung in den Glaubenssätzen und Werten einer Person vornehmen?

Der erste Schritt besteht darin, die Glaubenssätze und Werte der Person mittels folgender Schritte zu ermitteln:

Schritte zur Werteermittlung

1. Fragen Sie: **Was ist Ihnen wichtig an** _____? (Die Lücke steht für jede Kontextbezeichnung, wie Beziehungen, Arbeiten, Ihr Job, Gesundheit, usw.)
2. Als nächstes **numerieren Sie die Werte ihrer Wichtigkeit entsprechend** (Welchen Wert haben sie für Sie?) Fragen Sie:
   a.) Welcher der obengenannten Werte ist Ihnen am wichtigsten?
   b.) Angenommen, Sie haben bereits (zählen Sie die schon ausgewählten Werte auf), ist _____ oder _____ Ihnen wichtiger?
   c.) Angenommen, Sie haben (zählen Sie die bereits ausgewählten Werte auf), wenn Sie _____ nicht haben könnten, aber _____, wäre das in Ordnung?
3. Ordnen Sie die Liste der Werte in der Reihenfolge ihrer **Wichtigkeit neu.**
4. **Ermitteln Sie komplexe Äquivalenzen:** (Um die Bedeutung der Wörter zu verstehen, falls erwünscht.)
   a.) Woher wissen Sie, wann Sie _____ sind?
   b.) Was bedeutet das für Sie?
   c.) Wie wissen Sie, daß jemand Sie _____ ?
   d.) Mit Hilfe welcher Prozedur bekommen Sie die Evidenz in bezug auf _____ ?
   e.) Was bewirkt, daß Sie _____ fühlen?
5. **Ermitteln Sie die Submodalitäten** für die Werte, an denen Sie arbeiten wollen.

Schreiben Sie die genauen Wörter auf, die Ihr Klient Ihnen sagt. Die Wörter selbst sind wichtig. Verändern Sie sie nicht! Schreiben Sie bitte genau das auf, was der Betreffende sagt. In den Wörtern, ob positiv oder negativ ausgedrückt, zeigt sich, wie Ihr Klient den betreffenden Wert repräsentiert. Verändern Sie die Wörter nicht. Bitten Sie Ihren Klienten nicht, die Wörter umzuformulieren, damit sie positiv ausgedrückt werden. (In diesem Punkt unterscheiden wir uns von Steve Andreas.[*] Wenn Sie die Werte Ihres Klienten in dem Sinne verändern, daß sie alle positiv ausgedrückt werden, berauben Sie sich damit der Möglichkeit, das Weltmodell Ihres Klienten nachzuzeichnen. Außerdem überlagern Sie die Werte Ihres Klienten mit Ihren eigenen.) Ermitteln Sie einfach die Werte, wie sie sind und halten Sie dabei im Geist fest, ob es sich um „Hin zu etwas"-Werte oder „Weg von etwas"-Werte handelt (siehe „Meta-Programme"). „Hin zu etwas"- und „Weg von etwas"-Werte, die sich auf dasselbe Thema beziehen, bergen ein Konfliktpotential in sich und müssen vielleicht aufgelöst werden.

Übung

Wir wollen eine Übung mit Ihren Werten durchführen, ja? Versuchen Sie dies: Überlegen Sie sich, was Ihnen an Ihrer Arbeit wichtig ist. Schreiben Sie acht Dinge auf, die Ihnen an Ihrer Arbeit wichtig sind, und numerieren Sie sie dann durch je nach der Wichtigkeit, dabei ist 1 das Wichtigste und 8 das Unwichtigste.

Ihre Werte

Gesundheit

Arbeit

Familie

Geld

Lernen

Freunde

Freiheit

---

[*] Andreas, St. und C., Gewußt wie – Arbeit mit Submodalitäten und weitere NLP-Interventionen nach Maß, Junfermann, Paderborn 2000 (4. Auflage).

Überblick über Submodalitäten

Das Thema „Submodalitäten" wird ausführlich behandelt in Richard Bandlers Buch „Veränderung des subjektiven Erlebens"*, welches wir Ihnen dringend empfehlen, besonders dann, wenn Sie jetzt zum ersten Mal etwas über Submodalitäten erfahren. Sie sollten in jedem Fall bei der Arbeit mit einer Person die entscheidenden Submodalitäten ermitteln, die eine Rolle spielen bei der Frage, welche Bedeutung den Werten beigemessen wird. Es geht beispielsweise darum, wie jemand den an erster Stelle liegenden Wert und den Wert mit der Nummer 10 repräsentiert. Wenn Sie sich einmal vergegenwärtigen, daß Sie eine bestimmte Methode haben, um zu wissen, daß ein bestimmter Wert wie „gute Beziehungen" Ihnen wichtiger ist als „Erfolg" – wie macht Ihr Gehirn das? Nun, das Gehirn codiert die visuellen Repräsentationen (die Bilder) Ihrer Werte unterschiedlich, so daß Sie das eine vom anderen unterscheiden können. Es codiert die Unterschiede (unter anderem) durch Veränderung von Helligkeit, Farbe, Lage, Bewegung sowie Dissoziiert-/Assoziiertsein.

Übung

Nehmen Sie jetzt Ihren Wert Nr. 1, den Sie vorhin ermittelt haben und stellen Sie fest, wie Sie ihn repräsentieren. Haben Sie ein Bild? Wenn nicht, machen Sie eins. Schauen Sie das Bild an. Stellen Sie fest, ob es:

- Assoziiert ist (durch Ihre eigenen Augen gesehen) oder dissoziiert (Sie sehen sich selbst).
- Schwarz-weiß oder in Farbe ist?
- Fokussiert oder defokussiert (scharf/unscharf)?
- Nah oder fern?
- Größer als Lebensgröße, kleiner oder normale Größe?
- Film oder stehendes Bild?
- Ist die Bewegung schnell oder langsam?
- Panoramabild, oder hat es eine Begrenzung?
- Ist es an einem bestimmten Ort?
- Sind die Geräusche/Klänge/Stimmen:
  - laut oder gedämpft?
  - schnell oder langsam?

---

* *Richard Bandler*, Veränderung des subjektiven Erlebens, Junfermann, Paderborn 2000 (6. Auflage).

Gibt es irgendeine Besonderheit bei Tonhöhe, Rhythmus oder Tonlage? Gibt es irgendwelche Gefühle?

Machen Sie jetzt dasselbe mit dem zweiten Wert und achten Sie darauf, daß einige dieser Elemente beim zweiten Wert anders sind. Die Elemente, die sich unterscheiden, sind die ausschlaggebenden Variablen bei IHRER Speicherung eines Wertes. Die Elemente, die Sie als unterschiedlich erkannt haben, sind möglicherweise bei dem Speicherungsmodus einer anderen Person nicht ausschlaggebend. Wenn Sie also bei jemandem Veränderungsarbeit mit Werten machen, vergewissern Sie sich, daß Sie die Submodalitäten der Bilder ermitteln, die die Werte repräsentieren.

Schauen Sie jetzt die Werte an, um festzustellen, ob Sie irgendwelche potentiellen Werte- oder Glaubenskonflikte entdecken können. Geld und Freiheit stehen bei einer Person oft in Konflikt miteinander, weil mehr Geld oft gleichbedeutend ist mit weniger Freiheit.

Auffinden von Konflikten

Um in die Nähe von Werte- und Glaubenskonflikten zu geraten, müssen Sie in die Tiefe der Persönlichkeit vordringen, und der Prozeß des Erfragens nimmt möglicherweise sehr viel mehr Zeit in Anspruch, als wenn Sie die Werte nur einfach ermitteln. Vielleicht hat Ihr Klient sogar den Eindruck, Sie würden ihm zu sehr zusetzen. Es kann notwendig sein, so tief nachzubohren, um an die tieferen Werte- und Glaubenskonflikte zu gelangen. Veranlassen Sie ihn, die Dinge zu verbalisieren, damit er und Sie verstehen können, welches die möglichen Wertekonflikte sind, und damit Sie das Weltmodell ihres Klienten ganz klar im Visier haben.

Scheinbares Paradoxon

Wenn Sie auf einen Werte- und Glaubenskonflikt stoßen, bekommen Sie wahrscheinlich eine der folgenden paradoxen Bemerkungen zu hören. Sie stellen die Warnlichter für Werte- und Glaubenskonflikte dar:

Die erste lautet: „... Mensch, ich weiß nicht, was mich davon abhält." Oder der Betreffende sagt etwas wie: „Das klingt vielleicht verrückt, und es ergibt überhaupt keinen Sinn."

Die zweite lautet: „Dies ergibt überhaupt keinen Sinn." Sie suchen nach einem Paradoxon – „Etwas hindert mich, aber ich weiß nicht, was."

Drittens: „Das sieht mir gar nicht ähnlich."

176

Viertens: „Ich verstehe das nicht, aber ...“

Fünftens: „Logisch gesehen stimmt das nicht, aber ...“

Sechstens: „Ich glaube das nicht, aber ...“

Vier weitere Warnlichter

Wenn Sie immer tiefer in die Wertesysteme des Betreffenden eindringen, stoßen Sie auf eine oder mehrere dieser Warnlichter. Wenn sie auftauchen, ist das ein Hinweis darauf, daß ein Konflikt vorliegt.

Rauchwolke (Smoke Screen)

Der erste Eindruck ist der einer Rauchwolke, wo jemand sehr vage oder „leer“ wird, um sich selber davor zu schützen, mit seinen Erinnerungen in Kontakt zu kommen. Wenn jemand zum Beispiel in seiner Kindheit mißbraucht wurde, werden Sie merken, daß größere Teile seiner Erinnerung verschwunden sind. Wenn Sie ihn auf seiner Time-Line zurückführen und sagen „... und wenn Sie auf Ihre Vergangenheit zurückschauen,“ fragen Sie ihn auch: „Ist Ihre Time-Line vollständig? Können Sie sie ganz sehen?“ Wenn auf diesem Gebiet ein Problem vorliegt, sagen die Leute: „...nein, da fehlt ein großes Stück zwischen dem 5. und 7. Lebensjahr.“ Das große fehlende Stück sollte für Sie ein Warnlicht sein, das darauf hinweist, daß es in seiner Kindheit eine traumatische Erfahrung oder eine Mißhandlung gab.

Das Ausblenden von Teilen der Erinnerung auf der Time-Line ist das Gleiche wie die Rauchwolke; Teile der Werte werden ausgeblendet, um sich davor zu schützen, sich mit Traumata bewußt auseinanderzusetzen. In beiden Fällen blendet die Person wahrscheinlich größere Anteile ihrer Erinnerungen aus.

Sackgasse

Das nächste ist die Sackgasse. Jemand führt Sie in eine Sackgasse oder gibt Ihnen irreführende oder irrelevante Hinweise. Ihr Klient erzählt Ihnen vielleicht eine lange Geschichte. Erst nachdem Sie sich die Geschichte dreißig Minuten lang angehört haben, entdecken Sie, daß die Geschichte für das angegebene Hauptproblem nicht relevant ist.

Projektion

Projektion ist oft am schwersten zu entdecken. Projektion bedeutet, daß man seine eigenen Glaubenssätze und Werte auf eine andere Person projiziert. Sie stellt eine der Hauptursachen für das linguistische Muster des „Gedankenlesens" dar[*]. (Gedankenlesen liegt vor, wenn Ihr Klient behauptet, zu wissen, was ein anderer denkt.) Es gibt natürlich zwei Möglichkeiten der Projektion. Die eine ist der Klient. Die andere sind Sie. Sie sollten also auch jegliche Projektion von Ihrer Seite ausschalten.

Ein grundlegender Glaubenssatz drückt sich vielleicht in einer Projektion aus. Kennen Sie zum Beispiel irgend jemanden, der Vorurteile hat? Vorurteile sind das Ergebnis einer Projektion. Es handelt sich bei ihnen um ein Wertesystem, das in einem sehr frühen Alter aufgebaut wird, wahrscheinlich in der Modellierperiode. Wenn Sie das verändern möchten, gehen Sie zurück und verändern Sie den Wert, der das Ergebnis einer Prägung ist, die in der Sozialisationsperiode eingetreten ist. Wenn Sie Ihrem Klienten helfen wollen, Vorurteile zu überwinden, gehen Sie zurück und finden Sie heraus, was im Alter zwischen 14 und 21 Jahren geschehen ist. Das vorgetragene Problem ist das Ergebnis jener Erinnerungen und Entscheidungen. Wenn Sie diese verändern und entfernen, werden Sie die Vorurteile beseitigen.

In der Gegenwart ist die Reaktion eine auf eine frühere Erfahrung, d.h., es gibt einen „flash-back" dahin zurück. Die Person reagiert in diesem Augenblick auf eine Erfahrung, die sich zu einem früheren Zeitpunkt in ihrem Leben abgespielt hat. Wenn jemand erst einmal durch etwas „in Gang gesetzt" worden ist, was der früheren Erfahrung ähnelt, reagiert er gewöhnlich auf diese frühere Erfahrung.

Wenn das vorgetragene Problem zum Beispiel ein Vorurteil ist, werden Sie herausfinden wollen, wie die ursprüngliche Erfahrung aussah, die bei der betreffenden Person zur Bildung eines Vorurteils geführt hat. Wahrscheinlich liegt eine ganze Kette von Ereignissen vor, welche, wenn sie wieder Zündstoff bekommt oder in Gang gesetzt wird, die Erfahrung des Vorurteils ins Jetzt herüberholt. Wenn Sie beschließen, die ursprüngliche Erfahrung aus der Time-Line herauszunehmen, wird dieses Vorgehen wahrscheinlich die gesamte Gestalt von Erinnerungen auslöschen und der Person mehr Auswahlmöglichkeiten für ihre gegenwärtige Reaktionsweise verfügbar machen.

Man geht dabei so vor, daß man den Betreffenden über seiner Time-Line schweben, ihn zurückgehen und das Ereignis aussuchen läßt, um es dann zu verän-

---

[*]   Siehe: *Bandler, R., Grinder, J.*, Metasprache und Psychotherapie – Struktur der Magie I, Junfermann, Paderborn 2001 (10. Auflage).

dern oder zu tilgen. Wenn Sie die Time-Line benutzen, können Sie die gesamte Gestalt herausnehmen. (Im Gedächtnis ist die Gestalt wie eine Kette von Erinnerungen, die alle einander ähnlichen Erinnerungen miteinander verbindet. Siehe „Time-Line".) Nehmen Sie einfach die ganze Gestalt heraus, dann ist sie verschwunden. Wenn Sie eine Erinnerung herausnehmen, denken Sie daran, sie durch etwas zu ersetzen, sonst kommt sie wahrscheinlich zurück und beginnt sich wieder aufzubauen. Sorgen Sie also dafür, daß der Klient eine andere Erinnerung in seine Time-Line einfügt.

Bei einigen dieser Fälle tilge ich diese Erinnerung aus oder zerstöre sie. Manchmal mache ich das nicht. Es hängt von der jeweiligen Einschätzung ab. Ich glaube, die Frage ist, ob der Betreffende mit der Erinnerung leben kann, oder ob diese die Gegenwart beeinträchtigt. Ich ziehe es immer vor, weniger zu tun und das meiste damit zu erreichen. Das heißt, man tut weniger und erreicht mehr, wann immer das möglich ist. Ich will nicht mehr Teile als unbedingt notwendig aus der Erinnerung einer Person herausnehmen.

Mißbrauch

Nehmen Sie einen Fall von sexuellem Mißbrauch. Der Klient kommt vielleicht zu Ihnen, weil er sich einfach nicht an seine Vergangenheit erinnern kann. Oft denkt jemand, der mißbraucht wurde: „Mensch, es gibt ganze Abschnite, an die ich mich nicht erinnern kann. Warum bin ich so?" Wenn Sie ihn über seine Time-Line befragen, werden Sie wahrscheinlich feststellen, daß große Teile seiner Vergangenheit entweder dunkel sind oder ganz fehlen. Das weist oft auf einen Fall von Mißbrauch hin. Er sagt: „Warum bin ich so? Warum erinnere ich mich nicht an meine Vergangenheit, und warum empfinde ich zu diesem bestimmten Abschnitt nichts?"

Übrigens, bevor Sie in Fällen von Mißbrauch mit der Arbeit beginnen, sollten Sie Ihrem Klienten sagen, daß Sie vielleicht einige Erinnerungen ausgraben, die unangenehm sind, und daß möglicherweise eine Phase der Umstellung erfolgen muß, ehe er sich ganz wohlfühlt, vielleicht aber auch nicht. Das gilt natürlich für den Fall eines starken Traumas, wo es am besten ist, wenn man alle Erinnerungen entfernt. Allerdings wollen die Leute vielleicht nicht alle Erinnerungen entfernen; Sie sollten deshalb immer die Zustimmung des Bewußten und des Unbewußten erhalten, daß es in Ordnung ist, weiterzugehen.

Wenn Sie wollen, können Sie die Erinnerung zerstören. Lassen Sie den Klienten einfach das komplette Phobie-Modell durchlaufen, bis die Erinnerung verschwunden ist. Wenn Sie das Phobie-Modell nur ein- oder zweimal durchlaufen, zerstören Sie die Erinnerung damit vielleicht nicht. Drei- bis viermal oder mehr – das zerstört die Erinnerung meistens. Bei fünfzehnmal wird die Erinnerung ziemlich sicher eliminiert. Verwenden Sie einfach folgende Suggestion: „...während Sie dies immer wieder ablaufen lassen, fällt es Ihnen immer schwerer, die Erinnerung noch zurückzuholen, und ich möchte, daß Sie es weiter versuchen, bis Sie die Erinnerung nicht mehr auffinden können."

Manche Leute werden sagen, daß sie nicht gezwungen werden wollen, die Erinnerungen herauszunehmen. Dann können Sie wenigstens die Gefühle von den Erinnerungen abtrennen. (Benutzen Sie eine zeitliche Verschiebung auf der Time-Line. Siehe „Time-Line".) Dem Klienten sind dann seine Erinnerungen ohne die dazugehörigen negativen Gefühle zugänglich.

Bei einem Fall von Mißbrauch ist es oft das beste, wenn man die ganze Erinnerung herausnimmt. Der Betreffende muß sich dann nicht einmal mehr mit den Bildern auseinandersetzen. Wie ich schon sagte, ist er unter anderem deshalb zu Ihnen gekommen, weil er sich nicht erinnern kann. Er will wissen, was passiert ist. Häufig ist es besser, er weiß, was passiert ist; denn er hat vielleicht die falsche Person mit der Sache in Zusammenhang gebracht, weil er sich nicht erinnern kann. Dies wurde sehr klar im Fall einer Frau, die sich erinnern wollte, wer sie mißbraucht hatte. Sie war überrascht und erleichtert, daß es sich nicht, wie sie all die Jahre angenommen hatte, um ihren Vater handelte. Es ging ihr sehr viel besser, als sie herausfand, daß nicht ihr Vater der Täter war.

Multikausalität

Das vierte Warnlicht heißt „Multikausalität". Dies kann ein Anzeichen dafür sein, daß Sie fast am Ziel sind, wenn Sie einen bestimmten basalen Glauben oder ein Wertesystem identifizieren, welches die betreffende Situation verursacht. Es ist wichtig, sich daran zu erinnern, daß ein Verhalten häufig durch eine komplexe Interaktion einer Reihe von Glaubenssätzen oder Werte verursacht wird. Wenn man also mit dem Problem fertigwerden will, muß man die Gruppe der auslösenden Überzeugungen und Werte finden, die das Verhalten bewirken. Das Auffinden von Auslösern ist dem Prozeß der Ermittlung von Strategien sehr ähnlich.[*]

---

[*]   Siehe: *Dilts, R.* et al., Strukturen subjektiver Erfahrung, Junfermann, Paderborn 1994 (5. Auflage).

Kurz vor dem Ziel

Hier einige Dinge, die auftreten können und für Sie ein Hinweis sind, daß Sie sich den bedeutenden Themen nähern. Wenn Sie Konflikte bei den Glaubenssätzen und Werten entdecken, können Sie auch auf folgende Dinge stoßen:

1. **Doppelbindung:** Bei der „Doppelbindung" handelt es sich um eine Reflektion tieferer Glaubens- und Wertekonflikte an der Oberfläche. Man ist verdammt, wenn man's tut und ebenso verdammt, wenn man's nicht tut. Wenn zum Beispiel in einer Beziehung die Ehefrau sagt: „Warum kannst du in unserer Beziehung nicht spontaner sein, und warum bringst du mir nicht manchmal Rosen mit?" Der Ehemann befindet sich in einer Doppelbindung. Wenn er seiner Frau Rosen mitbringt, wird sie nicht zufrieden sein, weil sie es selber vorgeschlagen hat. Seine Bemühungen führen dann zu weiterer Zurückweisung.

2. **Die unendliche Schleife:** Wie wär's damit? „Ich kann nichts Neues machen, wenn ich es nicht gelernt habe. Aber ich kann nicht lernen, wie man es macht, wenn ich es nicht mache." Kennen Sie solche Leute? Ich schon! Und es ist ein eindeutiges Zeichen für Glaubens- und Wertekonflikte. Übrigens, es ist auch ein Zeichen von Leuten, die Angst haben und sich vielleicht in Richtung auf eine Phobie vorarbeiten. Sie können etwas nicht tun, wenn sie es nicht schon vorher gemacht haben. Wenn Sie also jemanden fragen, warum er nicht in die Stadt geht, antwortet er: „Das kann ich nicht, ich habe es noch nie gemacht."

„Können Sie mir helfen, mein Auto aus meinem Parkplatz herauszufahren?" fragte mich jemand. Ich sagte: „Wollen Sie damit sagen, daß Sie noch nie Ihr Auto aus dem Parkplatz herausgefahren haben?" Er sagte: „Doch, aber ich habe es noch nie aus diesem Parkplatz herausgefahren."

3. Das nächste ist „**Strukturelle Logik**": Dies ist einer unendlichen Schleife ähnlich. Ich bin nichts wert, weil ich nichts machen kann, und ich kann nichts machen, weil ich wertlos bin.

4. Das letzte ist „**Paradoxes Verhalten**": „Ich bin so beschäftigt mit der Frage, ob ich ein schlechter Autofahrer bin, daß ich Fehler mache, die mich in gefährliche Situationen bringen." Das haben Sie auch schon gesehen: Jemand, der so vorsichtig fährt, daß er fast einen Unfall verursacht. (Ich bin übrigens der Meinung, daß diese vorsichtigen Fahrer sich gegen mich verschworen und beschlossen haben, ihre jeweilige Arbeitsstelle erst kurze Zeit vor mir zu verlassen, denn sie sind immer gleichzeitig mit mir unterwegs. Es handelt sich hierbei wahrscheinlich nicht um einen schwerwiegenden Konflikt, aber es ärgert mich und weist tatsächlich auf einen

inneren Konflikt hin. Laßt uns also alle übervorsichtigen Fahrer sofort in Therapie schicken!)

Veränderung und Integration von Werten

Das bisher Besprochene kann uns jetzt als Grundlage dienen, um zu wissen, welche spezifischen Techniken wir für die Veränderung von Glaubens- und Wertesystemen einsetzen können. Zunächst der visuelle Squash, auch räumliches Reframing genannt.

Ich möchte Ihnen durch die folgende Geschichte zeigen, wie man Werte erfragen und den visuellen Squash anwenden kann: ich habe das übrigens am Telefon gemacht mit einem Kollegen in Philadel-phia, der mir gesagt hat: „Ich verdiene nicht soviel Geld, wie ich eigentlich sollte."

Ich fragte ihn: „Was ist Ihnen wichtig bei dem, was Sie tun?" (Ich habe das gefragt, weil „was Sie tun" die Art bezeichnet, wie man sein Geld verdient, nicht wahr?)

Er sagte: „Sie erfragen meine Werte, nicht wahr?"

Zunächst erfragte ich seine acht höchsten Werte. Der erste Wert war Freiheit, der vierte Geld. Nun, in meinen Augen sollte das auch so sein. Geld war als Wert repräsentiert, er hätte also eigentlich Geld verdienen sollen. Worin bestand dann das Problem?

Wenn Geld nicht eingeschlossen gewesen wäre, hätte ich es in die Wertehierarchie einfügen können unter Anwendung von Submodalitätsveränderungen, die wir gleich beschreiben. Wenn Geld nicht dabei gewesen wäre, hätte sich seine Art zu handeln allein dadurch verändert, daß wir es in die Wertehierarchie eingefügt hätten.

Aber Geld war tatsächlich in der Wertehierarchie enthalten, und ich dachte: „Na, das ist interessant!" Ich sagte zu ihm: „Also, das Problem ist, daß Freiheit Ihr höchster Wert ist, Sie aber mehr Geld verdienen wollen. Ist es so, daß ein Teil von Ihnen frei sein und ein anderer Teil mehr Geld verdienen will?"

Er antwortete: „Ja."

Ich sagte: „Ich möchte, daß Sie den Teil, der Geld verdienen will, herauskommen lassen, (Pause) und auf welcher Hand wäre dieser Teil gerne?"

Er antwortete: „Auf der rechten Hand."

„Ich möchte, daß der Teil von Ihnen, der frei sein will, herauskommt und in der linken Hand ist. Ich möchte den Freiheitsteil fragen, was seine Absicht ist – was ist sein Zweck?"

Er sagte: „Freiheit."

182

„Und welchem Zweck dient der Geldteil?" fragte ich.

„Mehr Geld zu verdienen, damit ich alles haben kann, was zu einem angenehmen Leben notwendig ist."

Ich stellte diese Frage: „Und welchem Zweck ..." ungefähr fünfmal, und schließlich sagte er: „... Freiheit, (Pause) und meine Hände bewegen sich aufeinander zu."

„Lassen Sie das einfach zu."

Als seine Hände zusammengekommen waren, sagte er: „Oh mein Gott, mein ganzer Körper kribbelt und zittert. Er ist leicht!"

Ich sagte: „Großartig, die Teile haben sich integriert! Nun, haben Sie eine visuelle Vorstellung dieses neuen Teils, der für Freiheit und Geld zuständig ist und Ihnen erlaubt, soviel Geld zu verdienen, wie Sie wollen und gleichzeitig Ihre Freiheit zu behalten?"

Ich konnte ihn nicht sehen, weil ich am Telefon war, aber er antwortete: „Ja." Ich sagte: „Gut. Wir haben heute eine Menge neuer Verhaltensweisen hervorgebracht, und ich möchte, daß Sie sich vergewissern, daß diese neuen Verhaltensweisen sich mit all Ihren anderen Teilen in Ihnen in Übereinstimmung befinden. Können Sie kurz nach innen gehen und sich vergewissern, daß sie sich im Einklang mit den Veränderungen befinden?" Er sagte, es sei in Ordnung, und damit waren wir fertig. Da wir am Telefon waren, sagte ich ade.

Ungefähr einen Monat später sprach ich wieder mit ihm, und er erzählte mir, daß er sich ungefähr eine Woche nach unserem Telefongespräch das Ziel gesetzt hatte, daß innerhalb eines Monats 10.000 Dollar in seine Firma investiert würden. Eine Woche später sei jemand zur Tür hereingekommen und habe darum gebeten, in seine Firma investieren zu können. Erstaunlich? Nein, eigentlich nicht – das beruht einfach auf der Kongruenz, die aus dem erfolgreichen Umgang mit tiefen Glaubens- und Wertekonflikten entsteht. Wie man es macht? Mit einem visuellen Squash. Hier sind die Schritte für den visuellen Squash:

Visueller Squash

Der visuelle Squash ist von großer Bedeutung für die Veränderung und Integration der Werte und Glaubenssätze einer Person. Wo Inkongruenzen oder Probleme bestehen (auch geringe), liegen gewöhnlich Konflikte der inneren Teile vor. Der visuelle Squash löst ohne weiteres Konflikte zwischen diesen Teilen auf und integriert sie.

Die Schritte

1. **Identifizierung des Konflikts und der betroffenen Teile.** Benutzen Sie das Erfragen von Werten und andere Sprachmuster, um die Werte und Glaubenssätze herauszusuchen sowie die Teile zu identifizieren, die sie repräsentieren.

2. **Bitten Sie jeden Teil, sich nach draußen, auf eine der beiden Hände zu begeben.** Bauen Sie die visuelle Vorstellung für jeden Teil auf (oder identifizieren Sie ein bereits vorhandenes Bild). Beschreiben Sie jeden Teil. (Es ist viel besser, wenn jeder Teil als „Person" beschrieben wird.)

3. **Trennen Sie die Absicht vom Verhalten ab.** (Nehmen Sie für jeden Teil ein Reframing vor, eine Vergrößerung des Ausschnittes (chunking up), damit jeder Teil erkennt, daß er dieselbe Absicht hat. (Siehe „Hierarchie der Ideen" – nächstes Kapitel.) Welche Ressourcen der betreffenden Teile könnten vom jeweils anderen Teil bei seinem Versuch, effektiver zu sein, als hilfreich empfunden werden?

4. **Lassen Sie sich von jedem Teil sagen, was an dem anderen Teil gut ist.** Und dann lassen Sie jeden der beiden eingestehen, daß der Konflikt dem Erreichen ihrer Absicht im Wege steht.

5. **Lösen Sie den Konflikt auf,** indem beide Teile sich einverstanden erklären, zusammenzuarbeiten. (Wenn Sie integrieren, machen Sie weiter. Wenn nicht, hören Sie hier auf.) Weisen Sie sie darauf hin, daß sie viel mehr gemeinsam haben, als ihnen klar ist, und lassen Sie sich die Zustimmung zur Integration geben.

6. **Fragen Sie sie, wie sie sich gerne integrieren würden.** (Die Hände sollten sich aufeinander zu bewegen; wenn nicht, helfen Sie, das Bild zu kollabieren, so daß nur der neue Teil übrigbleibt.) Dann bitten Sie die Person, die visuelle Vorstellung des neuen Teils zu beschreiben.

7. **Lassen Sie die Person das integrierte Bild in sich aufnehmen.** (Siehe auch: „Die Veränderung der Grundlagen der Persönlichkeit", Anhang I.)

Der neue Teil benutzt Time-Line

Es hat sich bei der Durchführung von größeren Paradigma-Wechseln als sehr wertvoll erwiesen, einen neu entstandenen „Super"-Teil zur Time-Line zurückzuführen und ihn die notwendigen Veränderungen in der persönlichen Geschichte des Betroffenen vornehmen zu lassen. Man kann Glaubenssätze und Werte verändern und die Teile integrieren, aber es ist sehr viel wirkungsvoller, wenn Sie auch auf der Time-Line zurückgehen und dort eine Veränderung bewirken. Das erledigt den Teilekonflikt und auch die dazugehörige Geschichte. Wenn Sie die Verschiebung nicht im Einvernehmen mit dem Teil vorgenommen haben, der für die Aufrechterhaltung dieser Wertesysteme verantwortlich ist, verändert der Teil sie möglicherweise zurück. Und wenn Sie vergessen haben, die persönliche Geschichte zu verändern oder anzupassen, verändern sich die Teile möglicherweise wieder zurück. Lassen Sie also den neuen Superteil zurückgehen und Verschiebungen in der Time-Line vornehmen, so daß die persönliche Geschichte in Übereinstimmung mit dem neuen Glauben steht. Wenn Sie es mit einer Geschichte zu tun haben, die mit den Teilen nicht übereinstimmt, wird die Veränderung vielleicht wieder rückgängig gemacht.

Ihr Anliegen ist es, die zurückliegende persönliche Geschichte in Einklang zu bringen mit den neuen Verhaltensweisen, die der neue „Superteil" hervorbringen wird; lassen Sie also den Teil selbst die Veränderungen in der Time-Line vornehmen. Das führt zu einer großen Veränderung. Wir sprechen hier von substantiellen Persönlichkeitsveränderungen, nicht nur von ein paar Veränderungen der Werte. Lassen Sie Ihren neuen Superteil zurückgehen und die Time-Line aufräumen, und dann stellen Sie sicher, daß der Teil integriert wird. Wenn Sie fertig sind, lassen Sie alle Teile um das Zentrum herumgehen, sich gegenseitig umarmen und sich integrieren, als ob sie eins wären. Wenn Sie Schwierigkeiten dabei haben, die beiden Teile zur Zustimmung zu bewegen, wird das nächste Kapitel Ihnen helfen.

20. Die Hierarchie der Ideen

Wenn Sie jemals Probleme dabei hatten, zwei Teile zur Zustimmung zu bewegen, wird Ihnen dieses Kapitel dabei helfen, die gewünschten Ergebnisse zu erzielen. Darüber hinaus kann „Die Hierarchie der Ideen" für Verhandlungen und Mediationen nützlich sein.

Halten Sie einen Moment inne und lassen Sie sich einmal die Tatsache durch den Kopf gehen, daß Ihr Denken sich auf der ganzen Bandbreite Ihres Denkprozesses durch verschiedene Ebenen oder Schichten bewegt, von vieldeutigen bis hin zu ganz spezifischen Ideen. Jede Idee unterscheidet sich, abgesehen vom unterschiedlichen Inhalt, von einer anderen durch ihren Grad an Spezifität oder Abstraktheit. Nehmen Sie zum Beispiel die Idee „Autos". (Siehe Diagramm auf Seite 188.) Nehmen Sie Autos als Begriff. Was für eine Idee!

Wir wollen die Bewegung von spezifisch zu abstrakt „heraufchunken" nennen („chunking up") und die Bewegung von abstrakt zu spezifisch als „herunterchunken" („chunking down") bezeichnen. Wenn Sie irgendeine Idee im Universum nehmen, können Sie in bezug auf diese Idee entweder spezifischer oder abstrakter werden. Wenn ich bei dem Begriff von Autos konkreter oder spezifischer werden will, d.h., um von Autos herunterzuchunken, muß ich über Autoklassen oder Kategorien oder Teile von Autos sprechen. An irgendeinem Punkt in der Hierarchie der Ideen muß ich, während ich mich von abstrakt zu spezifisch hinbewege, über Klassen und Kategorien oder Teile sprechen.

Wenn ich von der Ebene „Autos" die Ausschnittsgröße zu Klassen oder Kategorien verkleinern würde, könnte ich dann über BMWs oder Pontiacs oder Porsche sprechen (d.h. jede Art, Klasse oder Kategorie von Auto). Wenn ich von Pontiac ausgehend die Ausschnittsgröße verkleinern würde, könnte ich über den Pontiac Fiero sprechen, und wenn es verschiedene Typen von Fiero gäbe, würden wir wahrscheinlich über einen GT sprechen. Achten Sie darauf, daß jede weiter unten gelegene Ebene spezifischer wird, und daß die Zahl der Einheiten in jeder Kategorie kleiner ist.

Wir gehen jetzt wieder zu dem größeren Abschnitt „Autos" zurück und betrachten die andere Möglichkeit: herunterzuchunken. Dieses Mal sprechen wir über Teile von Autos. Wollte ich also über Teile von Autos sprechen, würde ich Türen, Stoßstangen, Räder oder Antennen erwähnen. Beim Herunterchunken von Rädern aus käme ich zu Radkappen. Teile, die kleiner sind als Radkappen, sind Radmuttern. Wir betrachten also kleinere Teile bzw. Teile, die Teile von anderen Teilen darstellen. Wenn Sie in der Hierarchie der Ideen herunterchunken wollen,

186

müssen Sie also an einem bestimmten Punkt entscheiden, ob Sie über Klassen und Kategorien oder über Teile sprechen wollen.

Wir wollen jetzt von Autos heraufchunken und uns für einen Augenblick in Richtung auf Abstraktion bewegen. Wenn ich über etwas Abstrakteres als Autos sprechen wollte, würde ich mir die Frage stellen: „Wofür sind Autos ein Beispiel?" Und ich könnte natürlich auf die Antwort „Fortbewegung" kommen. Fällt Ihnen auf, was für eine Art Wort „Fortbewegung" ist? Sie können es nicht in eine Schubkarre legen. Aber „Autos" können Sie in eine Schubkarre legen. Sie bräuchten zwar eine GROSSE Schubkarre, aber wenn Sie so eine hätten, könnten Sie ein Auto darin unterbringen. Beachten Sie, daß Fortbewegung nicht in einer Schubkarre untergebracht werden kann, egal, wie groß diese ist.

Beim Heraufchunken von „Autos" aus bin ich also an ein Wort gelangt, das ein Funktions- oder Prozeßwort darstellt; der Prozeß ist jedoch, als er in ein Substantiv verwandelt wurde, in der Zeit erstarrt. Ein Prozeßwort, das in ein Substantiv verwandelt wurde, nennt man Nominalisation. Eine Nominalisation ist jedes Substantiv, das Sie wegen seiner Abstraktion nicht in eine Schubkarre tun können.

Wenn wir weiter heraufchunken, wofür stellt dann Fortbewegung ein Beispiel dar? Bewegung. Und um sich zu bewegen, muß man erst einmal existieren. Wenn man heraufchunken will, muß man auf einem bestimmten Abstraktionsniveau Nominalisationen benutzen.

Nun, warum sollen wir uns überhaupt Gedanken über die Hierarchie der Ideen machen? Die Antwort lautet: wir alle kommunizieren täglich. Wir kommunizieren alle Tag für Tag miteinander, und beim Kommunikationsprozeß drücken sich manche von uns abstrakter und andere spezifischer aus. Wenn Sie aber nicht dieselbe Sprache sprechen wie Ihr Gegenüber, findet keine Kommunikation statt. Wir denken vielleicht, daß wir kommunizieren, wenn wir so etwas sagen wie: „Wir müssen unsere Kommunikation intensivieren!" Und der Angesprochene glaubt wahrscheinlich, er wüßte, was Sie sagen.

Mit anderen Worten, wenn Sie sich einem bestimmten Menschen gegenüber zu vage ausdrücken, glaubt er, Sie gäben nur „fluff" von sich und kämen nie zur Sache.[*] Er denkt, Sie seien nur ein Luftikus und würden deshalb nicht kommunizieren, weil Sie nicht mit beiden Beinen auf dem Boden stehen. Wenn Sie sich aber für jemanden, der einen größeren Überblick vorzieht oder abstrakt oder vage ist, zu spezifisch ausdrücken, denkt derjenige, daß Sie sich zu sehr in Details verlieren und langweilig sind. Er wird wahrscheinlich aus der Kommunikation aussteigen,

---

[*] Anm. d. Übers.: „Fluff" ist gebräuchlich im NLP, bedeutet vage Worte und Ausdrücke ohne konkreten Inhalt.

```
┌─────────────────────┐
│  HIERARCHIE         │
│  DER IDEEN          │
└─────────────────────┘
```

Macht und Wert

↑

Abstraktion
kontrolliert Spezifität.
Vieldeutig schließt
spezifisch ein.

Intuitionstyp

Heraufchunken
Zustimmung

GROSSES BILD
Abstract

in Trance
ABSTRAKTE
SPRACHE

↑

Die Struktur des Überwältigtseins = zu große Chunks ↑

„Wofür ist dies ein Beispiel?"
„Für welchen Zweck...?"

Bei der Mediation (Vermittlung, Schlichtung) chunkt man herauf, um Zustimmung zu erhalten. Heraufchunken, bis man eine Nominalisation erhält.

DIE STRUKTUR DER INTUITION:
Die Fähigkeit, heraufzuchunken, um Verbindungen und Verwandtschaften zu erkennen, und dann herunterzuchunken, um es mit der gegenwärtigen Situation zu verbinden.

DIE STRUKTUR DES SCHIZOIDEN:
Bis zu Details herunterchunken, dann an einer Stelle wieder zurückkommen, die mit dem ursprünglichen globalen Chunk überhaupt nichts zu tun hat.

Man findet selten jemanden, der große Chunks macht und nach „Information" sortiert. Diese Leute machen gewöhnlich kleine Chunks.

„Welche Beispiele gibt es hierfür?"
„Was genau...?"
„Was können Sie damit machen...?"

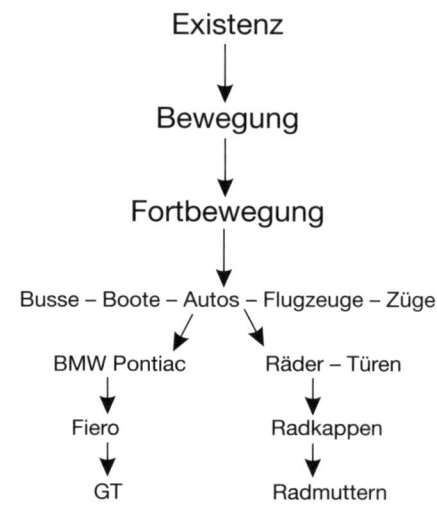

Existenz

↓

Bewegung

↓

Fortbewegung

Busse – Boote – Autos – Flugzeuge – Züge

BMW Pontiac   Räder – Türen

Fiero   Radkappen

GT   Radmuttern

Die Struktur des Kleinlichen = herunterchunken
und nach Unterschieden sortieren (mismatching)

Unterscheidungen
Heraufchunken

Spezifische
Details
Empfindungstypus

SPEZIFISCHE
SPRACHE
Aus der Trance heraus

Training for Excellence © 1987 Profitability Consulting

weil Sie ihm nicht einen Überblick verschafft haben. Und er fühlt sich vielleicht abgeschreckt durch den Berg an Information, mit dem Sie ihn überladen haben.

Bei einem Training, das wir kürzlich für einen Zweig des Militärischen Geheimdienstes durchgeführt haben, erzählte uns ein Captain die folgende Geschichte: Eines Tages erhielt er einen Anruf eines Admirals, der sagte: „Ich brauche Informationen über die Situation im Mittleren Osten." Der Captain verfaßte eine ausgezeichnete Zusammenstellung über die gegenwärtige politische Situation, über die Gefühle der Menschen, die dort leben und was dort so alles vor sich geht. Der Admiral rief zurück: „Nein, nein, nicht das. Ich will wissen, wieviele Kriegsschiffe, wieviele Zerstörer, ja..." Der Captain schrieb seine ausgezeichnete Zusammenstellung um. Der nächste Anruf eines anderen Admirals bat um eine Situationsbeschreibung im Indischen Ozean. Der Captain verfaßte eine Schrift über die gegenwärtige Truppenstärke im Indischen Ozean, die Zahl der Kriegsschiffe und so weiter. Der zweite Admiral rief zurück und sagte: „Ich wollte etwas über die politische Situation wissen, nicht die Zahl der Schiffe!" Der Captain meinte dann, daß ihm das Training über die Hierarchie der Ideen künftig zahllose Stunden Arbeit ersparen würde, weil er in Zukunft herausfinden könne, welche Abstraktionsebene bei seinen Berichten erwartet werde.

Für die Kommunikation ist es also wichtig, sich den Denkprozessen des jeweiligen Gesprächspartners anzupassen. D.h., man sollte sich der Denkebene des Betreffenden in bezug auf „spezifisch" bis „vage" angleichen.

Wenn Sie das Konzept der Hierarchie der Ideen anschauen (Abb. Seite 188), wie würden Sie sich von abstrakt zu spezifisch bewegen? Wie würden Sie herunterchunken? Im Diagramm gibt es zwei Fragen. Sie können sich selbst fragen: „Welche Beispiele gibt es hierfür?" Wenn wir zum Konzept mit den Autos zurückkehren: Was sind Beispiele für Autos? Pontiacs. Was sind Beispiele für Pontiacs? Fieros. Was sind Beispiele für Fieros? GTs.

Mit der Frage: „Welche Beispiele gibt es hierfür?" klappt es nicht immer; es gibt also eine weitere Frage: „Was genau?" (Das gesamte Meta-Modell [siehe „Struktur der Magie" I und II von Richard Bandler und John Grinder] ist ein Instrument, das für Herunterchunken entworfen wurde. Wenn Sie ein Meister des Herunterchunkens werden wollen, sollten Sie das Meta-Modell lernen.)

Ein Problem, dem man oft in der Geschäftswelt und in der Kommunikation begegnet, besteht darin, daß derjenige, der kommuniziert, auf einer abstrakteren (oder konkreteren) Ebene chunkt als derjenige, der Empfänger der Kommunikation ist. Das funktioniert nicht; denn wenn ich anfange, mit Ihnen in vagen Worten zu sprechen, müssen Sie nach innen gehen und die Ergänzung zu dem Gesagten erfinden. Nehmen Sie folgendes Beispiel: einer Ihrer Arbeiter kommt zu Ihnen und sagt: „Ich bin traurig". Sie antworten: „Oh ja, das verstehe ich gut." Was verstehen Sie? Verstehen Sie das Wort Traurigkeit? Wie machen Sie das? Um das wirklich zu wissen, müßten Sie dieselben Erfahrungen haben wie Ihr Arbeiter und auch auf dieselbe Weise Zugang zu diesen Erfahrungen gewinnen. Sie müssen nämlich nach innen gehen und die Bedeutung des Wortes „traurig" erfinden. „Worüber?" ist die Frage, die ich stellen würde. „Worüber genau?" Dies erweitert Ihr Verständnis und dadurch auch Ihre Kommunikation.

Ein weiteres in der Kommunikation auftretendes Problem rührt daher, daß Menschen oft nicht heraufchunken. Vielleicht fragen Sie sich jetzt, was es für einen Zweck haben könnte, vager zu werden. Meiner Meinung nach kann es sowohl im Kommunikationsprozeß, als auch für die Einschätzung der Bedeutung von Information sehr hilfreich sein, den größeren Ausschnitt zu untersuchen. Wenn ich mit Menschen Kommunikationstraining mache, will ich ihnen auch die Bedeutung von Kommunikation beibringen. Es ist wichtig, den Leuten beizubringen, was ihre Handlungen bedeuten und wie sich diese in ein größeres System einfügen, in die Ökologie und die Konsequenzen ihrer Handlungen. Die Frage: „Für welchen Zweck?" ist sehr wichtig.

Übrigens, wenn Sie in einer Organisation die Dinge ein bißchen aufheizen wollen, gehen Sie hin und fragen: „Für welchen Zweck?" In einer Organisation liegt der Zweck von untergeordneten Strukturen darin, höheren Strukturen zu dienen. Der Zweck jedes Teils einer Organisation besteht darin, der übergeordneten Gesamtheit der Organisation zu dienen. Gleichermaßen besteht der Zweck jeder Klasse, Kategorie oder jedes Teils einer Organisation darin, der Klasse, Kategorie oder dem Teil der Organisation zu dienen, der ihr direkt übergeordnet ist. Der Zweck von Rädern besteht zum Beispiel darin, dem Auto zu dienen. Räder dienen dem Auto, indem sie es von Ort zu Ort befördern. In einer Organisation passiert es aber von Zeit zu Zeit, daß Teile dieser Organisation vergessen, was ihr Zweck ist. Sie vergessen ihren Zweck und beginnen, ihre eigenen Zwecke zu kreieren, die der Organisation nicht unbedingt dienlich sind. Das ist so, als ob die Räder eine neue Art des Rollens definieren würden. „Stör' mich jetzt nicht. Ich bin beim neuen Rollen." Es ist, als ob sie ein Eigenleben annehmen würden. Im Umgang mit Organisationen rate ich Ihnen, den Gedanken im Sinn zu behalten, daß der Zweck jedes untergeordneten Teils darin besteht, dem größeren Teil der Organisation zu dienen. Wann immer Sie sich also Gedanken zu den Teilen Ihrer Organisation machen, sollten Sie sich die Frage stellen: „Zu welchem Zweck?" „Welchen Zweck hat das, was ich hier tue?" „Worin besteht der Zweck dieser Kommunikation?"

Die einzige Möglichkeit, herauszufinden, ob (oder wie) eine untergeordnete Struktur einer höheren Struktur dient, besteht darin, daß die untergeordnete

Struktur fragt: „Was ist der Zweck?" oder „Für welchen Zweck tue ich dies?" Und dazu dient das Chunken.

Daraus folgt dann die Frage: Wie erkennen Sie Abstraktion oder Mehrdeutigkeit bei den Menschen, mit denen Sie kommunizieren ebenso wie bei sich selbst? Und dann: Wie helfen Sie anderen, sich vom Allgemeinen zum Spezifischen hin zu bewegen? Umgekehrt, wie erkennen Sie Spezifität, und wie helfen Sie jemandem, sich vom Spezifischen zum Allgemeinen hin zu bewegen?

Man hilft jemandem, sich vom Spezifischen zum Allgemeinen oder Abstrakten hinzubewegen, indem man sich selber folgende Fragen stellt:
1. Wofür ist dies ein Beispiel?
2. Für welchen Zweck?
3. Was ist hieran wichtig?

Wenn wir zur Hierarchie der Ideen als einem Beispiel zurückkehren, fragt man also: „Autos für welchen Zweck? Fortbewegung. Wofür ist Fortbewegung ein Beispiel? Bewegung. Wofür ist Bewegung ein Beispiel? Letztendlich setzt sie Existenz voraus."

Die Hierarchie der Ideen ist auch bei Verhandlungen und Mediation hilfreich; dies werden wir in einem späteren Buch behandeln. Nebenbei gesagt, gibt es viele NLP-Techniken, die Ihnen bei Verhandlungsführung und Mediation helfen. Hier ist ein Beispiel: Wenn es zwei Teile (oder Leute, oder Teile einer Organisation, oder Ideen) gibt, die verschiedener Meinung sind (d.h. so etwas wie zwei kriegführende Parteien), werden Sie, wenn Sie mit der Frage: „Zu welchen Zweck?" heraufchunken, häufig letztendlich zu einer Übereinstimmung kommen. Dies setzt voraus, daß Sie bereit sind, bis zur Ebene „Existenz" heraufzugehen. Dies ist kein Buch über Mediation. Wir bilden in unseren Seminaren einige unserer Studenten in speziellen Mediations- und Verhandlungstechniken aus. Wenn wir Unterricht in Mediation erteilen würden, ließen wir Sie wahrscheinlich eine Übung machen, die Ihnen helfen könnte, die Technik des Chunkens bei der Verhandlungsführung anzuwenden.

Was Wert und Macht anbetrifft, liegt in einer abstrakten Idee mehr Macht und mehr Wert als in einer spezifischen Idee. Das liegt daran, daß die abstraktere Idee die spezifischere Idee kontrolliert. Sie kontrolliert sie, weil sie sie einschließt. Aus diesem Grund beeindrucken uns die kraftvolleren Ideen oft in ihrer Einfachheit. Die Verbindung zwischen Abstraktion und Wert spielt auch eine Rolle bei der Frage, wieviel jemand in einer Organisation verdient. Die Fähigkeit einer Person, in einer Organisation höherzusteigen, hängt von seiner Fähigkeit ab, zu abstrahieren oder das Gesamtbild zu sehen. In der Armee, zum Beispiel – wieviel vom Gesamtbild sieht ein Gefreiter? Wieviel vom Gesamtbild sieht ein Feldwebel im Vergleich zum Leutnant? Mit wievielen Details geht jeder dieser Menschen um? Nun, der Gefreite geht nur mit Details um. Der Feldwebel hat mit weniger Details zu tun. Raten Sie mal, mit wieviel Details ein General umgeht. Mit fast keinen! Der General hat einen Oberst oder einen Major, der sich mit Details befaßt. Der Gefreite hat es also mit fast allen Details zu tun, und je höher man sich auf der Rangebene bewegt, desto weniger müssen sich die Leute mit Einzelheiten befassen, bis zu einem Punkt auf einer bestimmten Ebene, ungefähr beim Major, wo ein Offizier über jemanden verfügt, der sich für ihn um die meisten Details kümmert.

Dieselbe Hierarchie zeigt sich im Finanzwesen. Wer trägt in einer solchen Firma die nackten Daten in ein Journal ein? Der Angestellte, der für die Journaleintragungen zuständig ist. Dieser bezieht weniger Gehalt als der Buchhalter, der die Journaleintragungen für den Angestellten ordnet und alle Daten codiert. Der Buchhalter weiß, in welches Journal die Eintragungen gehören, aber er weiß im allgemeinen nicht, wie man eine Bilanz erstellt. Aber sein Chef, der Boss der Firma, der am meisten verdient, weiß im allgemeinen, wie man all das macht, was die anderen tun, und er weiß darüber hinaus, was die Informationen aus der Jahresbilanz für das Geschäft bedeuten. In einem Wirtschaftsprüfungsunternehmen bestimmt, wie in jeder Firma, die Fähigkeit zur Abstraktion darüber, wieviel jemand verdient, und wie weit er es in einer bestimmten Organisation bringt. Ihnen ist sicher schon aufgefallen, daß die höherstehenden Personen in beinahe jeder Organisation sehr wenig TUN. Das ist ihre Funktion.

Die Struktur der Intuition besteht darin, heraufzuchunken und Verbindungen und Beziehungen zu finden, dann wieder herunterzuchunken und diese auf die gegenwärtige Situation anzuwenden.

Hier habe ich etwas für Sie! Die Struktur des „Schizoiden" besteht darin, bis auf die Details herunterzuchunken und an einer Stelle wieder zurück zu kommen, die mit dem ursprünglichen Gesamtbild überhaupt nichts zu tun hat.

Welches Problem tritt bei Kommunikation häufig auf? Das Problem liegt oft darin, daß auch noch so powervolle Abstraktionen nicht genügend Informationen enthalten, um es dem Gesprächspartner zu ermöglichen, den genauen Inhalt der Mitteilung zu verstehen. Ein hervorragender Kommunikator muß sich in der Kommunikation durch alle Ebenen und durch alle Bereiche der Hierarchie bewegen. Diese Fertigkeit ermöglicht es jemandem, eine andere Person zu trainieren, die zu spezifisch oder zu vage ist.

Warum ist es wichtig, bis zu den Einzelheiten herunterzuchunken? Es ist wichtig; wenn nämlich Kommunikation zu abstrakt ist, muß der Empfänger der Kommunikation halluzinieren oder die Details erfinden. Das Problem beim Erfinden von Einzelheiten liegt darin, daß sie oft falsch sind!

Wir haben Ihnen ein sehr elegantes Modell dargelegt, das zeigt, wie Sie ins Detail oder hinauf in die höchsten Abstraktionen gehen können, damit Sie je nach den Erfordernissen der betreffenden Situation jede Ebene erkennen und auf ihr kommunizieren können! Wenn Sie rasch genügend detaillierte Information erhalten können und sich dabei die Fähigkeit bewahren, diese in das Gesamtbild einzufügen, sind Sie fähig, herauf- und herunterzuchunken. Hierin liegt die wahre Macht der Kommunikation. Sie liegt darin, zu lernen, wie man sich, weder Abstraktion noch Spezifität zurückweisend, durch die gesamte Hierarchie der Ideen bewegt. Man erwirbt die Fähigkeit, sich in der Hierarchie zu bewegen und sich auf jeder Ebene wohlzufühlen. Hierum geht es bei der Hierarchie der Ideen.

21. Die Veränderung der Werte

Ethische Überlegungen

Wir wollen nun einige wichtige ethische Überlegungen zur Veränderung der Werte eines Menschen anstellen. Danach werden wir das Vorgehen bei der Veränderung von Werten beschreiben. Ethische Überlegungen über die Veränderung von Werten gehen bis in alte Zeiten zurück. Diese Frage wurde schon während der gesamten Menschheitsgeschichte diskutiert. Schon immer wollten verschiedene Gruppen von Menschen die Werte der jeweils anderen Gruppe verändern. Seit Überlegungen zur Veränderung von Werten angestellt wurden, hat das ethische Fragen aufgeworfen.

Das Thema „Werte" taucht natürlich nur auf, wenn die Werte einer anderen Person sich von den Ihrigen unterscheiden. Die Frage, die Sie bei der Beurteilung von Werten bedenken sollten, lautet aber nicht, ob diese Werte sich von den Ihren unterscheiden, sondern ob die Wertehierarchie des anderen Konflikte in sich birgt. Bringt die so aufgestellte Hierarchie sinnvolle Ergebnisse hervor? Wenn die Wertehierarchie nicht die erwünschten Ergebnisse hervorbringt, haben wir meiner Meinung nach die Aufgabe, sie zu verändern. Der Klient hat uns mitgeteilt, daß er ein Problem hat. Der Klient ist zu uns gekommen und hat um unseren Rat als Experten gebeten. Aus seiner Sicht haben wir daher die Verantwortung dafür, ihn zu unterstützen, wo immer wir können.

Darüber hinaus ist es wichtig, sich zu vergegenwärtigen, daß die Menschen ihre Werte ständig verändern. Nehmen Sie als Beispiel die Vereinigten Staaten. Seit dem Vietnam-Krieg hat es in diesem Land einige größere Werteverschiebungen gegeben. Alle Hippies und Yippies haben ein Diplom in Betriebswirtschaft und fahren einen Mercedes. Die Menschen machen ständig Werteveränderungen durch. Wir haben natürlich gerade eine grobe Verallgemeinerung vorgenommen, aber nehmen Sie zum Beispiel die Arbeit. Wenn Sie für eine Gruppe von Vegetariern arbeiten, die Sie lieben und heftig bewundern, werden Sie wahrscheinlich auch zum Vegetarier. Das passiert ständig.

Menschen verändern ihre Werte ständig, um sich ihrer Umgebung anzupassen und Rapport mit anderen Leuten herzustellen. Da es eine Tatsache ist, daß Veränderungen von Werten ziemlich normal und gewöhnlich sind, bleibt von dem Problem der Veränderung der Wertehierarchie einer Person lediglich die Frage, ob Ihr Klient das bekommt, was er im Leben haben möchte. In diesem Fall neigen wir

194

dazu, die Frage, ob man sich in die Wertehierarchie einer Person begeben und sie verändern sollte, zu bejahen.

Mit Hilfe grundlegender NLP-Techniken können wir bedeutende Kurzzeitveränderungen im Verhalten vornehmen. Ein Problem bei der Anwendung von NLP stellt jedoch die Schwierigkeit dar, Langzeitveränderungen des Verhaltens zu erreichen. Unserer Meinung nach sind langanhaltende Verhaltensänderungen das Resultat größerer Veränderungen derjenigen Glaubens- und Wertesysteme, welche die Grundlage und die Ursache dieser Verhaltensweisen darstellen. Wir können zum Beispiel das Verhalten einer Person verändern, indem wir ihr eine neue Strategie vermitteln. Wenn die Strategie aber im Gegensatz zur persönlichen Geschichte steht (den Erinnerungen), wird die Veränderung nicht so wirkungsvoll sein, oder sie wird wieder rückgängig gemacht. Durch die Verkettung von Ankern kann man Menschen zwar neue Zustände ermöglichen und damit auch neue Verhaltensweisen; werden diese Verhaltensweisen jedoch von längerer Dauer sein? Wenn sie von einer Integration der Werte und Überzeugungen sowie Veränderungen in der Wertehierarchie begleitet sind, halten sie viel länger an, als wenn man Werte nicht mit in Betracht zieht.

Nehmen Sie zum Beispiel jemanden, der sagt: „Ich zaudere". Nun gut, vermitteln Sie ihm eine neue Strategie, indem Sie die Verkettung von Ankern anwenden. Das verändert vielleicht die zugrundeliegende Ursache, vielleicht aber auch nicht. Es gibt ihm vielleicht eine neue Strategie und Wahlmöglichkeiten an die Hand. Es bezieht aber die zugrundeliegenden Überzeugungen, Werte oder die persönliche Geschichte, die ihn den Gebrauch seiner Ressourcen vermeiden lassen, nicht mit ein. Letztendlich hat der Betreffende immer noch die Wahl, wieder zu zaudern, auch wenn Sie diese Veränderungen vorgenommen haben. Wenn Sie bei jemandem Langzeitveränderungen erreichen wollen, müssen Sie größere paradigmatische Persönlichkeitsveränderungen durchführen. Sie sollten (a) die Geschichte verändern, die sich ereignet hat, ferner (b) ist es notwendig, die Teile zu reframen, die dabei eine Rolle spielen und diese Verhaltensweisen aufrecht zu erhalten. So bringt man dauerhafte Veränderungen zustande.

Wir sind ferner der Meinung, daß ein Therapeut bei der Veränderung der Wertehierarchie auch die Hierarchie der Ideen berücksichtigen sollte, sowie den Grad von Abstraktion, den die verschiedenen Werte in der Hierarchie einnehmen. Wenn man eine Wertehierarchie entwirft, sollten die abstrakteren Werte höher angesiedelt sein als die konkreten Werte. Zumindest der höchste Wert in der Hierarchie sollte kein konkreter sein.

Wir wollen uns ein hypothetisches Beispiel anschauen. Nehmen Sie an, Sie haben einen Klienten, der bewußt oder unbewußt den Wunsch hat, mehr Geld zu verdienen. Sie ermitteln seine Werte und finden an erster Stelle den Wert „Freiheit" und an achter Stelle den Wert „Geld". (Siehe Beispiel Hierarchie Nr.1.)

Beispiel Hierarchie Nr.1:

Freiheit
Kommunikation
Gute Arbeitsbedingungen
Beziehungen
Wachstum
Sinnvolle Arbeit
Gruppenkonsens
Geld

In diesem Fall wäre es unserer Meinung nach für unseren Klienten nicht angemessen, Geld an die Stelle des Wertes Nr.1 (welcher Freiheit als den Wert Nr.1 ersetzen würde und die anderen Werte alle um eine Stelle nach unten rücken würde) zu setzen. Dafür gibt es mehrere Gründe. Zunächst handelt es sich bei Geld nicht um einen Wert, der abstrakt genug ist. „Geld" ist noch nicht einmal eine wirkliche Nominalisierung. Zweitens wissen wir, daß manche Menschen, die Geld als Wert Nr.1 haben, nicht wirklich im inneren Gleichgewicht zu sein scheinen. Drittens, die Verschiebung von Nr.8 zu Nr.1 in so kurzer Zeit könnte zu stark sein. Wir würden also Geld nicht zu einem an 1. Stelle liegenden Wert machen. Es wäre vielleicht besser, Geld als Wert an die zweite Stelle zu rücken (siehe Beispiel Hierarchie Nr.2). Oberflächlich gesehen, paßt Geld, wenn man die festgestellte Hierarchie betrachtet, noch nicht einmal an diesen Platz, da es an 2. Stelle sogar noch oberhalb von guten Arbeitsbedingungen plaziert wäre.

Beispiel Hierarchie Nr.2:

Freiheit
Geld
Kommunikation
Gute Arbeitsbedingungen
Beziehungen
Wachstum
Sinnvolle Arbeit
Gruppenkonsens

Wenn Sie das noch einmal mit dem Klienten überprüfen, kommen Sie vielleicht zu dem Schluß, daß es besser wäre, Geld an die Stelle des Wertes Nr.3 zu setzen, wenigstens bis zu dem Zeitpunkt, zu dem wir die Auswirkungen der Veränderungen erkennen können. (Siehe Beispiel Hierarchie Nr.3.)

Beispiel Hierarchie Nr.3:

Freiheit

Kommunikation

Geld

Gute Arbeitsbedingungen

Beziehungen

Wachstum

Sinnvolle Arbeit

Gruppenkonsens

Wir sind der Meinung, daß eine gut zusammengestellte Wertehierarchie einen eher abstrakteren Wert an der Spitze haben sollte.

Wenn man diese ethischen Überlegungen voraussetzt, gibt es keinen Grund, warum wir nicht mit gutem Gewissen Werte verändern sollten. Sie müssen nur sicherstellen, daß Sie die Ökologie untersucht haben, daß Sie die Standard-NLP-Fragen zu Wohlgeformtheit, Zielvorstellung und dem Meta-Modell gestellt haben. Wenn Sie die Intervention entwerfen, bedenken Sie, daß die Veränderungen, die Sie auf dieser tiefsten Ebene vornehmen, sich auf andere Gebiete des Lebens ausdehnen werden. Sorgen Sie dafür, daß die vorbereitete Intervention ökologisch ist, wenn sie generalisiert. Ansonsten sollten Sie sicherstellen, daß die Veränderung nicht generalisiert, indem Sie den Kontext entsprechend gestalten.

22. Die Utilisierung und Veränderung von Werten

Wir wollen jetzt mit einer Wertehierarchie arbeiten. Das ist eine ziemlich einfache Arbeit. Zunächst ermitteln Sie die Wertehierarchie – das ist der erste Schritt. (Sie haben Ihre eigenen Werte schon in einem früheren Kapitel ermittelt.) In einem zweiten Schritt können Sie die Werte utilisieren, falls Sie dies wünschen. Der dritte Schritt besteht darin, eine neue Wertehierarchie zu entwerfen, falls notwendig. Das haben wir im letzten Kapitel behandelt. Im vierten Schritt wird die Wertehierarchie verändert.

Utilisierung der Werte

Das Herausarbeiten der Werte in diesem Zusammenhang ist aus folgendem Grund wichtig: wenn Sie erst einmal die Werte einer Person ermittelt haben (und für diesen Zweck sind wir nur an den Wörtern interessiert, die sie benutzt), können Sie ihre obersten vier oder fünf Werte in einem einzigen Satz zusammenfassen und ihr damit eine unwiderstehliche Motivation zur Verfügung stellen. Indem Sie die höchsten Werte in einem einzigen Satz oder Abschnitt zusammengefaßt anwenden, verursachen Sie bei dem Betreffenden einen mächtigen unbewußten motivierenden Druck, der ihn in Richtung auf das Ziel vorwärtstreibt. Unsere Werte sorgen nämlich für den kinästhetischen Schub oder Antrieb hinter unseren Motivationsstrategien. Sie stellen den eigentlichen Antrieb dar. Mit anderen Worten, die Kinästhetik (Gefühl), die die Motivationsstrategie motivierend werden läßt, entspricht der Kinästhetik (Gefühl), die aus dem Visuellen (Bild) des Wertes herrührt.

Wenn man dem Betreffenden seine Werte in der Reihenfolge ihrer Wichtigkeit als Feedback zurückgibt, sorgt man durch den kinästhetischen Schub und den hierbei hergestellten Rapport für einen unwiderstehlichen motivierenden Antrieb. Nehmen Sie zum Beispiel einmal an, Sie hätten folgende sich auf die geschäftliche Tätigkeit beziehenden Werte bei Ihrem Klienten ermittelt, aufgeführt in der Reihenfolge ihrer Wichtigkeit:

Ergebnisse
Integrität
Erfolg
Beziehung
Geld

Das kann man als Feedback in einem Satz wie diesem unterbringen: „Wissen Sie, Wyatt, bei der Unterstützung Ihres Vorschlags bin ich auch den ERGEBNISSEN und der INTEGRITÄT verpflichtet, und mir ist klar, daß unser ERFOLG von unserer Fähigkeit abhängt, unsere BEZIEHUNGEN aufrechtzuerhalten, während wir GELD verdienen." Dieser Satz wird für Ihren Klienten sehr motivierend sein.

Demonstration einer Veränderung der Werte

Die Veränderung von Werten in diesem Zusammenhang ist sehr einfach. Wenn Sie erst einmal die Wertehierarchie in einem bestimmten Kontext kennen, können Sie die Werte durch einfache Veränderungen in ihren Submodalitäten verändern. Wenn die Bedeutung der Wörter für Ihren Klienten von ausschlaggebender Wichtigkeit ist, müssen Sie sicherstellen, daß Sie die Bedeutung der Wörter herausfinden, die komplexe Äquivalenz jedes einzelnen Wortes.

Praktisches Beispiel einer Veränderung der Wertehierarchie

Tad: „Wer möchte mehr Geld verdienen? OK, nehmen wir Marvin. Wenn Sie Übungen machen und selber experimentieren, raten wir Ihnen übrigens, dafür zu sorgen, daß das, was Sie tun wollen, reversibel ist, bis Sie sich Ihrer Sache sicher sind. Sie können es rückgängig machen. Wir nehmen hier große Veränderungen vor. Dabei ist folgendes wichtig: Sie sollten wissen, daß Sie das Vorgehen beherrschen, und Sie sollten auch wissen, daß Sie die Veränderungen, falls erforderlich, rückgängig machen können. Diese Submodalitätsveränderungen in der Wertehierarchie sind sehr einfach durchzuführen; deshalb ist es leicht, sie wieder in ihren ursprünglichen Zustand zurückzuversetzen. Marvin, was ist Ihnen bei Ihrer Tätigkeit wichtig?"

Marvin: „Spaß, Freiheit, es ist aufregend, es ist immer neu, ich lerne ständig was, erlebe Dinge."

Tad: „Ist ‚neu' und ‚Lernen' dasselbe wie ‚neue Dinge erleben'?"

Marvin: „Ja."

Tad: „Ist ‚abenteuerlustig' dasselbe wie ‚neu' und ‚Lernen'?"

Marvin: „Ja."

Tad: „Was noch?"

Marvin: „Es ist aufregend."

Tad: „OK. Übrigens, ich weiß nicht, ob Sie das bemerkt haben – wenn Sie die Wertehierarchie ermitteln, kriegen Sie wahrscheinlich gleich auf Anhieb ungefähr vier Werte heraus – eins, zwei, drei, vier. Das ist gewöhnlich so. Danach sollten Sie noch vier weitere herausbekommen. Sie sollten sicher sein, daß Sie zu der zweiten Gruppe von vier Werten kommen. Es können auch drei sein oder fünf, egal. Sorgen Sie dafür, daß Sie bis zu der zweiten Ebene gelangen; denn häufig befinden sich die Werte Nr. 1 oder 2 auf der zweiten Ebene. Das haben Sie gerade bei Marvin bemerkt; er sagte einfach eins, zwei, drei, vier, dann hielt er inne. Er sagte: ‚Ahhh‘. Jetzt wird er hier noch ganz schnell vier weitere hervorkramen und uns mitteilen.“

Marvin: „Ich kann neue Leute kennenlernen, reisen, gut leben und glücklich bleiben.“

Tad: „Wissen Sie, was ich gerade gehört habe? Gut leben, glücklich bleiben, das klingt so, als ob die Werte der Eltern gerade aufgetaucht wären. Wenn Sie das vor sich hinsagen: ‚gut leben, glücklich bleiben‘, hören Sie dann dabei Ihre eigene Stimme?“

Marvin: „Ja.“

Tad: „Das ist gut. Zum Glück ist niemand sonst da drin. Was ist Ihnen bei Ihrer Tätigkeit sonst noch wichtig?“

Marvin: „... aktiv zu bleiben.“

Tad: „Was ist noch wichtig? Sehen Sie, solang ich am Ball bin, versuche ich, noch ein paar mehr Werte herauszufinden. Aber ich habe noch nichts über Geld herausbekommen, oder? Sie werden nicht mit Geld arbeiten. Ist Geld wichtig?“

Marvin: „Ja.“ (Seine Stimme klingt wenig begeistert.)

Tad: „Ich glaube, ich habe noch nie etwas gehört, was Ihnen derart wichtig war, Marvin. (Pause) Würden Sie es machen, wenn Sie nicht dafür bezahlt würden?“

Marvin: „Ob ich es tun würde, wenn ich nicht bezahlt würde?“

Tad: „Wenn Sie all’ die anderen Dinge hätten, aber kein Geld verdienten, würden Sie dann immer noch das gleiche tun?“

Marvin: „Ja.“

Tad: „Sehen Sie, wir wollen wissen: welche von Marvins Werten beziehen sich auf Mittel und welche auf Ziele? Für Marvin stellt Geld insofern einen Wert dar, als es ein Mittel ist. Für manche Leute stellt Geld ein Wert als Ziel an sich dar, und es ist wichtig zu wissen, wie es sich bei dem Betreffenden verhält. Ja, wir können davon ausgehen, daß Geld zu anderen Dingen führt; wir wollen wissen, wohin es führen wird. Aber wir wollen einfach ein bißchen herumspielen, Marvin. (Pause) Welcher dieser Werte (zeigt ihm die Liste) ist Ihnen der wichtigste?“

Marvins Werteliste (in der Reihenfolge, in der sie erfragt wurden):

Spaß
Freiheit
es ist aufregend
Neues Lernen, Erleben, immer neu
neue Leute kennenlernen
flexibel
Reisen
gut leben
glücklich bleiben
aktiv bleiben
Geld

Marvin: „Am wichtigsten ist mir, glücklich zu bleiben."

Tad: „OK. Ist Glücklichbleiben wichtiger für Sie als aufregend zu sein?"

Marvin: „Ja."

Tad: „Wichtiger als Lernen?"

Marvin: „Ja."

Tad: „Wichtiger, als neue Leute kennenzulernen?"

Marvin: „Nun, die sind irgendwo gleichwertig, glaube ich."

Tad: „Sie sind also gleich?"

Marvin: „Das gleiche wie Glücklichbleiben."

Tad: „Glücklichbleiben ist wichtiger als was? Ist Glücklichbleiben wichtiger als Aktivbleiben?"

Marvin: „Ja."

Tad: „Wichtiger als Flexibelsein?"

Marvin: „Ja."

Tad: „Wichtiger als Geld?"

Marvin: „Ja."

Tad: „Glücklichsein ist also Nr. 1? (Pause) Welcher von diesen Werten ist der nächst..."

Marvin: „Spaß."

Tad: „Ist Spaß wichtiger als Freiheit?"

Marvin: „Ja."

Tad: „Ist es wichtiger als Aktivbleiben? Wichtiger als flexibel zu sein?"

Marvin: „Ja."

Tad: „Wichtiger als Geld?"

Marvin: „Ja."

Tad: „Welches ist der nächstwichtige Wert für Sie?"

Marvin: „Aufregend."

Tad: „Ist aufregend wichtiger als Freiheit?"

Marvin: „Ja."

Tad: „Wichtiger als Leute kennenzulernen?"

Marvin: „Ja."

Tad: „Wichtiger als Reisen?"

Marvin: „Ja."

Tad: „Wichtiger, als gut zu leben?"

Marvin: „Ja."

Tad: „Wichtiger, als aktiv zu bleiben?"

Marvin: „Ja."

Tad: „Wichtiger, als nett zu sein?"

Marvin: „Ja."

Tad: „Freiheit wichtiger als Geld?"

Marvin: „Ja."

Tad: „Aufregend wichtiger als Geld?"

Marvin: „Ja."

Tad: „Angenommen, Sie hätten Glücklichbleiben, Spaß, aufregend, welcher Wert ist Ihnen danach am wichtigsten?"

Marvin: „Lernen."

Tad: „Wenn Sie also lernen würden und dabei keine Freiheit hätten, wäre das in Ordnung?"

Marvin: „Ja."

Tad: „Ist es wichtiger, als neue Leute kennenzulernen?"

Marvin: „Ja."

Tad: „Wichtiger als Reisen?"

Marvin: „Ja."

Tad: „Wichtiger, als gut zu leben?"

Marvin: „Ja."

Tad: „Wichtiger, als aktiv zu bleiben?"

Marvin: „Darauf können Sie wetten."

Tad: „Wichtiger, als flexibel zu sein?"

Marvin: „Mhm hmm."

Tad: „Wichtiger als Geld?"

Marvin: „Jawohl."

Tad: „OK. OK. Äh, angenommen, Sie hätten Glücklichbleiben, Spaß, aufregend und Neues Lernen, was ist danach der wichtigste Wert für Sie?"

Marvin: „Freiheit."

Tad: „Ist das wichtiger, als neue Leute kennenzulernen?"

Marvin: „Ja."

Tad: „Wichtiger als Reisen?"

Marvin: „Ja."

Tad: „Wichtiger, als gut zu leben?"

Marvin: „Ja."

Tad: „Wichtiger, als aktiv zu bleiben?"

Marvin: „Ja."

Tad: „Wichtiger, als flexibel zu sein?"

Marvin: „Zwei von denen sind irgendwie gleich."

Tad: „Freiheit und flexibel sind gleich? Welcher ist wichtiger?"

Marvin: „Flexibel zu sein."

Tad: „Wichtiger als Geld?"

Marvin: „Ja."

Tad: „OK. Flexibel ist wichtiger, als neue Leute kennenzulernen?"

Marvin: „Ja."

Tad: „Wichtiger als Reisen?"

Marvin: „Ja."

Tad: „Wichtiger, als gut zu leben?"

Marvin: „Ja."

Tad: „Aktiv zu bleiben?"

Marvin: „Ja."

Tad: „Wichtiger als Geld?"

Marvin: „Ja."

Tad: „Ist es wichtiger, als flexibel zu sein?"

Marvin: „Ja. (Pause) Flexibel?"

Tad: „Ich habe nur Spaß gemacht. Nur ein Spaß. OK. Was wir jetzt hier haben, sind die obersten sechs Werte. Wenn ich also sagen würde: ‚Marvin...' und diese in der Reihenfolge: ‚... Glücklichbleiben, Spaß, aufregend, Neues Lernen, Freiheit und flexibel' anschauen würde."

Marvin: „Das klingt ungefähr richtig."

Marvins Liste von Werten (in der Reihenfolge von Wichtigkeit):

1.	Glücklichbleiben
2.	Spaß
3.	es ist aufregend
4.	Lernen, Erleben, immer neu
5.	Freiheit
6.	flexibel
Werte unter-	neue Leute kennenlernen
halb Nr. 6	Reisen
wurden nicht	gut leben
geordnet	aktiv bleiben
	Geld

Tad: „OK. Wir haben gesagt, daß wir mehr Geld verdienen wollen. Ist es in Ordnung, wenn wir die Beziehung von Geld in dieser Hierarchie verändern?"

Marvin: „Oh ja, sicherlich, erheblich."

Tad: „Ich bin im Moment noch nicht sicher, wie es sich verändern wird, wenn also (Pause), ich möchte nur sicher sein, daß das für Sie in Ordnung ist; wenn nicht, können wir es rückgängig machen. Wir werden es da hineinsetzen und sehen, wie es sich anfühlt, oder fühlen, wie es aussieht."

Marvin: „Richtig."

Tad: „Und das funktioniert. Wir wollen es prüfen. Äh, wenn Sie also an Glücklichbleiben denken..."

Marvin: „Mhm hmm."

Tad: „Ist das ein Bild?"

Marvin: „Mhm hmm."

Tad: „Ist es schwarz-weiß oder farbig?"

Marvin: „Farbig."

Tad: „Ist es, Äh, hell oder dunkel?"

Marvin: „Es ist hell."

Tad: „Wie ungewöhnlich. Hat es eine Position?"

Marvin: „Mhm hmm."

Tad: „Wo befindet es sich? In der Mitte und...?"

Marvin: „Nicht ganz in der Mitte, ein bißchen weiter rechts."

Tad: „Mitte, rechts. OK. Hat es, äh, einen Rahmen?"

Marvin: „Ja."

Tad: „Welche Farbe hat der Rahmen? Gibt es eine Farbe im Rahmen?"

Marvin: „Nein, er ist schwarz."

Tad: „Ist es ein stehendes Bild oder ein Film?"

Marvin: „Ein bewegtes Bild."

Tad: „Ist es scharf oder unscharf?"

Marvin: „Scharf."

Tad: „OK. Wenn Sie daran denken... legen Sie das Bild einen Moment zur Seite (Pause), wenn Sie an Geld denken, sehen Sie, äh, ein Bild?"

Marvin: „Mhm, sowas ähnliches."

Tad: (Zu den Zuhörern gewandt) „Können Sie den Unterschied sehen? Schon jetzt gibt es einen bedeutenden Unterschied. Er hat ‚sowas ähnliches' wie ein Bild! Und das ‚sowas-ähnliches-wie'-Bild, ist das ... was ist es? Ist es scharf oder unscharf? Wie kommt es, daß Sie es nicht sehen können, wenn ich Sie jetzt frage?"

Marvin: „Äh, weil es hin- und herwechselt."

Tad: „Wie wechselt es hin und her? (Pause) Bilder?"

Marvin: „Die Bilder verändern sich."

Tad: „Die Bilder verändern sich? Sehen Sie Geld oder was es Ihnen bringen kann oder...aber die Bilder verändern sich dauernd?"

Marvin: „Oh, es wechselt zwischen Geld und ..."

Tad: „Und das Bild vom Glücklichbleiben wechselt nicht?"

Marvin: „Doch, aber nicht so schnell. Ich habe verschiedene Bilder vom Glücklichsein."

Tad: „Es wechselt also schneller?"

Marvin: „Und es ist ein feststehendes Bild."

Tad: „Oh, und es ist eine Reihe von feststehenden Bildern."

Marvin: „Ja. Sie klicken irgendwie."

Tad: „Sie klicken irgendwie? Und sie befinden sich wo, im unteren Quadranten?"

Marvin: „Ja."

Tad: „Ist es, äh, schwarz-weiß oder farbig?"

Marvin: „Farbig."

Tad: „Richtig. Ist es farbig?"

Marvin: „Ich glaube, ja."

Tad: „Handelt es sich um eine Reihe von feststehenden Bildern?"

Marvin: „Ja."

Tad: „Scharf oder nicht scharf?"

Marvin: „Es ist scharf."

Tad: „OK. Gut. Wir wollen jetzt, bloß im Rahmen dieser Übung, die Submodalitäten von Geld in Richtung auf die Submodalitäten von Glücklichbleiben verändern, und nun, wir werden sehen, was passiert. Nehmen Sie also bitte Geld und plazieren Sie es auf die Leinwand. Bewegen Sie es bitte, damit es sich rechts von der Mitte befindet. Gut. Machen Sie es bitte jetzt ganz farbig. Ok. Und verlangsamen Sie das Hin- und Herwechseln, bis es die gleiche Wechselgeschwindigkeit hat wie Glücklichbleiben. Rahmen Sie dann das Bild schwarz ein. Mit dem gleichen Rahmen, der um „Glücklichbleiben" herum war. Und dann machen Sie bitte einen Film daraus. So, während Sie im Kopf behalten, wie Geld aussieht, denken Sie jetzt bitte einen Moment an Glücklichbleiben. Ist es assoziiert oder dissoziiert?"

Marvin: „Glücklichbleiben?"

Tad: „Ja."

Marvin: „Beides."

Tad: „Was? Wie machen Sie das?"

Marvin: „Manchmal sehe ich mich, wie ich glücklich bin, und manchmal sehe ich es durch meine eigenen Augen."

Tad: „Wenn Sie jetzt also an Geld denken, lassen Sie bitte den gleichen Vorgang ablaufen (Pause), in dem es hin- und herwechselt. Lassen Sie es bitte einen Augenblick dort, so wie es ist, (Pause) und machen Sie dann bitte die Leinwand leer. Wenn Sie jetzt darüber nachdenken, was Ihnen bei Ihrer Tätigkeit wichtig ist, ja? Wie denken Sie über Geld?"

Marvin: „Schön."

Tad: „Und? Ist Geld wichtiger als Spaß?"

Marvin: „Ja, Spaß könnte Spaß mit Geld sein."

Tad: „Ist Geld wichtiger, als aufregend zu sein?"

Marvin: „Nein, man kann damit wahrscheinlich aufregendere Sachen machen."

Tad: „Ist es wichtiger als Neues Lernen?"

Marvin: „Ich könnte wahrscheinlich mit Geld noch mehr neue Lernerfahrungen machen."

Tad: „Wenn Sie jetzt Geld da irgendwo einordnen müßten..."

Marvin: „Nun, irgendwie neben..."

Tad: „Geld ist jetzt also.."

Marvin: „Es ist wie ein Hebel."

Tad: „Wie ein Hebel? Wenn ich Sie jetzt bitten würde, zu wählen und mir zu sagen, wo es sich in Ihrer Hierarchie befindet, wäre es wie Nr. 1, 2 oder 3? Ich meine, Glücklichbleiben ist auch eine Überlegung wert; ist es genau da oben bei Glücklichbleiben?"

Marvin: „Es ist eher direkt darunter."

Tad: „Ja."

Marvin: „Irgendwie. Mit den ganzen anderen Sachen geht das leicht."

Tad: „Großartig. Genau das habe ich erwartet. Wenn Sie die Submodalitäten des Wertes nehmen, den Sie da oben hinplazieren und sie den Submodalitäten des Wertes mit der Nr. 1 angleichen, wird er zum Wert Nr. 2. Er könnte nicht zum Wert Nr. 1 werden, es sei denn, Sie würden die Submodalitäten des Wertes Nr. 1 in Richtung auf eine andere Gruppe von Submodalitäten verändern, oder Sie nähmen den Wert Nr. 1 heraus, wozu ich nicht raten würde.

Nach meiner Erfahrung reicht normalerweise diese spezielle Verschiebung aus, und die betreffenden Personen belassen diesen Wert lange Zeit als ihren Wert Nr. 2 (oder wo immer wir ihn sonst hinversetzt haben). Die Werte tendieren nicht dazu, sich zurückzuverschieben. Sie bleiben genau an der gleichen Stelle. Wenn Sie jetzt darüber nachdenken, wie fühlt es sich innerlich an? Gut?"

Marvin: „Ja."

Tad: „Erzählen Sie."

Marvin: „Es ist interessant, weil es zwischen assoziiert und dissoziiert hin- und herwechselte. Für mich war Geld bisher immer eine dissoziierte Sache, und es schien so, als gäbe es nichts, mit dem ich assoziieren, das ich erleben könnte. Ich wußte nicht, was es bedeutete, eine Menge Geld zu haben. Und dann kamen Erinnerungen an eine Zeit, als ich eine Menge Geld hatte und an all diese positiven finanziellen Dinge, und die meisten Sorgen verschwanden, und es fühlt sich gut an."

Tad: „Nun, was ist der Unterschied zwischen dem, was wir hier gemacht haben, und dem visuellen Squash? Den visuellen Squash benutzt man, wenn ein Konflikt vorliegt. Wenn also Marvins Teile nicht einverstanden wären mit dem, was wir gemacht haben, und es einen Konflikt gäbe zwischen den Geld-Teilen und den Teilen, die für Glücklichbleiben zuständig sind oder irgendwelchen anderen Teilen, dann würden wir einen visuellen Squash vornehmen und die beiden Teile integrieren. Wenn Sie die Verschiebung vorgenommen haben und diese wieder rückgängig gemacht wird, ist das ein Zeichen für einen inneren Konflikt. In Marvins Fall benutzen Sie einen visuellen Squash, wenn größere Werte- oder Überzeugungskonflikte vorliegen, so einfach ist das. Wir haben dies schnell gemacht, die ganze Arbeit hat zwanzig Minuten gedauert. Wir haben bei Marvin eine bedeutende Werteverschiebung in zwanzig Minuten vorgenommen."

Fragen

Teilnehmer: „Wenn Sie die Liste der Werte ermitteln und einen Konflikt vermuten, würden Sie dann nur eine einfache Werteverschiebung vornehmen oder statt dessen einen Squash durchführen?"

Tad: „Ich hätte mit dem visuellen Squash angefangen und anschließend dann die Submodalitätsverschiebung vorgenommen. Zuvor hätte ich noch überprüft, ob die Integration der Teile kongruent verlaufen ist.

Wir wollen mal annehmen, es gäbe einen Konflikt zwischen verschiedenen Teilen in bezug auf die Werte „Freiheit" und „Geld", die wir ermittelt haben. Sie müssen sie alle integrieren. Machen Sie weiter mit dem visuellen Squash, bis Sie sie alle integriert haben, bis Sie einen einzigen Teil haben, der für Freiheit und Geld zuständig ist. Bedenken Sie bei der Arbeit mit den Werten einer Person, daß Sie aus der Tatsache, daß sie nicht dieselben Worte benutzt wie Sie, nicht ableiten können, daß ihre Werte sich von den Ihren unterscheiden. Wenn Sie herausfinden möchten, was diese Wörter bedeuten, müssen Sie die komplexen Äquivalenzen ermitteln."

Anhang I

Die Veränderung der Grundlagen der Persönlichkeit

Theorie

Wer wir sind ist das Ergebnis unserer Sammlung von Erinnerungen, unserer Werte und Überzeugungen und der Teile, die sie aufrechterhalten. Alle Inkongruenzen, alle Unfähigkeit, etwas zu erreichen, alle gesundheitlichen Probleme beruhen auf Konflikten auf tiefster Ebene und zwischen zentralen Teilen. Darüber hinaus gibt es Teile, die für die Erhaltung der Werte und Wertehierarchien in einem Individuum verantwortlich sind. Schließlich gründet sich unsere Persönlichkeit auf die Sammlung unserer Erinnerungen und die Schablonen unserer Wahrnehmung, die aus bedeutenden Ereignissen unserer Vergangenheit herrühren.

Das Modell

1. Untersuchen – Information sammeln: Meta-Modell, Schlüssel zu einem erreichbaren Ergebnis, Vorannahmen, Ökologie

2. Das Leitproblem herausfinden: als Leitproblem wird das Problem bezeichnet, das der Klient Ihnen anbietet, wenn Sie mit der Therapie beginnen. Zu diesem Zeitpunkt wollen Sie wahrscheinlich auch das ursächliche Problem herausfinden, obwohl das nicht unbedingt notwendig ist.

3. Dem Klienten ein Veränderungsmodell präsentieren: (die folgende Formulierung wurde bewußt gewählt) „Vielen Dingen liegen andere Dinge zugrunde, und manchmal, wenn wir etwas tun, gründet sich das auf einen Glauben, den wir haben. Alles, was wir tun, ist eine Antwort auf eine Situation, und deshalb ist Veränderung sehr einfach; und häufig, wenn wir etwas Grundlegendes verändern, was wir auch heute tun wollen, verändert sich alles im Leben. Manchmal, wenn wir ein Unkraut ausgraben, finden wir eine Wurzel, oder manchmal finden wir mehrere Wurzeln, die alle zusammenlaufen und das Problem darstellen. Wir können deshalb mit all dem leicht umgehen, indem wir irgendwo im System ansetzen; denn wie bei einem Unkraut ist alles miteinander verbunden."

4. Den Klienten anweisen, zum Kern hinzugehen: „Wir gehen jetzt zu dem grundlegenden Glauben oder dem Grundwert, der dies möglich macht."

5. Schnelles informelles Reframing: „Wir werden neue Wege für Ihre Handlungen erforschen, die es Ihnen auch weiterhin ermöglichen, alles zu bekommen, was Sie möchten; wir werden heute für Sie alles bekommen, was Sie wollen, und Sie werden entdecken, wie Sie es leichter erreichen können, und das würde Ihnen doch gefallen, oder?"

6. Kommunikation mit dem Unbewußten beginnen: „Ich möchte mit dem Unbewußten sprechen..." (Wenn nötig, Grundlage dafür mittels hypnotischer Sprache schaffen: „Also, Sie wissen, daß Sie ein Bewußtes haben, und ich weiß, daß Sie ein Bewußtes haben. Was viele Leute aber nicht wissen, ist, daß Sie auch ein Unbewußtes haben, und das Unbewußte ist der Teil des Geistes, der hier ist und er ist in Wirklichkeit verantwortlich für alles, was Sie tun. Und während ich mit dem Unbewußten spreche, braucht das Bewußte mir eigentlich nicht wirklich zuzuhören; denn das Unbewußte wird alles hören, was es hier hören muß, und das ist es, was wir heute wollen [brauchen]. Und ich möchte, daß das Unbewußte auf angenehme Weise und mit Leichtigkeit entscheidet, was das Bewußte während unseres Gesprächs tun kann. Lassen Sie das Bewußte irgendwohin gehen, während wir sprechen. Ich möchte einiges darüber wissen..." usw.)

7. Signale einrichten: „...und was mir hilft, wenn ich mit dem Unbewußten spreche, ist das Vorhandensein von Signalen, die ich leicht sehen kann, damit wir klarer kommunizieren können. Ich weiß, daß Sie schon mal gesehen haben, wie Leute ihren Kopf unbewußt rauf und runterbewegen, wenn sie ‚ja' meinen, und hin und her, wenn sie ‚nein' meinen. Und das ist ein einfacher, bequemer Weg zu kommunizieren. Oder sogar die Bewegung eines Fingers könnte ‚ja' bedeuten, so wie dies." (Nehmen Sie den Finger und bewegen ihn zur Erklärung.) „Und die Bewegung eines anderen Fingers könnte ‚nein' bedeuten." (Demonstrieren Sie es.)

8. Das Problem formulieren: „Wissen Sie, ich könnte raten, welches für Sie das am vordringlichsten zu lösende Problem ist, aber das bin dann nur ich, und Sie sollen wissen, daß wir das leicht verändern können, und das wäre wahrscheinlich

210

nützlich, aber das bin ich dann nur. Du[*] hingegen weißt wirklich, was am wesentlichsten ist und welche Veränderung tatsächlich die stärkste und weitreichendste Auswirkung haben wird, um das gesamte Leben dieses Menschen vollständig zu transformieren." (An diesem Punkt sollten Sie starke Signale erhalten.) „Weißt du also, welche Situation für die betreffende Person im Moment am wichtigsten ist?" (Signal) „Großartig!"

9. Den ersten Spieler identifizieren: „Wissen Sie, welcher Teil das macht, was Sie am meisten betrifft?"

10. Mit dem Teil sprechen: (Das Unbewußte noch mit einbeziehen.) „Ich möchte mit diesem Teil sprechen und möchte, daß er in der Hand erscheint, und lassen Sie mich der Hand zeigen, wie es für den Teil hier am bequemsten sein könnte (nimmt die Hand und dreht sie herum), jetzt."

11. Signale demonstrieren: (Siehe Schritt Nr. 7)

12. Um Erlaubnis bitten, ihn Teil Nr. 1 zu nennen.

13. Den anderen Spieler identifizieren: (Immer noch das Unbewußte miteinbeziehen.) „Gibt es einen anderen Teil, der hierbei eine Rolle spielt, oder gibt es einen Gegenspieler, wissen Sie, ein Gegenüber, die andere Seite der Münze?"

14. Signale demonstrieren: (Siehe Schritt Nr. 7)

15. Mit dem anderen Teil sprechen: (immer noch das Unbewußte beteiligen.) „Ich möchte mit dem anderen Teil sprechen und möchte, daß der andere Teil in der Hand erscheint, und lassen Sie mich jetzt der Hand zeigen, wie es für den Teil hier am bequemsten sein könnte (nimmt die Hand und dreht sie um), jetzt."

16. Kommunikation zwischen den Teilen eröffnen: „Kannst du dir vorstellen und dem Teil Nr. 1 mitteilen, welches deine Verhaltensweisen sind, was du machst, wie du es machst und was du dadurch zu erreichen hoffst (fakultativ, weil Sie wissen, daß jedes Verhalten die Reaktion auf eine Situation ist); was also machst du wirklich? Was ist letztendlich der Zweck dieser Verhaltensweisen?" (Pause)

---

[*] Anm. d. Übers.: Deutsche NLP-Praktiker wechseln bei der Ansprache des Unbewußten gerne zum „Du".

17. Heraufchunken: „Wenn du jetzt den Zweck erkennst, wie kommt das dann dem Betreffenden zugute?"

18. Machen Sie dasselbe für Teil Nr. 1: (Gehen Sie die Schritte 15 und 16 für den Teil Nr. 1 durch.)

19. Noch einmal Heraufchunken: „Nun, Ihr beiden Teile, wenn Ihr erkennt, welchem Zweck das dient, und welchem Zweck wiederum dieser Zweck dient, chunkt herauf, geht in der Hierarchie der Logik weiter hinauf, bis Ihr klar sehen, hören und fühlen könnt, daß Euer oberster Zweck, Eure Werte, sich wirklich recht ähnlich sind (Pause), wenn nicht identisch (Pause), sogar völlig dieselben sind." (Ja-Signal von beiden erhalten.)

20. Gleichheit anerkennen und Implikationen erklären: „Wißt Ihr, in Euren Absichten, Überzeugungen und Werten gibt es wirklich eine Menge (völlige) Übereinstimmung." (Fakultativ, wenn man nicht Teile integriert, sondern nur Übereinstimmung erzielt: „Ich schlage ein Bündnis vor, das für Euch beide nützlich sein könnte.")

21. Integrieren und bewahren: „Ich möchte Euch, da zwischen Euch beiden soviel Gemeinsamkeit besteht, vorschlagen, daß Ihr Eins werdet und die guten Absichten, die Weisheit, die Fertigkeiten und die Kraft bewahrt, die jeder von Euch hat, so daß Ihr dadurch noch kraftvoller werdet in der Verfolgung Eurer Absichten. Integriert Euch und werdet 1000mal stärker." (Signal, Hände bewegen sich aufeinander zu.)

22. Andere Teile aufrufen: „Während Ihr dies erkennt, könnt Ihr vielleicht auch bemerken, daß Ihr in Wirklichkeit nur zwei Teile eines vormals Ganzen wart. (Signal) Ich möchte, daß Ihr bemerkt, welche Teile des ursprünglichen Ganzen fehlen; bringt sie heraus und legt sie hierher." (Dabei wird auf die Gegend zwischen oder über den Händen gedeutet.)

23. Einverständnis für Integration aller Teile erreichen: „Bitte stellt Euch alle gegenseitig vor, und" ...(zu Schritt 15 gehen) „... bis Ihr seht, hört und fühlt, daß Eure Absichten dieselben sind."

24. Die Quelle des Lichts: „Gehen Sie bitte nach innen und suchen Sie die Quelle des Lichts auf, die sich in Ihrem Zentrum befindet; Sie waren sich dieser Quelle möglicherweise noch nicht einmal bewußt, bis ich sie erwähnt habe. Lassen Sie bitte die Teile hineinspringen. Sie nehmen wahr, daß die Quelle reines Licht und Energie ist, und reine Liebe. Sie ist Ihr eigenes reines Wesen. Bringen Sie sie hier heraus (außerhalb des Körpers). Während jetzt die Teile hineinspringen, beobachten Sie, wie sie sich auflösen und mit dem Licht verschmelzen, (nicht mehr weiter über Teile sprechen) und nehmen Sie diese Liebe, das Licht, die Energie und was Sie sonst noch Gutes brauchen, in Ihren Körper auf. Lassen Sie Ihre Hände das Licht nach innen, in Ihr Zentrum nur so schnell bringen, wie es sich mit dem Zentrum integriert und schauen Sie es an...(Pause), während das Licht in alle Teile des Körpers gelangt, (Pause) und der Körper hohl wird, (Pause) während das Licht sich ausdehnt, ausdehnt, (Pause) immer weiter ausdehnt, (Pause) ausdehnt bis in die Unendlichkeit. (Pause) Nehmen Sie wahr, wie das ganze Universum in Ihrem Körper enthalten ist (Pause), und daß Sie das Universum sind. (Pause) Holen Sie es nun zurück. In Ihren Körper hinein. Bringen Sie das Licht in eine Form, in der der neue Teil am nützlichsten wäre, in eine Form, die die Merkmale hat, die Ihr neuer Teil annehmen soll."

25. Time-Line-Aufbau ermitteln: „Überlegen Sie sich jetzt bitte, wie Sie Zeit speichern. Wie erkennen Sie z.B. den Unterschied zwischen Ihren Erinnerungen ... Woher wissen Sie, ob Sie eine Erinnerung anschauen oder etwas, das sich in der Zukunft ereignen wird? Ich möchte, daß Sie bemerken ... Können Sie eine Erinnerung aus der Zeit wachrufen, als Sie fünf Jahre alt waren? Achten Sie darauf, woher sie kam. Gut. Können Sie sich vorstellen, wie die Dinge in fünf Jahren aussehen werden oder was Sie in einem Jahr machen werden? Können Sie sich das vorstellen? Gut. Aus welcher Richtung ist das auf Sie zugekommen? Von dort drüben? Gut. Ich möchte, daß Sie sich klarmachen, daß Ihre Erinnerungen geordnet sind – es gibt keinen besseren Ausdruck – auf einer Art Linie, die sich von Ihrer Zukunft mitten durch die Gegenwart bis zurück in Ihre Vergangenheit erstreckt. Wenn Sie ein bißchen über dieser Linie schweben würden, könnten Sie dann auf das gesamte Kontinuum von Vergangenheit, Gegenwart und Zukunft herunterschauen, so daß Sie alle Ihre Erinnerungen auf dieser Linie angeordnet sehen können? Können Sie das jetzt machen? Können Sie das gesamte Kontinuum von Vergangenheit, Gegenwart und Zukunft erkennen?"

Wenn es hier Probleme gibt: „OK, ich weiß, daß es einen Teil in Ihnen gibt, der dies gerne macht und einen anderen Teil, der denkt, daß Sie dies vielleicht lieber nicht tun sollten, und ich denke, das ist in Ordnung, und ich frage mich, ob der Teil, der DENKT, er will nicht, daß Sie das machen, oder der DENKT, daß Sie dies nicht tun sollten, damit einverstanden wäre, zu spielen, neue Wege zu erforschen und zu entdecken, wie er seine Absichten erreichen kann, während er Ihnen gleichzeitig erlaubt, dies zu tun. Würden Sie jetzt bitte über Ihrer Time-Line schweben? Sagen Sie bitte dem Teil, daß es in Ordnung ist, daß Sie das schon gemacht haben und daß es eine ganz einfache Sache ist. Und es vergrößert die Auswahlmöglichkeiten und erlaubt den Teilen, ihre Absichten leichter zu erreichen, viel leichter, als es bisher für sie war. Und wenn er das nicht machen will, vielleicht könnte er es dann einfach nur als Experiment tun. Können Sie das machen? OK."

26. Lassen Sie den Klienten über seiner Time-Line schweben: "Gut. Ausgezeichnet. Merken Sie, daß alle diese Ereignisse eine Art von Linie in Ihrem Kopf bilden? Ausgezeichnet. Sehr gut. Sehr gut. Jetzt stellen Sie sich bitte vor, daß Sie auf die Ereignisse hinunterschauen, die Ihre Vergangenheit, Gegenwart und Zukunft darstellen, während Sie über all dem nach oben schweben, tun Sie einfach so, als würden Sie schweben, hoch über Ihrer Time-Line schweben. Und achten Sie darauf, wie gut es sich anfühlt, über all dem zu sein, daß Sie auf diese ganze Einheit hinunterschauen können -- Vergangenheit, Gegenwart und Zukunft. Sehr gut. Ausgezeichnet. Ausgezeichnet."

27. Stellen Sie die Submodalitäten fest: Bitten Sie ihn, die Submodalitäten (SMD) zu ermitteln, und stellen Sie sicher, daß die Qualität der Submodalitäten bei dem Klienten für Vergangenheit, Gegenwart und Zukunft ähnlich ist. Häufig ist die Zukunft heller als die Vergangenheit, und das ist in Ordnung. Es ist nicht gut und es ist ungewöhnlich, wenn es in der Vergangenheit schwarze Löcher oder fehlende Stücke gibt. Wenn die Time-Line, was die SMD angeht, unterbrochen ist, verändern Sie die SMD, so daß sie ungefähr die gleiche Helligkeit und Farbe haben.

28. Vermitteln Sie ihm ein Erlebis von Macht über die Time-Line: "Und während Sie das tun, gehen Sie auf Ihrer Time-Line bitte zu einer früheren Zeit zurück und rufen Sie eine angenehme Erinnerung wach ... als Sie viel jünger waren, irgendwo im Alter zwischen acht und dreizehn. Rufen Sie eine angenehme Erinnerung wach. Und achten Sie bitte darauf, daß diese Erinnerung die gleichen Kennzeichen hat wie ... jedes andere Bild, das Sie sich in Ihrem Kopf machen, oder wie jeder andere Wert oder jeder andere Glauben. Beachten Sie bitte, daß diese Erinnerung genauso konstruiert ist wie alles andere. Und jetzt schweben Sie bitte nach oben, über all das und spüren Sie, wie gut es sich anfühlt, über all dem zu sein. Lassen Sie diese Erinnerung für einen Moment hinter sich und schweben Sie noch einmal über Ihrer Time-Line nach vorne bis zu einer Zeit nach dem 21. Lebensjahr; älter als 21 und jünger als jetzt, und nehmen Sie bitte eine unwichtige Erinnerung. Nehmen Sie bitte eine Erinnerung, die keine Rolle spielt, und nehmen Sie diese Erinnerung bitte aus Ihrer Time-Line heraus. Vergewissern Sie sich, daß diese Erinnerung absolut keine Bedeutung hat, daß sie gleichgültig ist und daß Sie sie aus Ihrer Time-Line herausnehmen können. Nehmen Sie diese Erinnerung aus Ihrer Time-Line heraus und schieben Sie sie weit von sich weg. Schieben Sie sie immer weiter und machen Sie sie immer dunkler, bis sie zu einem kleinen Punkt wird, und dann schieben Sie sie bis in die Sonne und schauen zu, wie sie explodiert. Nehmen Sie jetzt diese Erinnerung, beziehungsweise die Stelle, wo diese Erinnerung war, und füllen Sie sie mit etwas, das bedeutsam ist, etwas, das Sie glücklich macht. Vielleicht ist das ein lustiges Ereignis oder eine Zeit, in der Sie sich mit sich selbst wohlgefühlt haben. Oder eine Zeit, wo jemand anderes sich Ihretwegen gut gefühlt hat. Und machen Sie es so, daß es Sie zum Lächeln bringt. So, daß Sie sich gut dabei fühlen. Ausgezeichnet. Und nun bewegen Sie sich weiter bis zum Jetzt. Nehmen Sie sich die Zeit, die Sie brauchen, um das abzuschließen, bevor Sie ins Jetzt kommen. Und wenn Sie im Jetzt sind, schauen Sie bitte nach vorne in die Zukunft. Achten Sie darauf, wie weit in die Zukunft hinein sich Ihre Time-Line erstreckt. Und gehen Sie bitte ganz weit in Ihre Zukunft hinein, aber nicht ganz bis zum Ende Ihrer Time-Line, und wenn Sie das machen, drehen Sie sich bitte um und schauen zurück. Schauen Sie in Richtung Jetzt zurück, so daß sich das gesamte Kontinuum – Zukunft, Gegenwart und Vergangenheit – wie eine Linie auf Sie zu erstreckt. Und während Sie von der Zukunft über das Jetzt zur Vergangenheit schauen, achten Sie bitte darauf, ob es zwischen Jetzt und der Zukunft irgendwelche Ereignisse gibt, die nicht da sein sollten oder die Sie lieber nicht geschehen lassen würden. So wie das Ereignis, das Sie gerade verändert haben. Die Erinnerung aus der Zukunft können Sie in der gleichen Weise verändern. Bitte sorgen Sie dafür, daß alle Ereignisse zwischen Jetzt und der Zukunft, wenn Sie aus der Zukunft zurück auf's Jetzt schauen, für Sie unterstützend sind. Daß sie Sie darin unterstützen, die Person zu werden, die Sie sein möchten. Sie darin unterstützen, das Glück und die anderen Dinge zu haben, die Sie verdient haben. Stellen Sie bitte sicher, daß all jene Ereignisse aus der Zukunft von Ihnen geschaffen sind und daß diese Dinge Ihnen helfen, so erfüllt wie nur irgend möglich zu sein. Und wenn es irgendwelche Dinge in der Zukunft gibt, die Sie sich ganz besonders wünschen, suchen Sie jetzt bitte eins heraus. Suchen Sie ein Ereignis aus der Zukunft heraus, etwas, das geschehen soll. Bewegen Sie sich ganz nah zu diesem Ereignis hin, zu dem, das Sie unbedingt haben wollen, und schauen Sie dieses zukünftige Ereignis genau an und achten Sie bitte darauf, ob dieses zukünftige Ereignis auch wirklich große Anziehungskraft hat, das heißt, ist es etwas wirklich Unwiderstehliches für Sie, etwas, das Sie unbedingt haben wollen? Und dann möchte ich, daß Sie bitte für einen Augenblick in das Bild hineintreten. Schauen Sie es durch Ihre eigenen Augen an, schlüpfen Sie in Ihren eigenen Körper hinein und sehen Sie, was Sie sehen werden, hören Sie, was Sie hören werden und spüren Sie die herrlichen Gefühle, und dann verstärken Sie bitte die Helligkeit, machen Sie es schärfer und besser fokussiert und holen Sie es näher heran, machen Sie es größer, heller, was immer Sie tun müssen, verstärken Sie die Helligkeit dieses Bildes, so daß es ungeheuer anziehend ist und machen Sie es noch unwiderstehlicher, so daß Sie es wirklich haben wollen. So, daß Sie es wirklich, unbedingt haben wollen. Ausgezeichnet. Dann treten Sie aus dem Bild heraus, so daß Sie sich selbst sehen können. Und bringen Sie es in die Zukunft. Nehmen Sie sich die Zeit, die Sie brauchen, um dies abzuschließen und kommen Sie jetzt zurück, schweben Sie bis ins Jetzt zurück, und…"

29. In die gegenwärtige Therapiesituation zurückkommen: „Nun, jedes Verhalten stellt die Reaktion auf eine Situation dar, und Sie wissen, um welche Situation es gerade geht."

30. Die Entscheidung: Lassen Sie ihn zurückgehen und das früheste unerwünschte Erlebnis in der Kette finden. „Suchen Sie das erste und wichtigste Mal heraus, die grundlegende Ursache des vom Bewußten als Einschränkung Empfundenen, und ich möchte, daß Sie die Ursache finden. Gehen Sie bis zu dem zurück, was dies möglich macht. Vielleicht gibt es da ein bestimmtes Modell, das Sie vor langer Zeit beschlossen haben, anzuwenden – eine Entscheidung, die Sie getroffen haben. Wissen Sie, so, wie die Düse an einem Gartenschlauch das gesamte Wasser formt, das herauskommt, oder wie eine Keksform, die dem Teig eine bestimmte Form gibt. Wie eine Schablone. Und gleich einer Schablone formt eine Entscheidung Ihres Unbewußten Ihre sämtlichen Wahrnehmungen und ihre gesamten Erfahrungen. Finden Sie bitte die Entscheidung, die Sie vor langer Zeit getroffen haben, nach der Sie sich richten und die Ihr Erleben formt. Finden Sie den Zeitpunkt, an dem Sie die Entscheidung getroffen haben, die dieses Problem verursacht. Finden Sie es?"

31. Veränderung der Erinnerung mittels Veränderung der persönlichen Geschichte, Phobiemodell, „Gefühle-Vom-Haken-Nehmen" oder einfach durch Entfernung der Erinnerung: Wenn Sie das Phobiemodell benutzen, soll der Klient den Prozeß so oft ablaufen lassen, bis die Erinnerung ausgelöscht ist. Sagen Sie: „Lassen Sie es so lange ablaufen, bis Sie die Erinnerung nicht mehr hervorholen können." Das, was Sie dem Betreffenden in diesem Fall sagen, ähnelt sehr dem Vorgehen bei einer Phobietherapie, nämlich dem Einsatz von Vorannahmen. Sie würden also, wie im Fall einer Phobietherapie, sagen: „Lassen Sie dies bitte ablaufen, bis Sie die Erinnerung nicht mehr wachrufen können." Und er sagt: „Oh, OK." Und Sie sagen: „Es wird vielleicht immer schwieri-

216

ger, aber versuchen Sie bitte, sich zu erinnern." Er versucht es also immer angestrengter, und irgendwann kann er die Erinnerung nicht mehr zurückholen. Wenn Sie das Phobiemodell bei einer Erinnerung immer wieder anwenden, zerstören Sie die Erinnerung schließlich, so daß es unmöglich wird, sie noch zu wachzurufen.

Manchmal tilge ich die Erinnerung aus oder zerstöre sie, manchmal nicht. Das hängt von der Einschätzung ab; ich denke, die Frage ist, kann die Person mit der Erinnerung leben, oder beeinflußt diese die Gegenwart negativ? Das funktioniert nicht. In diesem Fall wäre es besser gewesen, das Bild herauszunehmen. Meine Devise lautet immer: „Weniger für mehr", das heißt, weniger machen und mehr erreichen, wann immer es möglich ist. Ich möchte nicht mehr als notwendig aus der Erinnerung einer Person herausnehmen.

Man kann jemanden eine ganze Kette von Gefühlen aus der Gestalt der Erinnerung herausnehmen lassen, indem Sie einfach nur sagen: „Wenn Sie in die untere rechte Ecke des Bildes schauen, bemerken Sie, daß dort die Gefühle am Haken hängen. Nehmen Sie einfach die Gefühle vom Haken herunter, dann merken Sie, wie diese verschwinden." Mit dieser Methode habe ich Leute schon dazu gebracht, ihre Gefühle einfach so fallen zu lassen.

32. Anweisungen für Generalisierung geben: Nach der Zerstörung der Erinnerung füllen Sie diese mit etwas Neuem auf, und Sie sagen: „Bitte schauen Sie hin und achten Sie darauf, daß sowohl Erinnerungen vor als auch nach dem Ereignis sich als Folge der Veränderung dieser Erinnerung gewandelt haben. Ist Ihnen das aufgefallen?" Und der Betreffende sagt entweder „Ja", und dann sagen Sie: „Genau"; oder aber er antwortet: „Nein", dann sagen Sie: „Gut, dann machen wir es noch einmal, und wahrscheinlich haben Sie es einfach nicht bemerkt; bitte achten Sie dieses Mal darauf." Die Veränderungen werden in die Zukunft hinein geschehen, ausgehend von dieser bestimmten Erinnerung, die wir änderten. Wenn Sie das also auf diese Weise ausdrücken, wird der Betreffende die gesamte Gestalt verändern.

Auf die gleiche Weise machen Sie etwas sehr anziehend, wenn Sie es in die Zukunft verlagern. Sie bitten den Betreffenden auch, darauf zu achten, daß er die Ereignisse zwischen Jetzt und der Zukunft einfach durch die Veränderung dieser Erinnerung verwandelt hat. Nun, es ist meine Theorie, daß das geschieht. Und der Betreffende muß es nur bemerken. Es kann auch einfach eine Vorannahme sein. Bei der Veränderung einer Erinnerung aus der Zukunft wird also die gesamte Kette von Ereignissen bis zum Jetzt zurück verändert. Wenn Sie mit Time-Line und einem einzigen Ereignis arbeiten, arbeiten Sie mit einer Gestalt.

33. Die zerstörten Erinnerungen ersetzen: Wenn irgendwelche Erinnerungen entfernt wurden, ersetzen Sie sie. „Bitte füllen Sie die Lücken, die wir geschaffen haben, mit neuen Erinnerungen, welche Sie dabei unterstützen, das neue Verhalten zu meistern; Erinnerungen, die zur Übernahme von neuen Überzeugungen, Werten und Einstellungen führen, die Ihre neuen Verhaltensweisen voll unterstützen."

34. Schleife zu 32: Führen Sie die Schritte 32-34 mit der frühesten erreichbaren Erinnerung solange durch, bis der unerwünschte Zustand oder das Verhalten nicht mehr zugänglich sind.

35. Verfestigen Sie das Gelernte: Was Sie heute gelernt haben – „bitte festigen Sie es. Halten Sie es fest als etwas so Kostbares wie einen Schatz, denn das ist es, und Sie wissen es."

36.Past Pace mit neuem Verhalten: Nehmen Sie das neue erwünschte Verhalten und plazieren Sie es in der Vergangenheit, wo es schon so oft abgelaufen ist, wie das nötig ist. „Stellen Sie sich bitte vor, daß Sie dieses Verhalten schon so perfekt wie überhaupt möglich mindestens 25.000 (soviel, wie angemessen) Mal in der Vergangenheit an den Tag gelegt haben."

37. Future Pace und Test: „Bitte entdecken Sie all jene Ereignisse, die Sie in der Zukunft begraben haben und die Ihr neues Ich nicht mehr unterstützen und beseitigen Sie sie." Ersetzen Sie sie mit neuen zukünftigen Erinnerungen. Sorgen Sie dafür, daß die neuen Erinnerungen großzügig so über die Zukunft verteilt sind, daß sie die neuen Verhaltensweisen unterstützen. „Stellen Sie sich bitte vor, daß Sie diese neuen Verhaltensweisen sogar bis in die Zukunft hinein anwenden; und diese neuen unterstützenden Verhaltensweisen bleiben auch dann wirkungsvoll, wenn sich der Inhalt Ihrer Erfahrungen verändert."

38. Ökologie-Check: „Nun, wir haben jetzt heute eine Menge Veränderungen vorgenommen und viele neue Verhaltensweisen geschaffen. Bitte vergewissern Sie sich, daß alle Teile in Ihnen dem zustimmen."

39. Zurückkommen ins Jetzt: Lassen Sie den Betreffenden wieder in seine Time-Line zurückschweben und ins Jetzt zurückkommen.

Anhang II

Kokain-Therapie

Dies ist die Niederschrift einer Therapie, die Tad mit einem Klienten durchführte, dessen Hauptproblem in einem Kokainabusus bestand, der ihn täglich 100 bis 300 Dollar kostete. Wir betrachten dies nicht als eine besonders elegante Therapie. Wir haben sie hier mit eingeschlossen, weil die Therapie die gewünschten Ergebnisse gebracht hat und beispielhaft demonstriert, wie ein Klient sich äußern könnte. Während der Befunderhebung wurde mittels der Anwendung der Standard-NLP-Wohlgeformtheitskriterien in bezug auf spezielle Ziele entdeckt, daß der Patient eine Dyslexie hat. (Teile von Tads Mitschrift sind analog markiert, wo sie entweder lauter oder sonst irgendwie betont sind. Bei der Niederschrift des Tonbandes haben wir diese Wechsel mittels Fettdruck hervorgehoben.) Bei dieser Therapie gesellten sich zu Tad Mark Wadleigh (ein Master-Practitioner und einer von Tads Schülern) sowie die Schwester des Klienten.

Greg: „Wenn ich alle Witze im ‚Playboy' in fünfzehn Minuten lesen könnte, wüßte ich, daß meine Dyslexie verschwunden ist."

Tad: „Na, wenn ich ‚Playboy' lesen würde, würde ich dazu nicht fünfzehn Minuten, sondern sehr viel länger brauchen, aber ich sage Ihnen auch, ich würde nicht nur die Witze lesen. (Gelächter) Also, vielleicht wird das unser Test sein... (Pause) Greg, bei Ihnen wechseln seit einer Weile Zeiten mit und ohne Kokain ab. Vor drei Monaten haben Sie aufgehört, und dann haben Sie's wieder angefangen. Und jetzt wollen Sie davon loskommen? Ist das richtig?"

Greg: „Ja."

Tad: „Okay. Ich will mit der Frage anfangen – Sie sagten auf unserem Fragebogen, Sie seien der Meinung, daß die Zukunft und die Vergangenheit für Sie irgendwie von oben nach unten angeordnet sind?"

Greg: „Oh ja."

Tad: „Nun, äh, zeigen Sie bitte dahin, wo für Sie die Zukunft ist in bezug zu Ihren Erinnerungen oder Ihren Erinnnerungen aus der Vergangenheit. Wo ist die Zukunft?"

Greg: „Wo ist für mich die Zukunft?"

Tad: „Ja, ja."

Greg: „Irgendwie so, ich würde so machen." (Zeigt vor sich nach oben.)

Tad: „Okay. Und wo ist die Vergangenheit?"

Greg: „Ich habe zwar nach unten gezeigt, aber ich würde gerne nach hinten zeigen."

Tad: „Das heißt, es ist irgendwie hinter Ihnen?"

Greg: „Es ist hinter mir, ja."

Tad: „Okay. **Jetzt**. Können Sie sich einfach mal vorstellen, über dem gesamten Kontinuum Ihrer Vergangenheit, Gegenwart und Zukunft zu schweben, so daß Sie gewissermaßen auf die gesamte Time-Line Ihrer Erinnerungen herunterschauen?"

Greg: „Ja. Oh ja."

Tad: „Okay. Machen Sie das jetzt, schweben Sie oben über dieser Time-Line, gehen Sie ganz da oben hinauf, bis Sie herunterschauen können – bekommen Sie dann ein Gefühl für die ganze Linie – Vergangenheit, Gegenwart und Zukunft?"

Greg: „Fast."

Tad: „Ich will Sie jetzt etwas fragen. Das, was in der Vergangenheit liegt, hat das durchweg die gleiche Helligkeit oder gibt es dunkle Flecken?"

Greg: „Ja, das ist so wie dunkle Flecken."

Tad: „Es gibt einige dunkle Flecken und dunkle Abschnitte?"

Greg: „Ja."

Tad: „Fehlen auch Abschnitte ... wo gar nichts ist oder nur dunkle Flecken?"

Greg: „Ja, da ist ein Abschnitt, wo ein paar Dinge fehlen."

Tad: „In Ordnung. Äh. Nach welchem Alter sieht Ihnen das aus?"

Greg: „Oh, äh. Es sieht wie 1972 aus, was immer das bedeutet."

Tad: „Und wie alt sind Sie jetzt?"

Greg: „Siebenunddreißig."

Tad: „Das wäre also, äh, okay, ungefähr dreiundzwanzig."

Greg: „Ja. Da irgendwo."

Tad: „In Ordnung. Mhm. Ich möchte, daß Sie jetzt hoch genug über Ihrer Time-Line schweben und ein paar Experimente machen. Als erstes versuchen Sie bitte, ob Sie das Ding irgendwie gerademachen können, damit es eine Linie wird, denn Sie wissen ja, daß es eine Art von Knick hatte, und begradigen Sie es einfach so, daß es eine **schöne gerade Linie** ist. (Pause) Und dann drehen Sie es bitte. Drehen Sie es so, daß die Linie parallel zu Ihnen verläuft."

Greg: „Ist das so richtig?" (Gestikuliert)

Tad: „Genauso. Gut gemacht. (Pause) Können Sie sich jetzt so in die Linie herunterlassen, daß die Linie ein ..."

Greg: „Ungefähr hier?" (Gestikuliert)

Tad: „Auf der Höhe, ja, das ist richtig. (Pause) Öffnen Sie jetzt bitte Ihre Augen. (An einen Beobachter gewandt:) Was ich dir nicht gesagt habe, Mark, ist, daß Greg eine ausgeprägte Intuition hat, falls du das noch nicht bemerkt hast. (Zu Greg:) Wie fühlt es sich an, wenn Ihre Time-Line so ausgerichtet ist?"

Greg: „Irgendwie eigenartig. Ich fühle mich fast so, wissen Sie, wie Kinder, wenn Sie sich gegenseitig herumwirbeln. Und dann hält man an, und es macht so? (Demonstriert Herumdrehen) Okay. Ich bin ungefähr dort, wo es sich nach Niederlassen anfühlt."

Tad: „Okay. Wissen Sie, wenn man gerade mit dem Herumwirbeln aufgehört hat, wie zum Beispiel als Kind, dauerte es einige Sekunden oder ein paar Minuten, um ..."

Greg: „Ja."

Tad: „Lassen Sie sich einfach Zeit, bis es sich gut anfühlt."

Greg: „In Ordnung."

Tad: „Bitte machen Sie jetzt folgendes: **lassen Sie sie da**, äh, und mhm, ich möchte mit Ihnen über ein paar andere Dinge reden, und dann möchte ich Ihnen ein paar Fragen stellen. Also, im Moment ist es noch so angeordnet?" (Gestikuliert)

Greg: „Ja. So bin ich."

Tad: „Gut. Wo liegt übrigens Ihre Vergangenheit, nachdem Sie sie neu angeordnet haben?"

Greg: (Zeigt mit den Händen)

Tad: „Also haben Sie es so angeordnet, daß sich Ihre Vergangenheit zu Ihrer Linken befindet. So, gut. Vergangenheit. Gut. Nun, so will es also bleiben. Es will genauso dort bleiben. Für den Zweck, den wir hier damit verfolgen."

Greg: „Okay."

Tad: „Sie haben diese Fragen schon einmal gehört." (Stellt eine Reihe von Fragen, um die Myers-Briggs-Beurteiler/Empfänger-Kategorie festzustellen.)

Greg: „Wissen Sie, das ruft ein wahnsinniges Vibrieren hier auf dieser Seite hervor (deutet auf seinen Kopf)."

Tad: „Wenn Ihre Time-Line dort drüben ist?" *

---

* Anm. d. Übers.: Im Originaltext: „Having your Time-Line (h)over there?" – Anspielung auf „to hover", schweben, kreisen; bei Hubschraubern oder Luftkissenfahrzeugen (Hovercraft) mit erheblichem Lärm verbunden.

Greg: „Die Fragen bewirken, daß ich ‚Brumm, brumm‘ machen will.“

Tad: „Mit Ihrem ... Moment mal. Ihre Zukunft ist da drüben, nicht wahr?“

Greg: „Ja.“

Tad: „Ach so. Also, Sie, Ihre Zukunft sagt, sie will so nach oben schnellen?“

Greg: „Ja. Das ist so, als ob, wissen Sie, als ob es hin- und hergehen würde. Je nach der Frage, wissen Sie, je nachdem, bleibt es kurz stabil und dann macht es ‚wuuh, wuuh‘.“

Tad: „Ja. Ich habe gemerkt, daß es, äh, ich dachte irgendwie, daß mir das auffiel.“

Greg: „Das ist so, als ob man einen langen Stock hält, wie eine Weidenrute, und ‚rattatat‘. Ja.“

Tad: „In Ordnung. Wie würde es sich denn anfühlen, wenn es **so bleiben** würde? Wäre es für Sie in Ordnung, so, als **könnten Sie so bleiben**? Oder würde es noch eine Rolle spielen, daß es hin- und herhüpft, oder wird es **so bleiben**?“

Greg: „Es fühlt sich an wie, ich weiß nicht. Ich kann das nicht beantworten. Ich könnte nicht antworten und ‚ja‘ oder ‚nein‘ sagen, hundertprozentig.“

Tad: „Sie wissen, worüber wir unter anderem gesprochen haben ...“

Greg: „Es fühlt sich angenehm an.“

Tad: „Gut, das ist gut. Eine Sache, von der wir sprechen bei dem, was, äh, wir machen, was man Neurolinguistisches Programmieren nennt, ist die Frage, wer den Bus steuert. Wissen Sie, viele Leute handhaben ihr Gehirn äh, so, äh, nun, es ist so, als wenn man einen Fernseher kauft und eine Gebrauchsanweisung bekommt, ja? Aber als man sein Gehirn bekam, erhielt man keine Gebrauchsanweisung.“

Greg: (Lachen) „Okay. Ich weiß nicht, ob ich mir einen Ford oder einen Chevrolet gekauft habe. Wollen Sie das damit sagen?“ (Lacht)

Tad: „Genau.“

Greg: „Okay.“

Tad: „Sie haben sich sozusagen einfach da hineinbegeben, und niemand hat Ihnen gesagt, wie Sie es steuern sollen, und mhm, so, wissen Sie. Bei dem Gehirn handelt es sich um ein interessantes Ding, weil es tut, wozu es gerade Lust hat, wenn Sie ihm nicht etwas zu tun geben. Wissen Sie, was ich meine?“

Greg: „Ja. Oh ja.“

Tad: „Was wir hier also machen – wir geben ihm etwas zu tun und zeigen den Leuten, daß sie die Kontrolle über ihr Gehirn haben können. Sie können ihr Gehirn unter Kontrolle bringen und in der Lage sein, es selber zu steuern. Ja. (Lachen) Das haben wir fertiggebracht!“

Greg: „In Ordnung.“

Tad: „Sie haben eine große Veränderung vollzogen."

Greg: „Das stimmt. (Lacht)."

Tad: „Und ich bin sicher, daß Sie ihm von innen her sagen können, äh, und ich denke, wichtig ist dabei, sicherzustellen, daß diese Veränderungen, äh, **damit einverstanden sein wollen**. Und daß die, äh, die inneren, wir nennen sie mal Teile von Ihnen, die verantwortlich sind für Ihre Ansammlung von Erinnerungen, (Pause) sehen Sie, Sie haben eine Methode, ich meine, Sie müssen eine Methode haben, wie wir alle, äh, wie Sie wissen, was Vergangenheit und was Zukunft ist, denn sonst würden Sie einfach Ihre Erinnerungen dort hineinstecken und nicht wissen, was was ist. Aber Sie wissen es!"

Greg: „Ja."

Tad: „Sie wissen, daß es Erinnerungen aus der Vergangenheit und Erinnerungen aus der Zukunft gibt. Aber wie wissen Sie das? Verstehen Sie, was ich meine? Ich meine, woher wissen Sie das, woher wissen andere das? Wie Sie das wissen, hängt damit zusammen, wie Sie es organisiert haben. Und es gibt einen Teil in Ihnen, der das so aufrechterhält."

Greg: „Also, dabei fällt mir etwas Interessantes auf. Ich will Sie damit nicht unterbrechen."

Tad: „Das ist OK."

Greg: „Wissen Sie, ich habe fast das Gefühl, daß ich so war, bevor ich meinen Unfall und das hatte, und es ist eher, es ist nicht angenehm so, aber es ist fast wie ein Nachhausekommen. Aber dies (zeigt auf die neue Time-Line) ist ungefähr die Richtung, in die es sich entwickelt hat."

Tad: „Wann hatten Sie diesen Unfall? Ungefähr mit 23 Jahren?"

Greg: „Ja. 1972 hatte ich diesen Unfall …"

Tad: „Hab' verstanden."

Greg: „Ja. Und ich hatte einen Unfall und verließ diese kleine Erde für eine Weile, und der Mann sagte, geh' wieder nach Hause und versuch' es noch einmal. Und da bin ich."

Tad: „Und das ist wahrscheinlich der Grund, warum Sie hier sind. Schweben Sie doch einfach nochmal nach oben über Ihre Time-Line, nur so zum Spaß, he, wir wollen ja nichts tun, was nicht Spaß macht, nicht wahr?"

Greg: „Nur zu."

Tad: „Also, schweben Sie wieder über Ihrer Time-Line und schauen Sie bitte zurück in die Vergangenheit und, äh, stellen Sie bitte fest, welche Erinnerungen da hinten irgendwie dunkel sind oder eine dunklere Farbe haben."

Greg: „Also, sie (deutet auf die Time-Line) ging direkt nach da drüben, aber statt abzuheben, ging es drunter und drüber.

Tad: „Okay. Gut."

Greg: „Okay? Aber sie kam unheimlich schnell hinten aus meinem Kopf, ja, wie eine Rakete, und schoß um die Ecke und hob ab. Wissen Sie, sie hat mich an der Nase herumgeführt, okay? Die andere ist da drüben und ist immer noch dort und verläuft immer noch so."

Tad: „Okay."

Greg: „Sie läuft nicht mehr so, sondern läuft jetzt so." (Gesten zeigen Bewegung)

Tad: „Gut. Und, äh, Sie brauchen vielleicht noch ein paar Minuten, bis es Ihnen angenehm ist, daß sie dort ist, ja? Und wissen Sie, Sie haben schon so lange mit der in der anderen Richtung verlaufenden Time-Line gearbeitet, was sind da schon ein paar Minuten, nicht wahr?

Greg: „Nun, ich sage Ihnen, wegen meiner Überzeugungen, meinem Glauben, äh, manchmal, wenn ich den falschen Quellen zuviel Information gebe, werde ich abgeschnitten."

Tad: „Abgeschnitten durch (Pause)"

Greg: „Da oben. Okay?"

Tad: „Okay."

Greg: „Und im Moment scheint es so, daß ich von dort die Mitteilung kriege, daß ich Sie lieber das Ganze stabilisieren lassen sollte, statt für Unruhe zu sorgen."

Tad: „Gut."

Greg: „Okay? Das ist das Gefühl, das ich hierzu bekomme."

Tad: „In Ordnung. Okay."

Greg: „Das ist so, als würde ich hier kurz Tauziehen spielen, nicht mit mir selber. Ich hatte das Gefühl, ich dachte, das wäre so, und das war so wie Tauziehen, wie zwei Menschen miteinander. Aber jetzt scheint es in Ordnung zu sein, okay, jetzt lasse ich Sie machen, also, das Seil, im Moment habe ich neunzig Prozent auf meiner Seite, aber das ..."

Tad: „Und bitte machen Sie das weiter, bitte halten Sie die Verbindung aufrecht, die Sie zu Ihrem höheren Selbst brauchen, und beachten Sie, daß die Verbindung, die Sie mit Ihrem höheren Selbst behalten müssen, etwas anderes ist als die Anordnung Ihrer Time-Line. Okay?"

Greg: „Okay. Wiederholen Sie das nochmal für mich."

Tad: „Ich möchte, daß Sie die Verbindung mit Ihrem höheren Selbst aufrechterhalten, die Sie benötigen. Das ist gut."

Greg: „Puuh. Mensch! Okay. Nur weiter."

Tad: „Und die Time-Line ist anders als der Weg, auf dem Sie mit Ihrem höheren Selbst kommunizieren. Vergewissern Sie sich einfach, daß die Time-Line von rechts nach links verläuft, äh, und daß die Verbindung mit Ihrem höheren Selbst sich davon unterscheidet. Ergibt das einen Sinn?"

Greg: „Ja."

Tad: „Sehen Sie, es geht im Moment um das Organisieren von Erinnerungen, wir sprechen nicht von (Pause), weil ich der Meinung bin, daß es für jeden Menschen wichtig ist, eine Verbindung zu seinem höheren Selbst zu haben. Okay?"

Greg: „Ja."

Tad: „Das ist wirklich wichtig. Es ist sehr wichtig für Sie, daß Sie das aufrechterhalten. Äh ..."

Greg: „Ich möchte einfach nicht vergessen, was gerade passiert ist. Ich kann mit ... umgehen, Kaugummi kauen, gehen und gleichzeitig sprechen." (Macht sich ein paar Notizen.) „Okay. Machen Sie weiter. Ich bin hundertprozentig bei der Sache."

Tad: „In Ordnung."

Greg: „Okay. Er will sehen, was ich hier gemacht habe."

Tad: „Haben Sie was Gutes?"

Greg: „Was? Nein. Es hat mich, äh, (Pause) einfach nur irgendwie umgeworfen."

Tad: „Na, ist diese Sache schwerwiegend genug oder was?"

Greg: „Für mich ja, weil, wissen Sie, eine Menge von meinem, also viele Gründe dafür, daß ich hier stagniere, liegen darin, wissen Sie ..."

Tad: „Und es ist Ihnen gerade darüber etwas klar geworden, nicht wahr?"

Greg: „Ja, Sie haben mich einfach auf zwei verschiedene Ebenen gebracht, und ich fühlte mich, als ob ich, ich ging von einem zum anderen, zu, zu, zu einem Kreuz, das jetzt plötzlich, das einfach ‚wumm' machte! Und ich meine, wissen Sie, ich spreche darüber, daß der Unterschied zwischen der Seele und dem leiblichen Körper einfach eine Veränderung durchgemacht hat."

Tad: „Das ist richtig."

Greg: „Wissen Sie, und für mich ist das irgendwie, wissen Sie, das ist irgendwie, irgendwie schwer!"

Tad: „Und das ist okay, nicht?"

Greg: „Sie haben bewirkt, daß ich zittere wie ein kleines Kind." (Lacht nervös)

Tad: „Und ich möchte, daß Sie entdecken, wie gut es sich anfühlt. Ich möchte, daß Sie alles entdecken, was an dieser Sache gut ist, weil (Pause) ich denke, daß diese Dinge in Ihnen, äh, sehr positiv sind (Pause), nicht wahr?"

Greg: „Oh ja."

Tad: „Und Sie haben neue Dinge erfahren, und Sie werden in den nächsten Tagen entdecken, wie, wie positiv diese Veränderungen sind, und wie ..."

Greg: „Das sind jetzt meine – Time Lines; dies ist ... die Gegenwart."

Tad: „Großartig! Und was ist das?"

Greg: „Das ist das, was zum Teufel gerade mit mir geschehen ist. Das, ich weiß nicht, das war wie eine Verbindung, fast wie ein Bruch, wissen Sie, wie ein Kurzschluß."

Tad: „Und jetzt ist es wieder verbunden?"

Greg: „Ja. Es ist verbunden. Es ist nur so, daß es gleichgeblieben ist, und ich wollte sehen, als Sie gesprochen haben, ich wollte sehen, wie die Linie aussah und ob sie unverändert bleiben würde. Deshalb, damit ich es innerlich wieder sehen konnte, mußte ich es aufzeichnen."

Tad: „Okay. Wie sah Ihre Time-Line ursprünglich aus?"

Greg: „Sie verlief von oben nach hinten, und dann habe ich sie so herumgedreht."

Tad: „Und wie ist sie jetzt?"

Greg: „Im Moment ist sie so (zeigt mit den Händen), das ist jetzt im Moment ziemlich stabil. Ich spüre immer noch eine Tendenz, daß sie so werden will, aber ..."

Tad: „Nun, damit befassen wir uns gleich."

Greg: „Okay."

Tad: „Das ist gut. Obwohl. (Pause) Okay. (Diskussion zur Vorgehensweise) ..."

Greg: „Passiert das, ich meine, ist das koscher?"

Tad: „Erinnern Sie sich, daß ich Ihnen vorhin gesagt habe, daß wir mit dem Betriebssystem arbeiten?" (Er bezieht sich auf die Theorie, daß viele NLP-Techniken auf der Ebene des Betriebssystems des Gehirns ansetzen, im Gegensatz zu dem Inhalt oder den Informationen, die mit Erinnerungen zu tun haben.)

Greg: „Mhm. Sprechen wir wieder über unsere Viereraufteilung und über unsere drei Kästen?"

Tad: „Nein, nein, nein. Wir sprechen über, denken Sie daran, wir sprechen darüber, wir manipulieren keine Daten."

Greg: „Ja."

Tad: „Wir arbeiten am Betriebssystem, und das ist der Grund, warum die Erfahrung, die Sie bisher gemacht haben, so war, wie sie war."

Greg: „Nun, was ich gemeint habe ist, Sie wissen, Sie sprachen über eine höhere Ebene, und, und (Pause) ich weiß nicht mehr, was ich gesagt habe" (schweift ab).

Tad: „Sie sollen erkennen, daß Sie die Verbindung mit Ihrem höheren Selbst aufrechterhalten können."

Greg: „Oh ja."

Tad: „Und daß Ihre Erinnerungen und die Erinnerungen aus der Zukunft getrennt sind von dem, was Sie haben. Sehr gut, daß Sie das gemacht haben.“

Greg: „Ja, das war ...“

Tad: „Gut gemacht.“

Greg: „Das war so, wie wenn man nachts einen Stecker aus der Steckdose zieht und die blauen Funken sieht.“

Tad: „Aha.“

Greg: „Ja, wenn Sie ihn rausziehen ...“

Tad: „Sie haben da einen blauen Funken gesehen?“

Greg: „Ja. Nun, er war eigentlich rot. Wirklich fast rot, rot, ungefähr wie Ihre Krawatte.“

Tad: „Gut.“

Greg: „Wissen Sie, als Sie den Stecker herausgezogen haben, als ... es ist fast so, als wenn man dabei denkt, wenn ich einfach mal experimentieren würde, wenn ich ihn einfach herausziehe und er dann Funken sprüht, vielleicht bliebe der Funken erhalten.“

Tad: „Verstehe.“

Greg: „Wissen Sie, und, als ob ...“

Tad: „Ich hab's kapiert.“

Greg: „Als es dann herauskam, dachte ich für einen Moment, ich würde es verlieren, aber das ist nicht passiert ...“

Tad: „Aber diese Funken, die in Ihnen auftreten ...“

Greg: „Aber es blieb.“

Tad: „Bleiben erhalten.“

Greg: „Es blieb. Es wurde ziemlich wacklig. Wissen Sie, wie jeder Strom, wenn Sie, wissen Sie, zwei Magneten – Sie können sie so weit auseinanderziehen, daß sie ... na, jedenfalls, es ging wieder zusammen.“

Tad: „Okay. Gut. Ich will mal versuchsweise einen Gedanken äußern, mit dem Sie sich später beschäftigen können – vielleicht sind diese Erfahrungen oder diese Zustände wie der Funken etwas, das immer vorhanden ist; das, was wackelt, ist Ihre Wahrnehmung. Nicht der Funken selbst. Besonders bei Dingen, die für Sie Wahrheit darstellen. Dinge, die wirkliche Wahrheit bedeuten ...“

Greg: „Ja.“

Tad: „ ... sind immer da, und häufig scheint es so, als sei unsere Erfahrung des Lebens dergestalt, daß jemand oder das Selbst oder wer auch immer den Versuch macht, uns dazu zu bewegen, aufmerksam zu sein für das, was geschieht, statt Ereignisse hervorzurufen, einfach wirklich und wahrhaftig aufmerksam zu sein für das, was geschieht.“

Greg: „Oh ja. Damit stimme ich hundertprozentig überein. Wie ich gesagt habe, der Mann sagt: ‚He, du hast das nicht richtig gemacht. Geh' zurück und versuch' es noch einmal. Ich gebe dir noch eine zweite Chance.'"

Tad: „Wir haben genügend Zeit. (Pause) Wenn Sie jetzt auf Ihre Time-Line zurückschauen und nur ein bißchen darüber schweben und zum Alter von 22 oder so zurückschauen, ist das noch schwarz, oder ist das Ganze ..."

Greg: „Nun."

Tad: „Heller und geebnet und zu einer Erfahrung geworden, die Sie ..."

Greg: „Diese Zeit, wissen Sie, meine Tochter wurde mit allen möglichen Problemen geboren, aber das Leben war gut, und es ist so, wissen Sie, als ob man in eine elektrische Birne schaut und dann wegschaut – man sieht Dinge, aber auch wenn die Helligkeit nicht mehr da ist, sieht man noch diesen Fleck ein bißchen, ja ...?"

Tad: „Okay."

Greg: „So ungefähr ist das. Irgendwie grau."

Tad: „Also, das Gebiet, das dunkel war, ist jetzt irgenwie heller geworden, seit wir (Lachen) **diese Veränderung gemacht haben.**"

Greg: „Ja."

Tad: „Gut."

Greg: „Dort ist so eine Art Lücke. Sie haben mich doch nach Lücken gefragt. Dort ist die Lücke – ich habe für die Zeit meine Erinnerung verloren. Wissen Sie, für die Zeit, wo ich im Krankenhaus war und einundzwanzig Tage lang im Koma lag; ich kann mich an nichts mehr erinnern."

Tad: „Ja."

Greg: „Also, da gibt's einen Erinnerungsverlust."

Tad: „Wenn Sie zurückgehen und an diese Zeit denken, wenn Sie das zum Beispiel jetzt machen könnten, tauchen dann, äh, eine Menge Emotionen oder viele Gefühle dazu auf oder ist das für Sie zu diesem Zeitpunkt eher eine schale Erinnerung?"

Greg: „Nun, es ist lange genug her, und ich habe mich lange genug damit beschäftigt, so daß es, äh ..."

Tad: „Aber steckt da ein Trauma drin, werden Sie also zum Beispiel nervös oder nimmt es Sie mit, wenn Sie daran denken?"

Greg: „Nein. (Pause) Wenn jemand sagt, zum Beispiel, oh, wir werden Sie hypnotisieren und die Sache noch einmal erleben lassen, damit blah, blah, blah, so ungefähr ist das. Damit ich, wissen Sie, weil ich mich nicht erinnern kann. Egal, was ich angestellt habe, um mich zu erinnern, oder was andere Leute versucht haben, ja, es ist als ob (Pause), die einzige Möglichkeit, Ihnen das zu vermitteln, Mann, wäre die, daß ich Sie hypnotisiere und Sie das durchmachen ließe, so ungefähr, wie zum Beispiel bei einem Gruselfilm ...“

Tad: „Klar. Klar.“

Greg: „Ich sehe nämlich keinen anderen Weg, und ich habe mich damit beschäftigt, weil da ein Unfall passiert ist, an dem zum Teil ich, zum größeren Teil der andere schuld war, und, äh, da ich mich nicht daran erinnern kann, mußten andere Leute mein Gedächtnis wieder auffrischen bis zu dem Zeitpunkt vor dem Unfall. Ich erinnere mich an meine Arbeit an dem Tag.“

Tad: „Okay.“

Greg: „Und ich erinnere mich an ein Ereignis direkt vor Feierabend, aber danach weiß ich überhaupt nichts mehr.“

Tad: „Lohnt es sich, zurückzugehen und das zu diesem Zeitpunkt aufzudecken, oder sollen wir das einfach in Ruhe lassen?“

Greg: „Wissen Sie, ich kann Ihnen überhaupt nichts sagen, und dann, innerhalb ungefähr 45 Minuten oder einer Stunde nach Arbeitsschluß – ich erzähle jetzt, was mir gesagt wurde – ja, bis wohin ich gekommen bin, und ich hatte einen Unfall. Okay?“

Tad: „Und ich überlege, welche Auswirkung das auf das Problem hat, mit dem Sie gekommen sind.“ (Diskussion darüber, ob man sich mit einem noch weiter zurückliegenden Problem beschäftigen soll.) „Bitte schweben Sie jetzt wieder über Ihrer Time-Line.“

Greg: „Über meiner Time-Line?“

Tad: „Nochmal. Schweben Sie noch einmal über Ihrer Time-Line.“

Greg: „Okay. Das dauert ein bißchen.“

Tad: „Und dann gehen Sie bitte in eine, äh, sehr viel frühere Zeit zurück, irgendwo zwischen null und sieben Jahren, und, äh ...“

Greg: „Okay. Stürze mich drauf.“

Tad: „Und um das Alter von, äh, (Pause) also, schweben Sie einfach dorthin zurück und schauen Sie, ob es in diesen Gebieten, in diesen Jahren irgendwelche dunklen Stellen gibt.“

Greg: „Ja. Oh ja.“

Tad: „Okay. Das hab’ ich mir gedacht. Was ist denn, äh, die früheste dunkle Stelle? In welchem Alter, äh ...“

Greg: „Oh, ungefähr bei eins-null, oder null-eins, um es mal so auszudrücken.“

Tad: „Okay. Im Alter zwischen, äh ...“

Greg: „Nicht eins-null. Null-eins, hab’ ich Ihnen gesagt.“

Tad: „Ja, ja, ja. In Ordnung. Zwischen null und eins, nicht?“

Greg: „Nein. Ich meine ...“

Tad: „Vor Ihrer Geburt?"

Greg: „Bis zur Geburt. Jetzt haben Sie's."

Tad: „Bevor Sie geboren wurden. Okay. Vor Ihrer Geburt. Da gibt es also etwas, was sich in der Gebärmutter abspielt?"

Greg: „Nein. Dies liegt früher."

Tad: „Oh. Vorher. Okay. (Pause) Also, dann schweben Sie bitte nach oben über Ihre Time-Line."

Greg: „Ich bin oben."

Tad: „Gehen Sie bitte ganz nach oben. Und schauen Sie bitte auf die ... also, sprechen Sie über dieses ganz bestimmte Ereignis, das sich abgespielt hat ..."

Greg: „Sind Sie auf früheres Leben aus?"

Tad: „Ich möchte wissen, ob es in einem früheren Leben passiert ist, oder ist es ..."

Greg: „Okay. Lassen Sie mich erzählen, das hilft vielleicht, die Frage zu beantworten, und dann können wir von dort aus weitermachen, okay?"

Tad: „Na klar."

Greg: „Äh. (Pause). Okay. Ich befinde mich, in meinem Verständnis, wir können das gleich entschlüsseln, in einem himmlischen Zustand, okay? Einem spirituellen Zustand."

Tad: „Dies ist vor Ihrer Geburt."

Greg: „Dies ist als Geist. Okay?"

Tad: „Aha."

Greg: „Und, äh, ich muß eine Wahl treffen, ja? Und es geht darum, wer meine Mutter und mein Vater sein werden, und so weiter ..."

Tad: „In Ordnung."

Greg: „Tja. Okay. Ich traf eine Entscheidung, ja? (Lange Pause) Verdammt! Entschuldigung."

Tad: „Und? (Pause) Dies ist also vorgeburtliche Existenz?"

Greg: (Pause) „Wissen Sie, dies ist so einfach. Er f.... da so spielend leicht mit meinem Kopf rum." (Lacht)

Tad: „Und es ist gut, nicht wahr?"

Greg: „Ich kenne das bei mir, und ich habe mit Leuten schon darüber gesprochen, okay. Und ich habe manchen Leuten das erklärt, bei denen ich das Gefühl hatte, daß sie das verstehen, und, also, ich weiß nicht, was Sie glauben oder so, und ich würde das auch nicht machen, wenn ich Sie nicht kennengelernt hätte, wissen Sie, wie Kumpel, und wir draußen herumrennen würden, und Playboy lesen würden, was auch immer, ich meine, da ist irgendeine Geistesverwandtschaft, ja? So weit kann ich gehen, und dann lasse ich es."

Tad: „Und haben Sie in der letzten Ausgabe Vanna White gesehen, das ist das, was mich interessiert!!!"

Greg: (Gelächter) „Aber ich will damit sagen, also, um es kurz zu machen, zurück zum Thema, äh, ich hatte die Wahl. Jetzt habe ich zuviel Quatsch geredet, und ..." (schweift ab)

Tad: „Das ist in Ordnung. Sie sagten, Sie hatten die Wahl, und ich möchte jetzt folgendes wissen. War das in einem früheren Leben oder war es in dem Raum zwischen zwei Leben?"

Greg: „Früheres Leben. Also, ich muß diese Wahl treffen, und die Wahlmöglichkeiten sind einerseits nicht ganz klar, denn ich habe diese Wahl nicht getroffen, es geht also nicht um nichts. Wichtig ist die Wahl, die ich getroffen habe, nämlich: wenn du diese Straße runter gehst, wenn du da entlang gehst und es annimmst, wissen Sie, mit anderen Worten, ich werde in dieser Familie sein, dies wird meine Schwester sein und das alles, dies mußt du mitnehmen. Und was ich mitgenommen habe, war, okay, also, ich, äh, äh, das akzeptiere ich für mein ganzes Leben – mit anderen Worten, mein Los im Leben. Also, ich werde acht Geschwister haben, mit denen ich zurechtkommen muß. Ich werde eine Mutter haben, äh, mit der ich nicht gut auskomme, äh, nicht wahr, äh, so etwas, ja, mhm. Ich nehme auch ein anderes Problem an, auf das Sie vielleicht hinauswollen, (und ich werde einen Moment lang wieder nach oben gehen, aber) also das ist (Pause) (schwierig, drei Dinge gleichzeitig zu tun), das ist, daß ich annehmen mußte, ja, he, daß ich als Krüppel auf die Welt kommen würde, oder, also, daß ich irgendeinen körperlichen oder geistigen Schaden haben werde, und ich wählte einen geistigen, ja? Und das hieß, daß ich eine Dyslexie haben würde, oder wie immer man das nennen will. Okay?"

Tad: „Aha."

Greg: „Okay. Warten Sie einen Moment, bevor Sie Fragen auf mich abfeuern." (Pause)

Tad: „In Ordnung."

Greg: „Okay."

Tad: „Bereit?"

Greg: (Flüstert) „Ja."

Tad: „Schweben Sie bitte ganz bis ins Jetzt."

Greg: „Oh, Mist. Wo ich doch soviel Zeit damit verbracht habe, zurückzugehen. Okay."

Tad: „So ist es richtig. Schweben Sie ganz bis ins Jetzt. Wir gehen gleich dorthin zurück, aber schweben Sie bitte zunächst bis ins Jetzt. Und schauen Sie bitte in die Zukunft."

Greg: „... Ich bin hier drüben."

Tad: „Bitte schweben Sie in die Zukunft."

Greg: „Okay, ich bin da."

Tad: „Und schauen Sie bitte zurück auf das Jetzt."

Greg: „Okay."

Tad: „Achten Sie bitte darauf (Pause) äh, oder lassen Sie mich etwas fragen. Ich denke, ich darf Ihnen eine Frage stellen, statt ... denn mir wäre es lieber, wenn es von Ihnen käme – überprüfen Sie bitte, ob all' die Dinge, die Sie heute hierher geführt haben, verschwunden sind, denn die Frage ist – Sie haben genug gelitten – ist es jetzt in Ordnung, sie loszulassen? Wenn Sie in die Zukunft gehen und zurück auf's Jetzt schauen.."

Greg: „Okay. Sie wollen von mir eine Ja-oder-Nein-Antwort, und die kann ich Ihnen nicht garantieren."

Tad: „Ich will lediglich, daß Sie in die Zukunft gehen und auf's Jetzt zurückschauen und dabei darauf achten, was Sie bereits haben, womit Sie hierhergekommen sind, und ich wollte einfach nur die Frage in die Diskussion werfen, ob Sie nicht Ihren Anteil bereits abgeglichen haben."

Greg: „Ja. Ich bin nur ... damit bin ich einverstanden."

Tad: „Können Sie sich mit dieser Theorie anfreunden?"

Greg: „Ja."

Tad: „Vielleicht haben Sie Ihre Schulden bereits bezahlt und sind aus diesem Grund hier (deutet auf den Platz, wo er sitzt), und während Sie etwas aus der Vergangenheit wiedergutzumachen hatten oder etwas tun mußten oder eine bestimmte Wahl treffen mußten oder diese bestimmte ..."

Greg: „Ah ha."

Tad: „Jetzt aber ist es okay, **Sie sind okay**."

Greg: „Das nehme ich an."

Tad: „Nun, dann gehen Sie bitte hinaus in die Zukunft und schauen auf's Jetzt zurück und erkennen Sie, daß all' diese Sachen hier in Ordnung sind."

Greg: „Das nehme ich an. Es fühlt sich wackelig an. Aber ich, ich bin damit einverstanden."

Tad: „Es ist vielleicht eine wackelige Angelegenheit, aber achten Sie darauf, wenn Sie auf's Jetzt zurückschauen, daß es **okay ist**."

Greg: „Okay. Ich möchte noch etwas sagen, bevor ich es vergesse."

Tad: „Okay. Klar."

Greg: „Wissen Sie, als Sie mich fragten, ob ich wüßte, davon, daß meine Schwester mir dies angetan hat, ja, daß ich meine Augen zugemacht habe und „kau", „kau" gemacht habe. Ja? Sie hat mir das angetan. Okay. Sie hat mir nichts

232

darüber gesagt, was was war. Sie sagte nur: ‚Schließ bitte deine Augen‘, ja? Und wie war das noch: ‚Leg‘ deine Hand ...‘"

(Diskussion über vorausgegangene Time-Line-Arbeit mit der Schwester, die kürzlich zu dem Autor in Therapie gekommen war.)

Greg: „... und ich hatte eine Lücke. Wissen Sie noch, die Lücke, von der ich Ihnen erzählt habe? Nun, ich kann diese Lücke nicht mehr fühlen."

Tad: „**Das ist richtig**, Das kommt daher, daß wir die Verbindungen hergestellt haben."

Greg: „Ja. Okay."

Tad: „Das ist geschehen, als wir vorhin diese Verbindungen hergestellt haben."

Greg: „Sehen Sie, weil ich ihr gesagt habe, daß ich hier beginne ..." (Mehr Diskussion über Time-Line-Arbeit, die früher mit der Schwester durchgeführt wurde.)

Tad: „Das **war**, war so, wie es war, aber jetzt ist es so, wie es ist. Gefällt es Ihnen? Gut. Lassen Sie uns noch einmal zurück in die Vergangenheit gehen. Wir wollen in die Vergangenheit gehen und zu der Zeit gehen, als Sie dabei waren, auszuwählen."

Greg: „Zurück nach oben."

Tad: „Ja. Schweben Sie noch einmal oben über Ihrer Time-Line, (Pause) gehen Sie in die Vergangenheit zurück, und dies ist die Zeit, wo ..."

Greg: „Bob Dylan: ‚Knock, Knock, Knockin‘ on Heaven‘s Door‘, okay, ich bin so weit."

Tad: „Okay."

Greg: „Er sagt: ‚Hör auf, mich zu ignorieren, fang an.‘ Okay. Los geht‘s, ich bin bereit."

Tad: „Also, gehen Sie bitte zurück in die Vergangenheit, dorthin."

Greg: „Okay."

Tad: „Äh, vor Ihrer Geburt."

Greg: „In Ordnung."

Tad: „Und, äh, betrachten Sie sich, denjenigen, der diese Entscheidung getroffen hat. Okay?"

Greg: „Ja. Weiter. Machen Sie weiter."

Tad: „Äh, achten Sie bitte darauf, daß Sie in bezug auf diese Entscheidung Gefühle empfinden."

Greg: „Was wir besprochen haben, ob das geklärt war und so? Diese Entscheidung geht in Ordnung. Mit anderen Worten, daß ich Greg —————- mit einem Stock schlage, das ist vorbei."

Tad: „Und mit dieser Entscheidung sind Sie jetzt im Reinen."

Greg: „Aber jetzt kommen wir von diesem Block zu einem anderen Block, nämlich ..."

Tad: „Was für ein Block ist das? „

Greg: „... den Schritt in den Mutterleib."

Tad: „Ich will nur sicher wissen, wo wir sind, denn ich möchte das ganz genau verstehen."

Greg: „Ja. Deshalb habe ich Sie hierhergebracht."

Tad: „Mit den Sachen vor Ihrer Geburt sind Sie im Reinen?"

Greg: „Ja."

Tad: „Okay. Dann wollen wir uns mal anschauen, was sich jetzt in der Gebärmutter Ihrer Mutter abspielt."

Greg: „Okay."

Tad: „Also, äh ..."

Greg: „Was?"

Tad: „Ja, haben Sie da irgendein Trauma oder sowas?"

Greg: „Ja, da ist noch ein, äh, wissen Sie, äh, daß, haben Sie schon mal das Sprichwort gehört, wo Gott sagt: ‚Ich nehme dich heiß oder kalt, aber nicht lauwarm'?"

Tad: „Aha. Und, was sind Sie?"

Greg: „Der Grund für dieses kleine Problem ist, daß ich lauwarm bin. Ich will also lauwarm sein, aber ich weiß gleichzeitig, daß ich mich für etwas entscheiden muß, was ich schon gewählt habe. Es ist so, als wollte ich das wieder rückgängig machen."

Tad: „Das ist also so, daß Sie bei Ihrer Mutter im Bauch sind und die Entscheidung wieder rückgängig machen wollen?"

Greg: „Und deshalb hatte meine Mutter eine sehr lange Geburt (ich mache es kurz, will aber genug loswerden), und als ich geboren wurde, mußten sie eine Zange benutzen oder sowas. Aber ich wollte die ganze Zeit, also, wenn ein Kind geboren wird, kommt es raus, ich wollte aber drinnenbleiben. Ich habe alles nur Erdenkliche unternommen, wieder nach da oben zurückzukommen."

Tad: „Sie sollten wissen, daß dies etwas ist, was Sie damals gemacht haben."

Greg: „Okay. Naja, jedenfalls wurde ich dann geboren, und hier bin ich."

Tad: „Jetzt."

Greg: „Aber das war immer traumatisch für mich."

Tad: „Nachdem Sie also jetzt gerade diese Sache durchgegangen sind ..."

Greg: „Und, aber ich will noch folgendes sagen, es gibt nämlich einen Grund dafür. Äh, weil ich persönlich okay bin, aber es gibt da noch ein ungelöstes Problem ... Meine Mutter wäre fast gestorben und, ich spüre da so eine Finsternis, wissen Sie, es ist ihre Finsternis, nicht meine ..."

Tad: „Sie wissen also, daß es ihre ist?"

Greg: „... Ja, es ist ihre Finsternis, und entweder sterbe ich oder lebe auf ihre Kosten, und es ist meine Sache, diese Wahl zu treffen ..."

Tad: „Sie haben also diese Wahl getroffen."

Greg: „Ja, und meine Mutter und ich, wir hatten immer ein, ja, wir mögen nicht ... ich mag sie nicht als Person ... es gibt immer noch die Bindung zwischen einer Mutter und ihrem Sohn, und eine verdammt große Finsternis. Das ist wie eine totale Finsternis ... Als ob Sie den Mond anschauen, und Sie sehen den ganzen Mond, aber da ist nur die Sichel und eine dünne weiße Linie um die Mondkugel herum."

Tad: „Dann ist es so wie eine Mondfinsternis."

Greg: „Ja ..."

Tad: „Ich möchte Sie etwas fragen ..."

Greg: „Okay."

Tad: „Können wir einen Moment mal einfach herumspielen und schauen, ob Sie das, was dunkel macht, **herausnehmen** können, so daß Sie das Licht des Mondes sehen können?"

Greg: „Ja, ich kann das machen, als ob es eine Karte wäre, aber das erklärt mir nicht, worin das Problem besteht."

Tad: „Nehmen Sie es bitte einfach heraus, und Sie sollen wissen (Pause), haben Sie es gerade gemacht?"

Greg: „Ja."

Tad: „Sie wissen nicht, worin das Problem besteht, aber es ist in Ordnung, nachdem Sie es gemacht haben?"

Greg: „Ja, aber ich weiß, es ist ein v ..." (schweift ab). „Ja. Okay. Nur zu, machen wir weiter, vielleicht erledigt es sich von selber."

Tad: „Ja. Wie beurteilen Sie das denn? Sie sagten: ‚Aber ich weiß.' Was wissen Sie?"

Greg: „Nun, ich weiß, daß ich damit fertigwerden kann, indem ich einfach die Karte zur Seite ziehe, ja, ich meine, so wie ein kleines Schiebeding ..."

Tad: „Okay."

Greg: „Okay. Jetzt habe ich einen Vollmond, okay, super."

Tad: „Und ist das jetzt in Ordnung?"

Greg: „Ja, es ist okay. Aber ich fühle mich immer noch wie ein ..."

Tad: „Sie können den Mond einen Augenblick voll sein lassen, und ich möchte Sie etwas fragen. Was verursacht in Ihnen das Bedürfnis, oder was hat das Bedürfnis verursacht, dies dunkel zu lassen, und was könnte dafür sorgen, daß Sie damit einverstanden sind, daß es jetzt in Ordnung ist?"

Greg: (Pause) „Äh, das ist jetzt okay."

Tad: „Ich weiß."

Greg: „Es hat sich einfach von selber erledigt."

Tad: „Gut gemacht."

(Diskussion über das Ereignis, das verschwunden ist.)

Tad: „Lassen Sie es einfach los. Es ist ebensowenig Ihr's."

(Weitere Diskussion über das Ereignis.)

Tad: „Okay. Wir wollen jetzt daran arbeiten. Nehmen wir mal an, Ihre Mutter hat dieses ganze Trauma mit Ihrer Geburt durchgemacht und sie war, äh, so war sie, ich meine, sie war traumatisiert, sie wäre fast gestorben und hat Sie dafür unbewußt vielleicht verantwortlich gemacht. Äh. Also, nochmal, wenn Sie das anschauen ..."

Greg: „Ja. Unbewußt hat Sie mich beschuldigt, mir die Schuld gegeben!!! Okay!"

Tad: „Ja. Jetzt aber möchte ich, daß Sie wissen, und Sie wissen es jetzt, just in dieser Minute oder vor ein paar Minuten, daß es nicht Ihre Schuld ist."

Greg: „Ja."

Tad: „Das hat mit Ihnen nichts zu tun."

Greg: „Ja. Das weiß ich. Das habe ich immer gewußt. Aber Sie haben recht, sie, sie, ich meine, das sind die Signale, die aus Kalifornien kommen. Das hat sie gemacht!!"

Tad: „Schauen Sie bitte mal zurück und beachten Sie dabei, daß ihr Vertrag – Sie sprechen von Ihrem eigenen Vertrag – der Vertrag Ihrer Mutter mit dem Leben ..."

Greg: „Okay."

Tad: „... ihr Vertrag beinhaltete, daß sie bei der Geburt beinahe sterben würde."

Greg: „Okay. Damit kann ich umgehen."

Tad: „Okay. Das haben Sie kapiert?"

Greg: „Ja. Das hilft, das Fenster sauber zu halten."

Tad: „Sie sollen also wissen, daß Sie nicht für ihren Vertrag verantwortlich sind."

Greg: „Ja. Das habe ich verstanden."

Tad: „In Ordnung, und sie, sie ist so, wie sie ist. Und das wertet Ihre Person nicht ab, es handelt sich einfach um ihren Vertrag. Das ist ihre Sache. Das sind die Sachen aus der Vergangenheit, mit denen sie fertigwerden muß, aber mit Ihnen hat das nichts zu tun."

(Diskussion über das Ereignis.)

Tad: „Sind Sie dadurch in diesem Punkt jetzt geheilt?"

Greg: „Ich bin okay, Doc ..."

Tad: „Das merke ich."

(Weitere Diskussion über das Ereignis.)

Tad: „Ich möchte, daß Sie folgendes bemerken: Wenn Sie einfach in Ihre Vergangenheit zurückgehen und diese Sachen bereinigen, werden auch eine Menge anderer Dinge aus Ihrer Vergangenheit aufgeräumt ..."

Greg: „Ja."

Tad: „Und das kann ich schon jetzt an Ihrem Gesicht sehen."

Greg: „Ja. Oh ja, ich kann den Unterschied spüren."

Tad: „Schauen Sie mal, wie sehr er sich verändert hat. Das ist wirklich eine große Veränderung. Ich möchte Sie jetzt noch etwas zu Ihrem Selbstwert fragen, denn sehen Sie, ich möchte, daß Sie merken, wie Ihr Selbstwert, Ihr Bild Ihres Selbstwertgefühls sich verändert hat."

Greg: „Ja."

Tad: „Sehen Sie, weil es, jetzt gehen Sie bitte zurück in die Vergangenheit. Schweben Sie einfach nochmal über Ihrer Time-Line und gehen Sie zurück in die Vergangenheit und schauen Sie nach, ob es da noch irgendwelche Nischen gibt, welche von Ihrer Mutter stammende Negativität enthalten oder sonst irgendwas, das wir bereinigen müssen, oder kann Ihr Unbewußtes, hat es die notwendigen Verbindungen schon hergestellt ..."

Greg: „Nein. Es gibt dort noch ein paar dunkle Stellen, die mit dieser Sache mit der Dyslexie zu tun haben. Wissen Sie, meine Mutter, die ist negativ, das ist eine ständige negative Kraft, ja?"

Tad: „Die Dyslexie haben wir noch nicht behoben, das ist in Ordnung, lassen Sie das dort, aber ich ..."

Greg: „Deswegen habe ich es eben jetzt erwähnt."

Tad: „Das machen wir noch. Wir machen sehr gute Fortschritte. Das kommt noch, aber ich möchte, ich möchte einfach sichergehen, äh, daß wir viele Sachen, die mit Ihrer Mutter zu tun haben, bereinigt haben."

Greg: „Ziemlich. Vielleicht muß ich nochmal nach oben gehen und herausfinden, was ich einbringe, aber wir sind jetzt beim sechsten oder siebten Jahr angelangt, und dann treffen wir auf die Sache mit der Dyslexie, ich muß also zurückgehen, um Ihnen sagen zu können, wo Sie einsteigen können, und von da aus weitermachen."

Tad: „In Ordnung, sagen Sie's mir."

Greg: (Pause) „Das gibt eine Phase verdammt starker Zurückweisung ab, (Pause) nun, das ist ziemlich klar, das kann ich klären ...“

Tad: „Achten Sie darauf, wie diese Dinge **einfach beginnen, sich zu klären**, wenn Sie den Prozeß einmal erlernt haben ...“

Greg: „Das stimmt, ja. Und man handelt das ganz schnell ab, und einfach bloß, ich habe einfach nur die Karte ganz schnell vorbeigezogen ...“

Tad: „Das ist richtig.“

Greg: „... und mir ist es egal, wie schnell sie verschwinden, solange sicher ist, daß ich es sehen kann. Äh. Ja. Wir bleiben dran. (Pause) Zwischen dreizehn Jahren und der Zeit, als ich von zu Hause wegging, was ziemlich früh war, na, es war mit fünfzehn, äh, ich will das nicht auf Mama schieben, weil das ihr Problem ist, nicht meins, wart’ mal, Mann ... (Gelächter)

Tad: „Sie werden alle diese Veränderungen machen und mir nichts mehr übriglassen (Gelächter) – so eine Arbeit mache ich gern, ja.“

Greg: „Ja.“ (Gelächter) „Den Tritt erwidern und dafür bezahlt werden ... (Gelächter) Äh, mal sehen. Also, wenn ich Ihnen einfach mal die fehlenden Informationen gebe, das ist also, im Alter von dreizehn bis fünfzehn Jahren habe ich eine Menge Schikanen durchgemacht in der Schule. Ich war ein richtiger Rowdy ...“

Tad: „Heh. Wer wäre das denn nicht, wenn jemand einem all diesen Mist aufladen würde und einem erzählte, man könnte nicht, äh ...“

Greg: „Ja. Und ich hatte eine Menge Ängste, denn es gab Dinge, die ich tun wollte, ich wollte Waldhüter sein, der in den Wachtürmen arbeitet, ja?“

Tad: „Aha.“

Greg: „... und Feuer meldet ... (beschreibt Entscheidung, dies nicht zu tun) ... und ich ging einfach durch diese Ebene hindurch und bereinigte das und ging durch das nächste Stadium, nämlich meine Ehe (beschreibt Mutter und Ehe) ... das ist der Quatsch, den ich bereinigt habe, okay.“

Tad: „Sieht aus, als würden Sie erwachsen.“

Greg: „Aber es gibt eine eindeutige, eindeutige Dunkelheit dort, wo wir jetzt bei meiner Ehe angelangt sind, okay. (Pause) Äh, als ich geheiratet habe, da gab es einen dreifachen Zusammenstoß. Wissen Sie, meine Frau, ich und meine Mutter, denn meine Mutter, das ist so wie das, was ich vorhin über die eigenen Babies gesagt habe, ist meine Mutter, äh, es ist fast so, daß sie dein Freund, und deine Mutter, deine Geliebte, dein Alles sein wollte, ja?“

Tad: „Ja.“

Greg: „Und ich konnte das nicht alles akzeptieren.“

Tad: „Manche Leute wissen nicht, wann sie **loslassen** müssen.“

238

Greg: „Ja. Also, meine Mutter" (beschreibt mehr von seiner Beziehung zu seiner Mutter).

Tad: „Also, das ist jetzt wirklich wichtig."

Greg: „... alle meine Frauen sind zurückgekommen, und sie konnten es nicht. Erst kürzlich habe ich das verstehen können."

Tad: „Das ist also eine Sache Ihrer Mutter, nicht wahr?"

Greg: „Ja. Jetzt sind wir wieder bei den Angelegenheiten meiner Mutter angelangt. Denn es berührt, (Pause), das bin nicht ich, sondern es sind die Auswirkungen, die das auf meine Beziehungen zu anderen Frauen hat."

Tad: „Lassen Sie uns mal einen Augenblick über Ihre Mutter und die Frauen sprechen. Ich möchte, daß Sie untersuchen, daß Sie schauen, wie Sie Ihre Mutter loslassen können, innerlich, wie Sie loslassen können."

Greg: „Oh. (Pause) Das ist bereits erledigt. Diesen Teil habe ich schon abgeschlossen, was die Beziehung angeht. (Pause) Ich kann meine Mutter überhaupt nicht in mein Leben zurückbringen ..."

Tad: „Jetzt noch nicht. Und Sie müssen das auch nicht tun, es sei denn, **Sie sind bereit dazu.**"

Greg: „Ja."

Tad: „Und Sie sollen wissen, daß ich nicht das Gefühl habe, **Sie sind jetzt bereit.**"

Greg: „Nein."

Tad: „Sie müssen sicher sein, daß Sie bereit sind, bevor Sie das machen ... Also, es gibt eine Meinung, die besagt, daß das, was man wahrnimmt, das ist, was man plant. Was gibt es nicht alles in Ihrer Welt, denn unsere Welt besteht aus Abertausenden von Informationen, und wir nehmen nur ein paar Hundert von ihnen auf, die in ungefähr sieben Chunks zusammengefaßt sind, wir tilgen also praktisch alles, wir verallgemeinern praktisch alles und verzerren alles. Es wird durch jene Glaubenssätze und Werte gefiltert, die wir in der Kindheit herausgebildet haben. Und das ist unsere Erfahrung. Wenn Sie also alles tilgen, kann Ihnen niemand etwas antun, das Sie sich nicht selber antun, und deshalb ist das häufig eine gute Nachricht, denn es bedeutet, kurz gesagt, wenn es in Ihrem Leben ein richtiges Arschloch gibt, verändert und kuriert man dieses Arschloch, indem man sich selbst verändert und kuriert, und dann wird aus diesem Arschloch plötzlich ein Engel, und Sie fragen sich, warum, aber Sie sagen sich: ‚He, wen kümmert es, **mach's einfach jetzt.**' Und dann sagen Sie: ‚Oh ja.' Wenn wir uns das einen Augenblick bewußt machen, all' das, was Sie mir über Ihre Mutter erzählt haben, wie Sie nicht geboren werden wollten, und wie Sie eine Entscheidung getroffen hatten, die Sie später bereut haben, und wie Sie sich mit Zähnen und Klauen dagegen gewehrt haben, herauszukommen, und sie saß da und sagte: ‚Mensch, dies bringt mich an den Rand meiner körperlichen Kräfte.‘ Also, wenn Sie einmal schauen, wer das wohl angefangen hat, wer hat es angefangen?“

Greg: „Ich. Deshalb war ich auf diesem Schuld-Trip und nahm diesen Schuld-Trip an, ...“

Tad: „Und wenn sie es nicht gebraucht hätte, wenn das für sie nicht angemessen gewesen wäre, hätte es auch nicht zu ihrem Leben gehört.“

Greg: „Einen Tango kann man nur zu zweit tanzen.“

Tad: „Aber Sie können Ihren eigenen Anteil bereinigen und heilen, indem Sie sich selber vergeben und klar sehen, was Sie damit gemacht haben, ah, Sie haben eine Entscheidung getroffen, großartig. Fällen Sie neue Entscheidungen. Es ist nie zu spät. Das ist wichtig, wir wollen über Entscheidungen sprechen ... das Wort ‚Entscheidung‘ ist sprachlich ... eine ‚Nominalisierung‘; es ist ein Prozeßwort, das zu einem Substantiv gemacht wurde. Das Problem dabei ist, daß es so endgültig klingt, wenn man es in ein Substantiv verwandelt. Eine Entscheidung. Tatsächlich stellt eine Entscheidung aber den **Vorgang des Entscheidens** dar. Sie haben entschieden, hier zu sein. Sie sind noch hier.“

Greg: „Ja.“

Tad: „Deshalb waren manche der Dinge, vielleicht haben Sie Drogen benutzt, aber wissen Sie, was? Es hat nicht funktioniert? Weil Sie immer noch auf der Welt sind. Das ist das Blöde an der Sache, aber das Schöne ist, daß Sie immer noch hier sind und jetzt anfangen können, Ihre Wahl zu treffen und sich vorwärts zu bewegen oder sich in diese Richtung zu bewegen (deutet in die Zukunft). Entscheiden stellt nur den Vorgang des Entzifferns dar, es bedeutet also, das zu sehen, was Sie sehen. Es bedeutet also eigentlich Wahrnehmen, und Sie haben jetzt die Chance, es auf neue Weise wahrzunehmen und von verschiedenen Blickwinkeln aus ...“

(Diskussion über Kommunikation und Gregs Fähigkeit, zu kommunizieren.)

Tad: „Okay. Also. Ich möchte, daß Sie sich Ihre Ehe anschauen und dafür sorgen, daß sie okay ist, denn Ihr Unbewußtes ist sehr schnell.“

Greg: „Nun, die ist jetzt beendet, aber ich meine ...“

Tad: „Aber ich will, daß Sie es anschauen, schweben Sie noch einmal über Ihrer Time-Line und schauen Sie sich die Zeit von Null bis zum 22. Lebensjahr an.“

Greg: „Okay. Wo meine Ehe war.“

Tad: „Und ich möchte, daß Sie erkennen, daß vieles aus der Vergangenheit, das, äh, störend für Sie war, das Sie bisher gestört hat an der Vergangenheit, jetzt bereinigt ist, und wenn Sie es anschauen (Pause), haben viele Veränderungen, die wir vorgenommen haben, auf andere Gebiete aus der Vergangenheit übergegriffen, die ein Problem **waren**, jetzt aber bereinigt worden sind.“

240

Greg: „Moment mal, ich will zurückgehen und meinen Schrank ausfegen." (Pause)

Tad: „In Ordnung." (Pause)

Greg: „Wissen Sie, es ist erstaunlich, wie schnell man sowas säubern kann, und dann ist nichts mehr drin."

Tad: (Lacht) „Es wäre doch interessant, wenn es so einfach wäre, sich zu verändern, nicht wahr?"

Greg: „Okay. Ich bin zufrieden mit Greg bis zu der Zeit unserer Heirat. Okay. Weiter. Weiter mit der Show."

Tad: (Lacht) „Okay. Was Sie jetzt gerade gemacht haben, können Sie auch in Zukunft weitermachen."

Greg: „Was, ausfegen?"

Tad: „Ja."

Greg: „Ja, aber das ist so, als ob man über einen Hubbel fegt und einen Ball aus dem Weg schubst."

Tad: „Begradigen."

Greg: „Und das Problem ist, daß wir, statt den Staub ‚schschsch' aus der Tür hinauszukehren, weil er uns gleichgültig ist, innehalten und den zerbrochenen Schlittschuh und sowas betrachten, also, okay, nun, jetzt sind sie also aus der Tür raus. Ich habe immer noch einen Haufen Mist abzuladen."

Tad: „Nun, äh ..."

Greg: „Abladen." (Lachen)

Tad: „Nein, lassen Sie es einfach dort." (Deutet auf einen Teil des Raums.) „So machen wir das."

Greg: „Das mache ich gerade. Ich überlasse es Ihnen, Sie haben's jetzt. Nun. Okay. (Pause) Ich bin jetzt mit dem nächsten fertig, ich bin in einem anderen Schrank, nur weiter."

Tad: „Merken Sie, wie gut Sie das können? Ja. Und schaut, wie sich seine Physiologie verändert, wenn er das macht. Machen Sie nur weiter und putzen Sie alles aus bis heute."

Greg: „Also, jetzt bin ich gerade bei einem Stolperstein."

Tad: „Okay, was ist es?"

Greg: „... Ich liebe meine Frau immer noch, wissen Sie, meine Ex-Frau. Und ich liebe meine Kinder sehr. Ich habe meinen Kindern nicht viel Zeit gewidmet, vor allem wegen der schlechten Auswirkungen meiner Beziehung zu ihrer Mutter. Okay. Vor kurzem habe ich es. (Pause) Okay. Schrank ausgefegt. Weiter mit der nächsten Show."

Tad: „Ich will einen Augenblick darüber sprechen. Öffnen Sie einen Moment Ihre Augen. Mhm. Lassen Sie uns einen Moment über Schuld sprechen. Denn Schuldgefühl ist, meiner Meinung nach, eines der schlimmsten Gefühle auf diesem Planeten. Niemand braucht ein schlechtes Gewissen zu haben."

Greg: „Dem stimme ich zu."

Tad: „Sie wissen schon. Ich meine, was Sie in der Vergangenheit gemacht haben, he, also, Sie möchten doch in der Zukunft etwas wegen Ihrer Kinder machen, Sie möchten in Zukunft etwas wegen Ihrer Ex-Frau unternehmen, das alles liegt in der Zukunft."

Greg: „Ja."

Tad: „Aber was immer Sie auch getan haben mögen, ist vorbei."

Greg: „Ja. Ich habe das bereinigt. Ich habe das erledigt."

Tad: „Okay. Äh, gibt es irgendwelche Ereignisse in der Vergangenheit, deretwegen Sie ein schlechtes Gewissen haben, jetzt im Moment?"

Greg: „Nein, ich bin sauber. Wie ich schon gesagt habe, ich habe den Schrank ausgefegt. Ich bin einfach von einem Schrank zum anderen gegangen. Wir haben nun bis zum jetzigen Zeitpunkt ein sauberes Haus."

Tad: „Okay. Schaut seine Physiologie an. Eine große Veränderung."

Greg: „Ja. Wir sind oben; lassen Sie uns auf den Speicher gehen und dann nach Hause."

Tad: „Okay. Ich will noch einen Moment mit Ihnen über Dyslexie sprechen, weil es sich bei Dyslexie um eine Strategie handelt." (Es klopft an der Tür. Mitarbeiter bringt eine Ausgabe vom Playboy.) „Es ist komisch, daß das gerade jetzt ankommt, nicht?" (Lachen)

Greg: „Ja."

Tad: „Ah. Dies ist die Juni-Ausgabe."

Greg: „Es gibt keine Zufälle."

Tad: „Also, hm, Dyslexie ist eine Strategie, was bedeutet, daß es eine Kombination von inneren Verarbeitungsprozessen ist, inneren Dingen, die Sie in einer bestimmten Reihenfolge vornehmen. Okay. Das heißt, viele Leute, die Dyslektiker sind, äh, nun, **können Sie das Titelblatt lesen?**" (Pause) „Ich meine die Wörter!" (Gelächter)

Greg: „Ich dachte, Sie meinten die Reizwäsche."

(Diskussion über das Titelblatt der Zeitschrift und die Therapie der Dyslexie. Die Dyslexie-Therapie wurde in diesem Manuskript ausgelassen.)

(Gibt Greg die Zeitschrift.)

Tad: „Hier ist sie."

Greg: „Ja. Lesen Sie sie und sagen Sie mir, was auf Seite 92 steht." (Lacht)

Tad: „Okay. Ich möchte nur noch eine Sache überprüfen ... Ihre Time-Line verläuft so?" (Deutet von links nach rechts.)

Greg: „Ja."

Tad: „Also, unter welchen Umständen können Sie sich vorstellen, den Drang zu haben, Kokain zu benutzen? Können Sie sich eine Gelegenheit vorstellen, ist der Zwang da?"

Greg: „Nein. Es gibt keinen Zwang. Die einzige Gelegenheit, bei der ich wirklich jemals ein starkes Verlangen hatte und dem nachgegeben habe, war, wenn ich mit einem Haufen Mädchen rumgeflippt bin. (Pause) Und im Moment fühlt es sich so an, als würde ich sagen: ‚Ah, das ist cool, geht nur, Jungens, und amüsiert euch, ich geh' meinen eigenen Weg."

Tad: „Das ist also die einzige Situation, in der Sie einen Zwang verspüren würden, an diesem Punkt, oder ..." (Pause)

Greg: „Ja. Das jedenfalls kommt mir in den Sinn, die einzige Gelegenheit, die ich mir vorstellen könnte, wo ich ein zweites Mal überlegen würde."

Tad: „Wenn Sie sich das also vorstellen ..."

Greg: „Weil ich ein Freak bin."

Tad: „Ich möchte, daß Sie, während Sie sich das vorstellen, **diese** spezielle Sache **aufsplitten. Und trennen Sie bitte das Thema Sex**, das wirklich **angemessen** ist, mit einer großen Anzahl, von ..." (Lachen)

Greg: „Wir wollen hier mal großzügig sein."

Tad: „Machen Sie sich jetzt bitte ein Bild davon, wie Sie das machen würden ..." (Pause) „Können Sie diesen Zwang wieder spüren?"

Greg: „Es fühlt sich wie ein leichtes Zucken an, aber es ist irgendwie kühl."

Tad: „Es gibt dabei **kein Gefühl des Zwangs**?"

Greg: (Überrascht) „Nein. Gar nicht. Es ist so wie, es ist ein ‚nein'. Ich will damit sagen, daß es ein ‚nein' von mir ist, weil ich nicht einen so starken Wunsch spüre, daß ich dafür ein großes Opfer bringen würde, denn ich weiß um die Kosten."

Tad: „Gut. Das ist also das eine ... Ich wollte noch etwas überprüfen. Waren Sie jemals in einer Situation, wo Sie etwas getan haben und danach gesagt haben, das mache ich nie mehr? Sie haben also aufgehört, und dann haben Sie weitergemacht. Sie haben aufgehört und dann weitergemacht? Und schließlich haben Sie beschlossen: ‚Jetzt ist Schluß, nie wieder, ich mache es nie mehr?"

Greg: „Ja. Das hat es ein paar Mal gegeben. Und dies gehört dazu."

Tad: „Welches? Kokain?"

Greg: „Ja."

Tad: „Aber Sie, aber ... Okay. Etwas außer Kokain, wo Sie gesagt haben, Sie würden es nie mehr wieder tun."

Greg: „Äh. Ja. Das hat es gegeben, ja, äh, einen Fehler gemacht, der alten Dame eine Lüge erzählt und, äh, es nie wieder gemacht."

Tad: „Wie wär's mit etwas Schwerwiegenderem? Irgendeine Verhaltensweise, die Sie hatten, wo Sie's gemacht haben, und dann wollten Sie's nicht mehr machen, dann haben Sie es doch wieder gemacht, und schließlich haben Sie gesagt: **‚Jetzt reicht's, ich höre auf, das mache ich nie wieder.'** Das war das letzte Mal. Was war das?"

(Diskussion über das Ereignis und Herausfiltern des „Letzte Tropfen"-Musters [last straw pattern], das von Richard Bandler entwickelt wurde. Eine vollständige Beschreibung dieses Musters finden Sie in „Gewußt wie" von Connirae und Steve Andreas, Junfermann, Paderborn 2000 [4. Auflage].)

Tad: „Währenddessen sagen Sie dann zu sich selber, nächstes Mal sind Sie tot, es gibt kein nächstes Mal, oder so ähnlich?"

Greg: „Ja. Das ist im Wesentlichen das, was ich sage, und dann: ‚He, Arschloch, willst du da wirklich sitzen und dir selber dabei zuschauen, wie du das machst? Lohnt es all diese Wiederholungen, oder meinst du, daß du beim nächsten Mal die Wiederholung gar nicht mehr sehen kannst?' Dann habe ich mich also dafür entschieden, daß es keine Wiederholung geben wird."

Tad: „Okay. Gut. Denken Sie jetzt bitte an das letzte Mal, wo Sie beschlossen haben, mit Kokain aufzuhören."

Greg: „Okay, das war vor ein paar Minuten."

Tad: „Sie haben gesagt, daß Sie schon seit einer Weile damit aufgehört haben."

Greg: „Oh. Okay. (Pause) Also, meine letzte Entscheidung, egal, okay, machen wir weiter."

Tad: „Oder haben Sie sich erst kürzlich entschieden, aufzuhören, also vor kurzem?"

Greg: „Als ich jetzt gerade sagte, meinte ich den gegenwärtigen Zeitpunkt, ja, weil ich es dann beschlossen hatte, aber jetzt habe ich eine feste Überzeugung dazu. Man kann zum Beispiel sagen: ‚Ich werde nicht mehr über die Straße gehen', aber dann weht es Ihren Hut über die Straße, und Sie überqueren sie doch; aber jetzt heißt es: ‚Oh, da weht es meinen Hut fort, na ja, dann kostet es eben hundert Dollar, was macht das schon.'"

Tad: „Machen Sie sich bitte ein Bild von sich selber, wie Sie aufgehört haben, mit Kokain aufgehört haben."

Greg: „Ja, ich hab's."

Tad: „Machen Sie es bitte dem Bild ähnlich, das Sie von der Zeit haben, wo Sie sich zum zweiten Mal neben Ihre Freundin gesetzt haben." (Pause)

Greg: „Okay."

Tad: „Und ich möchte Sie etwas fragen."

Greg: „Okay."

Tad: „Sind Sie bereit? (Pause) He, Arschloch, werden Sie sich dabei zuschauen, wie Sie es wieder machen? Denn nächstes Mal werden Sie tot sein."

Greg: (Lacht) „Ja. Hab's kapiert. Ist klar."

Tad: „Sie wissen, was ich meine. Es gibt kein nächstes Mal."

Greg: „Richtig. Ich hab's kapiert."

Tad: „Also, haben Sie das innerlich verstanden?"

Greg: „Ja. Das hatte ich bereits."

Tad: „Sie haben das in bezug auf Kokain schon gemacht?"

Greg: „Ich habe das gemacht, während wir es durchgegangen sind."

Tad: „Gut gemacht."

Greg: „...ich hatte diese Entscheidung schon getroffen."

Tad: „In Ordnung. Okay. Stellen Sie sich jetzt bitte einen Zeitpunkt in der Zukunft vor, wo Sie vielleicht denken, Sie wären mit ein paar Frauen zusammen, mehr als einer." (Lacht)

Greg: „Na, eine ist schon stark."

Tad: „Eine ist stark. Und äh ..."

Greg: „Eine ist mehr als genug; mit dreien hat man alle Hände voll zu tun." (Gelächter und Witzeln)

Tad: „Wenn Sie daran denken, ist es dann möglich, dieses alte Gefühl zu bekommen, daß es Sie juckt, es zu tun, oder ist **das verschwunden?**"

Greg: „Nein. Es ist weg. Bevor wir darüber gesprochen haben, konnte ich noch spüren, wie es hochkam. Aber nein, es ist nicht mehr da jetzt."

Tad: „Versuchen Sie es."

Greg: „Ich muß es nicht anschauen. Ich kann es sehen, ohne meine Augen zu schließen. Ja. Ich kann mir ein Bild machen, ohne die Augen zu schließen. Es ist verschwunden."

Tad: „Gut. Äh, okay ... ich glaube, das war's. Und all die Prozesse, die wir hier angewendet haben, sind interessante Prozesse, die Sie selber weiterführen können. Bewußt oder unbewußt."

(Weitere Diskussion und Abschluß)

Tad: „Hier ist eine Ausgabe vom **Playboy**. Lesen Sie es, schnell."

Bei zwei Nachuntersuchungen teilte uns der Klient mit, daß er nicht nur keine Drogen mehr benutzt habe, sondern auch die Witze im Playboy in fünfzehn Minuten lesen könne. Sechs Monate nach der Therapie ist er im Hinblick auf Kokainabusus weiter abstinent.

Glossar

Adaptiv – die Myers-Briggs-Kategorie „Beurteiler/Wahrnehmer"

Adler – einer der Väter der modernen Psychologie neben Freud und Jung

Analog – etwas, das Nuancen von Bedeutungen hat, im Gegensatz zu „digital", welches durch das Merkmal „ein/aus" gekennzeichnet ist. Beispiel: Analog-Uhr (Uhr mit Minuten- und Stundenzeiger).

Anglo-Europäisch – im Kontext dieses Buches bezieht sich dieser Ausdruck nach der Beschreibung von Edward T. Hall auf eine bestimmte Art, Zeit zu erleben und kommt dem „Through-Time"- Erleben am nächsten.

Anker – ein spezifischer Stimulus, der bei seiner Anwendung eine spezifische Reaktion hervorruft. Die Anwendung kann, wie im Rahmen von NLP, einem bestimmten Zweck dienen.

Assoziation – bei einer Erinnerung bedeutet „Assoziation" zum Beispiel, daß man durch seine eigenen Augen hindurchschaut, daß man hört, was man hört und die Gefühle so empfindet, als wenn man sich tatsächlich in der betreffenden Situation befände.

Chunk – Substantiv: eine Gruppe oder eine Ansammlung von Informationseinheiten. Eine Telefonnummer kann entweder 7 „chunks" enthalten (wie 123-4567), oder 5 „chunks" (die Reihe 123 als ein „chunk" und die Zahlen 4567 als einzelne Ziffern), oder zwei „chunks" (Reihe 123 als ein „chunk" und die Zahlen 4567 als das andere „chunk").
Verb („Chunking"): Die Fähigkeit, sich zwischen den Ebenen von Vagheit oder Abstraktheit und Spezifität hin- und herzubewegen. (Siehe „Hierarchie der Ideen.)

Digital – mit diskreter (ein oder aus) Bedeutung, im Gegensatz zu „analog". Beispiel: Digitaluhr, welche Zahlen anzeigt und nicht über Zeiger verfügt.

Dissoziation – bei einer Erinnerung bedeutet „Dissoziation" zum Beispiel, daß man sich in dem erinnerten Bild selbst von außen betrachtet und die dazugehörigen Gefühle nicht so empfindet, als befände man sich in der betreffenden Situation.

Down-time – alle Sinnes-Inputkanäle sind nach innen gerichtet, so daß keine Anteile (Chunks) der Aufmerksamkeit für die Aufmerksamkeit nach außen verfügbar sind.

Empfindungstypus – eine Präferenz in den Myers-Briggs-Kategorien „Innerer Zustand, Empfindungstypus/Intuitiver Typus".

Extravertierter Typus – bestimmte Einstellung einer Person innerhalb der Myers-Briggs-Kategorie „Äußeres Verhalten, Introvertierter/Extravertierter Typus".

246

Fühltypus – Präferenz in der Myers-Briggs-Kategorie „Innerer Prozeß, Introvertierter Typus/Extravertierter Typus".

Gefühl – eine innere kinästhetische (bewertende kinästhetische Reaktion) oder eine äußere kinästhetische Reaktion (das Fühlen einer äußerlichen Berührung).

Generalisierung – (auch Verallgemeinerung) – einer der universellen Prozesse, mit deren Hilfe wir andere Menschen modellieren.

Gestalt – eine Sammlung von Erinnerungen, die sich um ein bestimmtes Thema gruppiert oder mit diesem Thema verbunden ist.

Glaube – eine Verallgemeinerung über den Zustand der Welt oder unsere Fähigkeit, in unserer Welt handelnd tätig zu sein. Ein Glaube ist gewöhnlich einem Wert zugeordnet.

Hierarchie – eine Organisation von Dingen oder Ideen. Die wichtigen Ideen nehmen in der Hierarchie einen ihrer Bedeutung entsprechenden Rang ein.

In-Time – die Organisation der Erinnerungen einer Person. Ein Teil der Vergangenheit, Gegenwart oder Zukunft befindet sich entweder innerhalb oder hinter der Person.

Introvertierter Typus – eine Einstellung innerhalb der Myers-Briggs-Kategorie „Äußeres Verhalten, Introvertierter Typus/Extravertierter Typus".

Intuitiver Typus – eine Präferenz in der Myers-Briggs-Kategorie „Innerer Zustand, Empfindungstypus/Intuitiver Typus".

Kalibrieren – die Fähigkeit, die Veränderungen, welche sich bei einem anderen Menschen innerhalb von Momenten abspielen, mit Hilfe der Sinnesorgane wahrzunehmen.

Kinästhetisch – ein inneres bewertendes Gefühl bzw. eine äußere oder innere Empfindung.

Kriterien – hier im Sinne von „Werten" zu verstehen.

Linguistisch – auf Sprache bezogen.

Meta-Programme – einer der grundlegendsten Filter unserer Wahrnehmung. Es handelt sich im wesentlichen um einen inhaltsfreien Filter.

Metapher – eine Geschichte. Im Kontext dieses Buches dient eine Metapher meist dazu, bei einem Klienten eine Veränderung hervorzurufen.

Modal-Operator – Wörter, die Möglichkeit oder Notwendigkeit ausdrücken, z.B. „kann, kann nicht, sollte".

Modell der Welt – die innere Repräsentation, die jemand über den Zustand der Welt hat.

Modellieren – der NLP-Prozeß, mit dem man Exzellenz erreicht. Man identifiziert im Verhalten einer anderen Person die Elemente, die für das Erzielen exzellenter Ergebnisse notwendig sind und stellt dann diese Elemente in einer leicht zu erlernenden Form zusammen.

MPVI™ – Meta Programs and Values Inventory („Innere Werte und Meta-Programme" – Interview-Bogen). Ein psychologisches Instrument zur Erstellung von Persönlichkeitsprofilen, welches den Vorteil bietet, in Form eines Interviews oder eines schriftlichen Tests angewandt werden zu können.

Myers-Briggs – der Myers-Briggs-Persönlichkeitstypen-Indikator ist das in den USA heute am häufigsten benutzte psychologische Instrument zur Erstellung von Persönlichkeitsprofilen im Bereich von Wirtschaft und Verwaltung.

Nicht-Übereinstimmer (mismatcher) – eine Person, die von außen kommende Informationen mit schon vorhandenen Daten vergleicht, um etwas verstehen zu können. Der Nicht-Übereinstimmer vergleicht beim Prozeß des Verstehens die Unterschiede.

NLP – Neurolinguistisches Programmieren. „Neuro" bezieht sich auf das Gehirn und das Nervensystem, durch welche wir unsere äußeren Sinneswahrnehmungen beziehen. „Linguistisch" bezieht sich auf die Sprache des Gehirns. Dazu gehören das visuelle, kinästhetische, olfaktorische, gustatorische und auditiv-digitale System.

Nominalisierung – ein Verb oder ein anderes Prozeßwort, das zu einem Substantiv wurde. Der Test für das Vorliegen einer Nominalisierung lautet: „Kann man es in eine Schubkarre legen?"

Nonverbal – ohne Worte. Der Ausdruck bezieht sich gewöhnlich auf den analogen Anteil unseres Verhaltens, wie zum Beispiel den Klang unserer Stimme oder ein sonstiges äußerlich wahrnehmbares Verhalten.

Ökologie – die Untersuchung der Auswirkungen individueller Handlungen auf das übergeordnete System. In bezug auf die einzelne Person bedeutet Ökologie die Untersuchung der Auswirkung einzelner Therapieschritte auf das gesamte Individuum.

Phobie – eine starke unerwünschte assoziierte Angstreaktion auf eine Person oder auf ein Ereignis aus der Vergangenheit.

Reframing – Veränderung des Kontextes. Da Bedeutung kontextbezogen ist, kann man durch Veränderung des Kontextes die Bedeutung von Wörtern oder Äußerungen verändern.

Repräsentationssystem – die Art, wie äußerlich wahrgenommene Ereignisse innerlich repräsentiert werden. Die sechs Repräsentationssysteme sind: visuell, auditiv, kinästhetisch, olfaktorisch, gustatorisch und auditiv-digital.

Schuldgefühl – ein Gefühl (innere kinästhetische Reaktion), das aus einem Erlebnis aus der Vergangenheit herrührt; das Schuldgefühl der betreffenden Person beruht auf dem Schamgefühl darüber, etwas nicht getan zu haben.

Sorting – ein Begriff aus der Computersprache. Er bezeichnet in bezug auf den Prozeß der Reorganisation von Daten die Neuanordnung und/oder das Filtern von Information.

Submodalität – eine Untergruppe bzw. weitere Differenzierung der Modalitäten „visuell", „auditiv", „kinästhetisch", „olfaktorisch", „gustatorisch" und „auditiv-digital". Eine Submodalität des Visuellen wäre zum Beispiel die Helligkeit eines Bildes.

Synästhesie – ein Muster, bei dem zwei der Hauptrepräsentationssysteme über Zeit miteinander „verdrahtet" sind, so daß das eine dem anderen rasch nachfolgt. Beispiel: „Mal sehen, was ich fühle."

Teil – ein gewöhnlich unbewußter „Teil" unserer Persönlichkeit, der oft menschliche Eigenschaften hat und für die Aufrechterhaltung einer bestimmten Gruppe von internen Repräsentationen verantwortlich ist.

Through-Time – die Erinnerungen sind dergestalt angeordnet, daß die gesamte Vergangenheit, Gegenwart oder Zukunft sich vor der betreffenden Person befindet.

248

Tilgung – ein häufig ablaufender Prozeß, mit dem wir andere Menschen modellieren; wir richten unsere Aufmerksamkeit selektiv auf bestimmte Aspekte unseres Erlebens und blenden andere Aspekte aus.

Time-Line – das System, mit dem unser Gehirn Erinnerungen anordnet.

Das **Unbewußte** – der Teil unseres Geistes, der sich unserem Bewußtsein entzieht – er wird auf ungefähr 85 % oder mehr geschätzt. Das „Außer-Bewußte" oder Unterbewußte.

Übereinstimmer (matcher) – eine Person, die von außen kommende Informationen mit schon vorhandenen Daten vergleicht, um etwas verstehen zu können. Ein Übereinstimmer vergleicht beim Prozeß des Verstehens die Gemeinsamkeiten.

Überzeuger – eines der Meta-Programme. Siehe Überzeuger-Strategie.

Vermeidung – der Betreffende verhält sich vorzugsweise so, daß er sich von dem wegbewegt, was für ihn unerwünscht erscheint.

Verzerrung – ein häufig ablaufender Prozeß beim Modellieren anderer Menschen – wir nehmen bei unserem Erleben von Sinneswahrnehmungen Veränderungen vor, indem wir die angebotenen Informationen falsch einordnen.

Wahrnehmer – eine Präferenz in der Myers-Briggs-Kategorie „Adaptive Reaktion, Beurteiler/Wahrnehmer".

Bibliographie

Andreas, Steve; Andreas, Connirae. Change Your Mind – And Keep The Change, Real People Press, Moab, Utah, 1987; dt.: Gewußt wie – Arbeit mit Submodalitäten und weitere NLP-Interventionen nach Maß, Junfermann, Paderborn, [4]2000.

Bandler, Leslie Cameron; et al. Know How, FuturePace, Inc., San Rafael, California, 1985.

Bandler, Leslie Cameron. Solutions, FuturePace, Inc., San Rafael, California 1985; siehe: Wieder Zusammenfinden, NLP – neue Wege der Paartherapie, Junfermann, Paderborn, [4]1989.

—, The Emotional Hostage, FuturePace, Inc., San Rafael, California, 1986; dt.: Die Intelligenz der Gefühle, Junfermann, Paderborn, [3]1997.

—, The Emprint Method, FuturePace, Inc., San Rafael, California, 1985.

Bandler, Richard. Magic In Action, Meta Publications, Cupertino, California, 1984; dt.: Bitte verändern Sie sich ... jetzt, Junfermann, Paderborn, [3]1998.

—, Using Your Brain – For A Change, Real People Press, Moab, Utah, 1985; dt.: Veränderung des subjektiven Erlebens, Junfermann, Paderborn, [6]2000.

Bandler, Richard; Grinder, John. Frogs Into Princes, Real People Press, Moab, Utah, 1979; dt.: Neue Wege der Kurzzeit-Therapie, Junfermann, Paderborn, [13]2001.

—, Patterns Of The Hypnotic Techniques Of Milton H. Erickson, M.D., Meta Publications, Cupertino, California, 1975.

—, Reframing, Real People Press, Moab, Utah, 1982; dt.: Reframing, Junfermann, Paderborn, [7]2001.

—, The Structure Of Magic I. Science and Behavior Books, Palo Alto, California, 1975; dt.: Metasprache und Psychotherapie, Junfermann, Paderborn, [10]2000.

—, The Structure Of Magic II, Science and Behavior Books, Palo Alto, California, 1976; dt.: Kommunikation und Veränderung, Junfermann, Paderborn, [8]2001.

—, Trance-Formations, Real People Press, Moab, Utah, 1981; dt.: Therapie in Trance, Klett-Cotta, Stuttgart, 1984.

Bandler, Richard; Grinder, John; Delozier, Judith. Patterns Of The Hypnotic Techniques Of Milton H. Erickson, M.D., Volume 2, Meta Publications, Cupertino, California, 1977.

Braid, James, Neurypnology, John Churchill, Edinburgh, Scotland, 1843.

de Bono, Edward. Lateral Thinking, Harper & Row, New York, New York, 1973.

Dilts, Robert; et al. Neuro Linguistic Programming: Volume I, Meta Publications, Cupertino, California, 1980; dt.: Strukturen subjektiver Erfahrung, Junfermann, Paderborn, [3]1989.

Erickson, Milton H., Life Reframing In Hypnosis, Irvington Publishers Inc., New York, New York, 1985.

Erickson, Milton H., Cooper, Linn F. Time Distortion In Hypnosis, Irvington Publishers Inc., New York, New York, 1982.

Erickson, Milton H., Hershman, Seymour, Secter, Irving I., The Practical Application of Medical and Dental Hypnosis, The Julian Press, Inc., New York, New York, 1961.

Erickson, Milton H., Rossi, Ernest. Experiencing Hypnosis, Irvington Publishers, New York, New York, 1981.

—, Hypnotic Realities, Irvington Publishers, New York, New York, 1976; dt.: Hypnose, Pfeiffer, München, 1978.

—, Hypnotherapy, Irvington Publishers, New York, New York, 1979; dt.: Hypnotherapie, Pfeiffer, München, 1981.

Hall, Edward T. Beyond Culture, Doubleday & Company, Inc., Garden City, New York, 1976.

—, The Dance of Life, Doubleday & Company, Inc., Garden City, New York, 1984.

—, The Hidden Dimension, Doubleday & Company, Inc., Garden City, New York, 1969.

—, The Silent Language, Doubleday & Company, Inc., Garden City, New York, 1973.

Jaynes, Julian. The Origin Of Consciousness In The Breakdown Of The Bicameral Mind, Houghton Mifflin Company, Boston, Massachusetts, 1976; dt.: Der Ursprung des Bewußtseins durch den Zusammenbruch der bikameralen Psyche, Rowohlt, Reinbek, 1988.

Jung, C.G. Psychological Types, Princeton University Press, Princeton, New Jersey, 1971; dt.: Psychologische Typen, Ges. Werke VI, Walter, Oltten, 1978.

Keirsey, David; Bates, Marilyn. Please Understand Me, Gnosology Books Ltd., Del Mar, California, 1984.

Korzybsk, Alfred. Science and Sanity, The International Non-Aristotelian Library Publishing Company, Lakeville, Connecticut, 1933.

Lewis, Byron A.; Puclik, R. Frank. Magic Demystified, Metamorphous Press, Lake Oswego, Oregon, 1982.

Rossi, Ernest Lawrence. The Psychobiology of Mind Body Healing, W.W. Norton & Co., New York, New York, 1986.

Wetterstrand, O. Hypnotism and Its Application to Practical Medicine, New York, New York, 1902.

Information zur
Aus- und Fortbildung in NLP

Besser Siegmund Institut
Dipl.-Psych. Cora Besser-Siegmund
Dipl.-Psych. Harry Siegmund

Mönckebergstraße 11 • D-20095 Hamburg
Telefon 0 40/32 70 90 • Fax: 0 40 / 32 00 49 35
www.besser-siegmund.de

NLP im Herzen Hamburgs • DVNLP – anerkannte
Ausbildung bis zur Trainerstufe • EMDR im Coaching •
wingwave-Coaching / www.wingwave.com

NLP INSTITUT BERLIN
Dipl.-Psych. Johann W. Kluczny

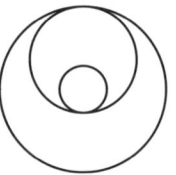

Althoffstr. 20, D-12169 Berlin-Steglitz
Tel.: 030 792 0805, Fax: 030 793 1133
www.NLP-in.de, eMail: NLPinBerlin@aol.com

Ausbildungen zum NLP Practitioner, NLP Master Practitioner,
NLP Trainer, International NLP Master Trainer, NLP Coach,
NLP Mentor. Einführung in die Kahuna Tradition Hawai'is.
Beratung, Psychotherapie, Coaching

Creative NLP Academy
Master-Trainer Klaus Grochowiak

Postfach 1806 • D-65008 Wiesbaden
Fon: (06 11) 52 72 37 • Fax: (06 11) 52 97 07
eMail: cnlpa@cnlpa.de • Web: www.cnlpa.de

Ausbildung zum NLP-Practitioner, -Master, -Trainer,
Master-Therapist, Consultant für SystemDynamik
sowie NLP & phänomenologische Familientherapie
und NLP & polykontexturale Logik

NLP und Coaching
Kurszentrum Aarau (Schweiz)
Laurenzenvorstadt 87
CH-5000 Aarau
Telefon/Fax: 00 41 (0) 62 823 10 10
www.kurszentrum.ch

NLP Practitioner • NLP Master • Lösungsorientierte Modelle •
Coaching-Ausbildung • Team-Coaching • Professionelles Training •
Enneagramm-Training • Spezialseminare

 # NLP in Österreich
Österreichisches Trainingszentrum für NLP

2 Tage Einführungs-, 5 Tage Intensivseminare
30 Tage Practitioner-, 27 Tage Master Practitioner-Kurs
NLP-Professional für Coaching, Mediation und Supervision
Staatlich anerkannte Ausbildung zum Lebens- und Sozialberater
Psychotherapeutisches Propädeutikum – 12-Monate-Intensivkurs

Anerkannt vom Neuro-Linguistischen Dachverband
Österreich (NLDÖ) und der European Association for
Neuro-Linguistic Psychotherapy (EANLPt)

Dr. Brigitte Gross, Dr. Siegrid Schneider-Sommer,
Dr. Helmut Jelem, Mag. Peter Schütz

A-1094 Wien, Widerhofergasse 4
Tel: +43-1-317 67 80, Fax: +43-1-317 67 81-22
eMail: info@nlpzentrum.at, Homepage: http://www.nlpzentrum.at

Wort-Kraft

ROBERT DILTS

MAGIE DER SPRACHE

€ (D) 24,50
260 S. • kart. • ISBN 3-87387-445-8

Das Buch

Dieses Buch beschäftigt sich mit der Magie der Worte und der Sprache. Sprache ist eine der zentralen Komponenten, aus denen wir unsere geistigen Modelle der Welt entwickeln. Sie kann die Art, wie wir die Wirklichkeit wahrnehmen und wie wir auf sie reagieren, in ungeheurem Maße beeinflussen. Unglücklicherweise können Worte uns ebenso leicht verwirren und einschränken, wie sie uns Macht verleihen können. Dieses Buch handelt von der Macht der Worte, der positiven ebenso wie der negativen, von den Unterscheidungen, die ausschlaggebend sind, welche Wirkung Worte auf uns haben, sowie von sprachlichen Mustern, durch die wir schädliche Aussagen in nützliche verwandeln können.

Der Autor

Robert Dilts ist seit 1975 Entwickler, Autor, Ausbilder und Berater auf dem Gebiet des Neurolinguistischen Programmierens (NLP). Er hat auf der ganzen Welt für eine Vielzahl von Berufsgruppen und Organisationen als Berater und Ausbilder gearbeitet und ist Autor zahlreicher Bücher, deren deutsche Übersetzung jeweils im JUNFERMANN Verlag erschienen ist.

Mehr über uns und unsere Bücher erfahren Sie unter: **www.junfermann.de**

www.junfermann.de
www.active-books.de
www.multimind.de

JUNFERMANN
Postfach 1840 • D-33048 Paderborn
Tel.: 05251-13 44 -0 • Fax: -44
eMail: infoteam@junfermann.de

Effektiv verändern!

ROBERT DILTS

PROFESSIONELLES COACHING MIT NLP
€ (D) 24,50
288 Seiten • kart. • ISBN 3-87387-558-6

Das Buch
Dieses Arbeitsbuch für Coaches bietet eine Anzahl von Werkzeugen, mit denen sie ihren Klienten helfen können, sich in ihrem Leben auf verschiedenen Ebenen mit Zielen, Problemen und Veränderung auseinanderzusetzen.

Die Struktur des Buches basiert auf dem Modell der neurologischen Ebenen, das durch die Forschungsarbeit von Gregory Bateson inspiriert wurde. Hauptziel ist es, spezifische Werkzeugkästen (toolboxes) für jede Ebene der Veränderung zu beschreiben.

Der Autor
Robert B. Dilts ist einer der bekanntesten Vertreter des NLP und zählt neben den Begründern Richard Bandler und John Grinder zu den bedeutsamsten Mitentwicklern dieser effektiven Veränderungsmethode.

Mehr über uns und unsere Bücher erfahren Sie unter: **www.junfermann.de**

JUNFERMANN
Postfach 1840 • D-33048 Paderborn
Tel.: 05251-13 44 -0 • Fax: -44
eMail: infoteam@junfermann.de

www.junfermann.de
www.active-books.de
www.multimind.de